Reconocimientos para

Todo se consumará

Una vez más, Samuel Whitefield ha impuesto un nuevo estándar para la predicación y la enseñanza de lo que la Biblia dice respecto de « os últimos tiempos». Su nuevo libro *Todo se consumará* es un maravilloso tratado con un sinfín de textos bíblicos que necesitan ser leídos, entendidos y enseñados otra vez, en los días antes del regreso de nuestro Señor. Los lectores no se decepcionarán al leer este libro, el cual no tratará este tema de forma tediosa ni trillada; por el contrario, producirá una comprensión nueva. Comprensión que, desafortunadamente ha estado adormecida en la Iglesia durante mucho tiempo. Les ruego a maestros y pastores de la Iglesia que obtengan una copia, que pongan manos a la obra iniciando la conversación que nuestro Señor está demandando para poder prepararnos para el fin de la era.

Dr. Walter C. Kaiser, Jr., Presidente Emérito, Seminario Teológico Gordon-Conwell

Samuel Whitefield ha logrado anclar exitosamente la historia y el mensaje escatológico dentro del panorama más amplio del plan glorioso de redención de Dios. Tristemente, muchos cristianos sienten que los temas relacionados al regreso de Jesús y los últimos tiempos son muy confusos; ya que nunca han comprendido la historia principal de la Biblia. Al observar atentamente las raíces que entrelazan los pactos, las promesas y los planes de Dios, Samuel ha logrado simplificar y hacer que la conclusión de la narrativa y sus profundas implicaciones, sean más fáciles de entender. Mientras más nos acercamos al final de la trama en la que estamos metidos, más importante se vuelve que la podamos entender. Este libro ayudará grandemente a cualquier creyente que desee, no solamente entender el mensaje bíblico en general, sino también cumplir con su rol dentro de la historia a medida que ésta se desenvuelve. Recomiendo muchísimo *Todo se consumará*.

Joel Richardson, autor bestseller del *New York Times*, conferencista y productor de cine

Todo se consumará es una lectura profunda y detallada que inspirará y moverá tu corazón para anhelar el regreso de Jesucristo. Samuel tiene una forma particular de «asociar las ideas» en la mente del lector acerca de la gran trama de la historia de Dios, y al mismo tiempo generar visión para la Iglesia y los días venideros. Con tantas hipótesis y especulaciones que se están propagando acerca del fin de los tiempos en nuestra generación, es refrescante tener un libro como este que ayude a anclar nuestros corazones en la Palabra de Dios y a equiparnos para ser mentores y discipular a otros en estos temas.

Jim Stern, Pastor principal, Destiny Church, St. Louis

Samuel Whitefield ha demostrado ser un pensador teológico muy capaz. Es maravilloso añadirle a la categoría de aquellos que interpretan la Biblia de forma directa, de acuerdo al contexto original y al género literario. Que Dios acelere la aceptación de este libro y su influencia.

Dr. Daniel Juster, autor y fundador de Tikkun International

Dios está levantando «pastores de acuerdo a su corazón, aquellos quienes alimentarán al pueblo con conocimiento y capacidad de interpretación», para que los corazones puedan ser fortalecidos y las mentes puedan siempre tener claridad para entender lo que Dios está haciendo en la tierra hoy en día. Samuel Whitefield es uno de los pastores que Dios está usando para traer entendimiento acerca de su corazón y de sus planes. El tema de los últimos tiempos va más allá de gráficas, organigramas y cronogramas; trata de una historia, y cuando ty corazón logra conectarse a esta historia, de una forma explosiva se genera fe, esperanza y amor en tu mente y corazón. He conocido a Samuel Whitefield por diez años, y puedo atestiguar de su labor incansable para que los temas escatológicos dejen de ser tópicos que sólo los eruditos entienden y pasen a ser temas con los que todo el Cuerpo de Cristo pueda identificarse.

Corey Russell, miembro *senior* del liderazgo de la International House of Prayer de Kansas City, Missouri

Samuel Whitefield ha estudiado las Escrituras en relación a los últimos tiempos durante muchos años, orando por revelación y cavando profundo en el sentido directo del texto. Al hacer esto, nos desafía a adentrarnos en estos textos con él, y a preguntarnos: ¿cómo se aplica esto a mi vida el día de hoy? A medida que lo estudies, este libro te moverá, te inspirará sobriedad y alentará tu vida.

Dr. Michael L. Brown, Presidente, *FIRE School of Ministry*; autor; conferencista y anfitrión del programa *The Line of Fire*

Una vez más Samuel ha escrito apasionadamente y de manera simple acerca del plan redentor de Jesús para Israel y las naciones, plan que alcanzó su cúspide en el Calvario y culminará con la segunda venida de Jesús. En este libro, Samuel ayuda a los lectores a navegar la historia redentora con una meta-narrativa clara y apoyada por las razones bíblicas del regreso de Jesús. *Todo se consumará* es refrescante y muy útil para cualquiera que desee entender misiología y escatología bíblica.

Daniel Lim, Director, Centro de Estudios de los Tiempos del Fin; CEO, International House of Prayer de Kansas City, Missouri

TODO SE CONSUMARÁ
DÁNDOLE SENTIDO AL REGRESO DE JESÚS

SAMUEL WHITEFIELD

ONE
KING
PUBLISHING

Todo se consumará: Dándole sentido al regreso de Jesús
Por Samuel Whitefield

Publicado por OneKing Publishing
PO Box 375
Grandview, MO 64030

Email: contact@oneking.global
Web: https://oneking.global

Copyright © 2018 por OneKing, Inc.
Todos los derechos reservados.
ISBN: 979-8-9871923-2-0
eBook ISBN: 979-8-9871923-3-7

Traducido por Andrea Tofilon

Dedicado a todos aquellos que incansablemente pastorean, enseñan y sirven al Cuerpo de Cristo para que éste pueda convertirse en una novia pura y sin mancha, preparada para el regreso de su Amado.

ÍNDICE

INTRODUCCIÓN

Cuando Jesús murió en la cruz, exclamó: —¡Consumado es!1. En su muerte, Jesús aseguró la redención de la humanidad y del universo. Tal vez es debido a tan conocida frase de Jesús que muchas personas asumen que la cruz ya cumplió con todas las promesas de Dios, pero eso no es lo que nos enseña la Biblia.

Bíblicamente hablando, la cruz no cumplió todas las promesas de Dios, las aseguró.

Tristemente, hemos descuidado mucho sobre lo que dice la Biblia acerca del cumplimiento de las promesas de Dios. Sin embargo, la magnitud completa de lo que la cruz logró es revelada en lo que se cumplió cuando Jesús murió, como en lo que se cumplirá durante los eventos que ocurrirán en un momento al que llamamos «los últimos tiempos».

Dios ha puesto su honor en juego, y lo ha hecho en cuanto a su habilidad de cumplir promesas específicas. El plan de redención no está completo hasta que dichas promesas se cumplan. De acuerdo con Pablo, ni siquiera podemos imaginar lo que vendrá con el cumplimiento de todas las promesas de Dios:

« Sino como está escrito: Cosas que ojo no vio, ni oído oyó,
ni han entrado al corazón del hombre, son las cosas que Dios ha
preparado para los que le aman » (1 Corintios 2:9).

La expiación fue consumada en la cruz, pero aun hay más en la historia que *debe cumplirse.*

---

1 Juan 19:30.

Dios está profundamente involucrado en la historia de la humanidad

La historia no sucede al azar. La Biblia nos narra que Dios está profundamente involucrado en la historia de la humanidad. El está guiando al hombre, de generación en generación, y lo hace usando narrativas redentoras que se encaminan a una conclusión predeterminada. *Dios es un contador de historias como ningún otro, y el plan de redención es la mejor historia que haya existido jamás.* Como todas las grandes historias, su gran clímax se encuentra al final, pero el final (lo que nosotros llamamos *últimos tiempos*), puede volverse un tema confuso si no entendemos la trama principal. Sin embargo, cuando uno comprende la historia de redención a través de los lentes de las promesas clave y los pactos más importantes, los últimos tiempos se vuelven una conclusión gloriosa del plan de Dios para este siglo.

Los hombres y mujeres notables de la Biblia fueron motivados a sufrir grandes sacrificios y a demostrar una fe impresionante debido a su anhelo por el día en el que Dios cumpliría sus promesas y concluiría la historia. *La predicción que la Biblia hace acerca del final de la historia debería tener en nosotros el mismo efecto que tuvo en los santos que han vivido antes que nosotros.* El fin de la historia es la esperanza puesta delante de nuestros ojos, pero muchas veces fallamos en vivir con la esperanza y la expectativa bíblica del final porque nos desconectamos de la historia.

Al igual que cualquier buena historia, el final es la parte más importante; sin embargo, muchos encuentran este tema confuso. La razón se debe a que conocemos individuos y eventos en la Biblia, pero nos cuesta conectarlos a los elementos principales que están impulsando la historia bíblica. *Cuando no entendemos los elementos clave de la historia, el final se vuelve confuso.* Sin embargo, cuando entendemos los elementos principales de la historia, el final es simplemente la conclusión lógica de la historia; para entender completamente el evangelio necesitamos entender el final de la historia.

Mucha gente asume que la cruz cumplió todas las promesas de Dios, pero esto no es cierto. *La cruz aseguró todas las promesas de Dios, pero no las cumplió todas.* Por lo tanto, para entender lo que vendrá y para reconocer la actividad de Dios sobre la tierra, necesitamos saber lo que él ha puesto en marcha y lo que él cumplirá. Las promesas y los pactos de Dios son los elementos principales del relato que está impulsando a la historia mundial y la está encaminando hacia su conclusión. Cuando reconocemos cómo es que dichos elementos impulsan la historia, entonces podemos entender mejor la obra redentora de Dios y el rol que nosotros jugamos en el desenlace de la trama.

UN MOMENTO SIN PRECEDENTES

Vivimos en un momento sin precedentes en la historia de la humanidad. *Vivimos en la primera generación en la que es posible que toda tribu, lengua y nación reciban el evangelio de Cristo.* Hace cincuenta años, no sabíamos cuántos grupos étnicos había en la tierra, mucho menos en dónde estaban localizados. En el momento que este libro está siendo escrito, ya sabemos en dónde se encuentran todos los pueblos de la tierra, y además, los líderes de la Iglesia están empezando a enfocarse estratégicamente para alcanzar a cada uno de ellos. No hay garantías de que la misión se cumplirá en nuestra generación, pero por primera vez en la historia esto es una posibilidad. Este es un logro increíble porque la Biblia predice que este testimonio debe ser dado a toda nación antes de que llegue el fin.[2]

Así mismo, vivimos en la primera generación en la historia en donde Israel se ha vuelto una controversia mundial. Aunque es cierto que Israel fue siempre una figura central en la narrativa bíblica, en los tiempos bíblicos la gran mayoría de naciones ni siquiera sabían que Israel existía. Hoy, por primera vez, Israel se ha vuelto un asunto global que afecta a todas las naciones.

Este enfoque global en Israel, y particularmente en Jerusalén, no tiene sentido de acuerdo a la lógica humana. Jerusalén no es un centro financiero mundial ni un lugar de negocios mundiales. No produce recursos naturales que impulsen la economía global. Existen crisis humanitarias que son mucho más grandes en otros lugares de la tierra que la complicada relación entre Israel y Palestina. Aunque las situaciones en torno a Israel son importantes, hay conflictos mucho más grandes en la tierra. Esos otros conflictos sólo reciben una fracción de la atención que recibe Israel. El enfoque global sobre Israel

---

[2] Mateo 24:14; 28:19; Hechos 1:6–8; Apocalipsis 5:9; 7:9.

simplemente no tiene sentido si no tomamos en cuenta lo que la Biblia dice acerca del conflicto final y la salvación de Israel.[3]

Vivir en una era en donde alguno de estos eventos estuviera ocurriendo podría considerarse ya muy importante, pero nosotros vivimos en un tiempo en donde ambos eventos están ocurriendo simultáneamente y por primera vez. Esto no tiene paralelos ni precedentes. Aunque debemos evitar intentos no-bíblicos de predecir el regreso de Jesús, el Nuevo Testamento nos anima a entender los tiempos y discernir las temporadas en la tierra.[4] *Por lo tanto, mientras vemos que los tiempos y las temporadas cambian, anhelemos entender el plan redentor de Dios, lo cual hará posible que podamos reconocer su dinámica sobre la tierra y así, colaborar plenamente con su misión.*

LA HISTORIA: CLAVE PARA EL FINAL

No podemos entender los últimos tiempos solo enfocándonos en los últimos tiempos. Es como tratar de entender una película solamente viendo los últimos diez minutos. *La clave para entender los temas principales de los últimos tiempos es conocer los fundamentos de la historia bíblica y cómo los mismos afectan el final de la historia.*

Cuando uno ve una película, el final es la conclusión lógica de la trama. Podrá contener algunas sorpresas, pero el final generalmente tiene sentido si uno entiende el principio. La historia general nos prepara para la conclusión dramática. De igual forma, la conclusión le da sentido a todo lo que ha pasado anteriormente. De alguna manera, la conclusión es la parte más importante de la película porque resuelve el conflicto y revela, tal vez, lo que la historia completa ha estado contando. Lo mismo es cierto acerca de la historia de redención.

Muy frecuentemente, los últimos tiempos parecen ser confusos y extraños porque no entendemos la historia de redención, la historia

---

[3] Por ejemplo, en 2017, la ONU adoptó veinte resoluciones contra Israel y seis contra el resto del mundo. En 2016 las Naciones Unidas nuevamente adoptaron veinte resoluciones contra Israel y seis contra el resto del mundo, y en el 2015 adoptaron veinte resoluciones contra Israel y tres contra el resto del mundo. Ver UN Watch. https://www.unwatch.org/2017-unga-resolutions-singling-israel/, https://www.unwatch.org/unga-adopts-20-resolutions-israel-4-rest-world-combined/, https://www.unwatch.org/un-to-adopt-20-resolutions-against-israel-3-on-rest-of-the-world/ (Accessed December 15, 2017).

[4] Mateo 24:32–33; 1 Tesalonicenses 5:1–6.

bíblica. Por lo tanto, es muy importante que nosotros podamos ver los últimos tiempos como la conclusión lógica a esa historia. Necesitamos conocer el plan redentor de Dios y cómo hace avanzar su plan a través de eventos clave.

Diferentes puntos de vista acerca de los últimos tiempos han dado como resultado muchos libros escritos acerca del tema, pero la gran mayoría de estos libros describen detalles de los últimos tiempos sin conectarlos a la historia redentora. El resultado es que muchos creyentes escuchan descripciones de los eventos del fin de los tiempos, pero tienen muy poco entendimiento de por qué estos eventos deben ocurrir y cuál es su rol en la historia de redención. *Para entender completamente el regreso de Jesús es necesario entender cómo los eventos de los últimos tiempos se relacionan con la narrativa bíblica.*

El regreso de Jesús puede parecer complejo y complicado cuando no entendemos cómo está conectado a la historia bíblica. Dado que algunos creyentes no entienden la historia; también terminan evitando el tema del regreso de Jesús por completo, aun cuando el regreso de Jesús es un componente central del evangelio. Otros creyentes abordan el tema de los últimos tiempos como un rompecabezas, perdiéndose tanto en los detalles del final de la era que terminan enfocándose más en organigramas y gráficos, que en la manera en la que los últimos tiempos se relacionan a la misión actual de Dios. La respuesta en cada caso es anclar el regreso de Jesús a la historia más amplia de la Biblia, colocando los eventos del fin de los tiempos en el contexto del relato bíblico.

Cuando fallamos en ver el regreso de Jesús como parte de la trama de la Biblia, los últimos tiempos se vuelven un tema más trivial que misional. Sin embargo, la Biblia está escrita como una historia que se está desenvolviendo, un drama que va creciendo en intensidad, donde cada parte de la historia conecta con la próxima y los detalles del drama nos provocan a participar en la misión del Señor.

Hemos sido convocados a unirnos a Dios en la resolución de su plan redentor, por lo tanto, la Iglesia no podrá comprender totalmente su rol sin entender la historia de Dios.

Los libros que han sido escritos acerca de los detalles de los últimos tiempos son útiles, pero no son suficientes para saber lo que pasará en el futuro; necesitamos conocer qué es lo que está impulsando esos eventos específicos y por qué esta era debe concluir de la forma en la que concluirá. *Debemos conectar los temas principales del inicio de la historia bíblica y descubrir cómo es que ellos afectan el final de la historia.* Eso es lo que haremos en este libro.

EL ANTIGUO TESTAMENTO PREPARA EL ESCENARIO

Una de las partes más importantes para poder comprender el plan de Dios es la forma en la que percibimos el Antiguo Testamento. Muchos creyentes creen que el Antiguo Testamento quedó en el pasado, pero la realidad no es tan simple. El Antiguo Testamento era la Biblia a partir de la cual los apóstoles predicaban. *Nuestra habilidad de captar totalmente la historia de redención depende de nuestro conocimiento acerca de las promesas y los fundamentos del Antiguo Testamento.* Una vez que entendamos esos fundamentos, necesitamos saber cómo Jesús cumplió con el plan redentor de Dios, cómo debemos vivir a la luz de lo que ya ha sido cumplido, y qué cosas todavía deben cumplirse.

Cuando estudiamos la Biblia, o escuchamos sermones los domingos, tendemos a pasar la mayoría de nuestro tiempo leyendo a Pablo, luego estudiamos un poco a Jesús, pero muy raramente estudiamos el Antiguo Testamento. Cuando escuchamos mensajes sobre el Antiguo Testamento, usualmente es para ilustrar una verdad del Nuevo Testamento, o bien, sirven como parte de un sermón temático. Aunque las cartas de Pablo a las iglesias son muy prácticas y son clave para el cristianismo del Nuevo Testamento, él y otros autores del Nuevo Testamento asumieron que sus lectores tenían un fundamento sólido del Antiguo Testamento, conocimiento del cual carecen los creyentes hoy en día. Como resultado, a muchos creyentes se les vuelve familiar el lenguaje de Pablo, y a otros la historia de Jesús, pero no comprenden la mayoría de la Escritura.[5]

El Antiguo Testamento es el fundamento de la historia de redención, y aunque porciones del mismo ya han sido cumplidas, sus promesas principales siguen sin cumplirse y continúan sosteniendo el plan redentor el día de hoy. *Las promesas de Dios no son solamente parte del pasado, sino parte de nuestro futuro.* Para entender la historia de Dios, necesitamos estudiar el plan de Dios en su orden natural. Esto significa entender el fundamento del Antiguo Testamento, la obra de Jesús en su

---

[5] Basados en el número de palabras de los lenguajes originales, el Antiguo Testamento constituye 77 por ciento de la Biblia.

primera y segunda venida, y finalmente cómo esto se aplica al contexto del Nuevo Testamento.

Cuando aprendemos la historia en la secuencia correcta, el plan de Dios se vuelve mucho más fácil de entender. En este libro, haremos que los fundamentos del Antiguo Testamento sean sencillos, directos y mostraremos que ellos continúan impulsando la historia de redención.

La venida de Jesús fue una parte radical de la historia de Dios, pero no reemplazó lo que Dios ya había empezado. La venida de Jesús no reemplazó las promesas del Antiguo Testamento; las aseguró. En lugar de redefinir la misión de Dios, Jesús la expandió de una manera que nadie anticipó. Como veremos a continuación, las promesas que Dios hizo todavía están por cumplirse, pero serán cumplidas de una manera mucho más allá de lo que nadie ha imaginado.

UN RESUMEN DE CADA SECCIÓN

Antes de lanzarnos de lleno al texto principal, aquí hay un rápido resumen de cada parte de este libro para ayudarte a entender hacia donde nos estamos dirigiendo:

- En la «Parte 1: ¿Por qué estudiar el regreso de Jesús?», abordamos la importancia de estudiar el regreso de Jesús.

- En la «Parte 2: Promesas que deben cumplirse», repasaremos las promesas clave del Antiguo Testamento, que todavía no se han cumplido pero que deben cumplirse. La primera venida de Jesús aseguró estas promesas, pero no las cumplió. Su segunda venida sí lo hará.

- En la «Parte 3: Lo que debe resolverse: la crisis del pacto», nos enfocamos en la crisis creada por el pacto mosaico en relación al cumplimiento de las promesas y cómo esta crisis continúa afectando a las naciones hasta el día de hoy. Examinaremos de qué manera la primera y segunda venida de Jesús son necesarias para poner un final permanente a la crisis del pacto mosaico y que las promesas puedan cumplirse.

- En la «Parte 4: La promesa que Dios les hizo a las naciones», examinaremos lo que la Biblia dice acerca de las naciones y cómo la promesa hecha a Abraham acerca de las mismas, se cumplirá con la Iglesia victoriosa de los últimos tiempos.

- En la «Parte 5: El conflicto final: Guerra por las promesas», examinaremos cómo el cumplimiento de las promesas de Dios prepara las condiciones para el conflicto final. También examinaremos por qué Israel es tema central en los eventos de los últimos tiempos y cómo las naciones están conectadas a dichos eventos. Finalmente, veremos cómo la iglesia puede comprender los últimos tiempos como un asunto de misiones, y no simplemente como un asunto teológico.

Parte 1: ¿Por qué estudiar el regreso de Jesús?

DOS RAZONES PRINCIPALES PARA ESTUDIAR EL REGRESO DE JESÚS

Muchos creyentes no estudian el regreso de Jesús ni los últimos tiempos. Existen muchas razones para ello. En algunos casos, se debe que las personas simplemente nunca han dedicado un tiempo específico al estudio del tema. Otros han escuchado enseñanzas acerca del regreso de Jesús o de los últimos tiempos que han hecho que el tema les sea difícil o confuso. Y otros creyentes lo evitan, porque han visto que unos se involucran en maneras no-bíblicas con el tema. Estas maneras incluyen el tratar de determinar la fecha exacta del regreso de Jesús, enfocarse en escapar de los últimos tiempos, en lugar de edificar a la Iglesia, y el realizar predicciones precipitadas acerca de cosas tales como identificar quién es o será el Anticristo.

Aunque queremos evitar estos errores, la realidad es que solo un número relativamente pequeño ha caído en dichos errores, y su error no debería impedirnos recibir los beneficios de saber lo que la Biblia dice acerca de Jesús y su regreso. *El desafío de estudiar el regreso de Jesús no es que el tema en sí mismo sea difícil; es la respuesta que exhibimos ante dicho tema. La respuesta apropiada al estudio de los tiempos del fin es el crecer en amor por Jesús e involucrarnos más en su misión para las naciones.* Los apóstoles del Nuevo Testamento enseñaron acerca del regreso de Jesús, y esto los motivó a edificar la Iglesia. Debería tener el mismo efecto en nosotros.

El estudio del regreso de Jesús debería dar como resultado tres cosas:

- *Que amemos más a Jesús y le veamos como nuestra máxima esperanza.* Si vivimos en tiempos de paz o prosperidad estudiar el regreso de Jesús nos ayudará a evitar poner nuestra máxima esperanza en nuestra prosperidad temporal. Si tenemos necesidad o pasamos por sufrimiento, el regreso de Jesús es una fuente de esperanza y aliento en medio de nuestras pruebas.

- Que nos preparemos para resistir al hombre más malvado de la historia de la humanidad. Ya que la Iglesia mundial enfrenta a hombres malvados en cada generación, esta preparación le hace bien a la Iglesia. Resistimos escogiendo vivir en santidad en vez de ser seducidos por el mal y estando dispuestos a soportar persecución incluso hasta la muerte.

- *Es debido a que anhelamos el regreso de Jesús, que nos involucremos en la misión de Dios.* La Biblia nos dice muchas cosa que sucederán en la tierra antes del regreso de Jesús y luego nos instruye a trabajar para que estas cosas sucedan. El deseo por el regreso de Jesús debería hacer que nos involucremos más en la actividad de la Iglesia.

Empecemos con dos razones primordiales por las que debemos de estudiar el regreso de Jesús.

AMAMOS A JESÚS

La primera razón por la que debemos estudiar los últimos tiempos es porque amamos a Jesús. Mucha de la gente, cuando piensa acerca del regreso de Jesús, piensa más que todo acerca del Anticristo o de la «gran tribulación». Ninguna de estas dos cosas es el enfoque principal de los últimos tiempos en la Biblia. *El enfoque principal del regreso de Jesús, es Jesús.* Por lo tanto, no podemos estudiar ni entender correctamente los últimos tiempos a menos de que mantengamos a Jesús en el centro.

Juan enfatizó este punto en Apocalipsis 1:

> *« La revelación de Jesucristo, que Dios le dio, para mostrar a sus siervos las cosas que deben suceder pronto; y la dio a conocer, enviándola por medio de su ángel a su siervo Juan » (v. 1).*

Cuando Juan escribió el libro de Apocalipsis, lo introduce como «*la revelación de Jesucristo*». El libro de Juan acerca de los últimos tiempos no trata primordialmente del Anticristo ni de la gran tribulación. Trata acerca de Jesús más que de cualquier otra cosa. Esto estaba en el centro del pensamiento de Juan, está en el centro de los pensamientos del Padre y debería ser el centro de los nuestros.

Juan nos dijo que el Padre le dio a Jesús esta gran historia llena de eventos para que Jesús pudiera compartirla con su pueblo. *Desde el punto de vista del Padre, los últimos tiempos son un regalo para Jesús pues son el escenario para que muestre su gloria.* El Padre da la revelación del fin de los tiempos porque él quiere invitar a la Iglesia, el pueblo que le pertenece a Jesús, a ser parte de la historia que planificó para glorificar a su Hijo Jesús.

Para enfatizar este punto, Juan también describió su encuentro con Jesús en Apocalipsis 1:

> « *Estaba yo en el Espíritu en el día del Señor, y oí detrás de mí una gran voz. . . . Y me volví para ver de quién era la voz que hablaba conmigo. Y al volverme, vi siete candelabros de oro; y en medio de los candelabros, vi a uno semejante al Hijo del Hombre, vestido con una túnica que le llegaba hasta los pies y ceñido por el pecho con un cinto de oro. Su cabeza y sus cabellos eran blancos como la blanca lana, como la nieve; sus ojos eran como llama de fuego; sus pies semejantes al bronce bruñido cuando se le ha hecho refulgir en el horno, y su voz como el ruido de muchas aguas. En su mano derecha tenía siete estrellas, y de su boca salía una aguda espada de dos filos; su rostro era como el sol cuando brilla con toda su fuerza. Cuando le vi, caí como muerto a sus pies. Y El puso su mano derecha sobre mí, diciendo: No temas, yo soy el primero y el último, y el que vive, y estuve muerto; y he aquí, estoy vivo por los siglos de los siglos, y tengo las llaves de la muerte y del Hades* » (vv. 10, 12–18).

El encuentro de Juan con Jesús es impresionante, especialmente si recordamos la vida de Juan. Juan fue el discípulo que probablemente estableció una relación más cercana con Jesús. Él se refería hacia sí mismo como el discípulo amado.[6] En la última cena, Jesús se recostó en Jesús.[7] Cuando Jesús dijo que alguien le traicionaría, los otros apóstoles le pidieron a Juan que le preguntara a Jesús a quién se refería.[8] Juan conocía a Jesús extremadamente bien. En los evangelios, Juan se

---

[6] Juan 13:23; 19:26; 20:2; 21:7, 20.

[7] Juan 13:23.

[8] Juan 13:23–25.

sentía con la suficiente confianza de sentarse a la par de él y hacerle preguntas que los otros no se animaban a hacerle.

Sin embargo, cuando Juan se encontró con Jesús en la isla de Patmos, cayó a sus pies como muerto. Aunque Juan era muy cercano a Jesús, en Apocalipsis 1, se encontró con Jesús de una forma en la que no le había conocido antes. Dejó a Juan totalmente conmocionado. Al mismo tiempo Jesús le resultaba conocido y familiar, pero también radicalmente diferente a cualquier cosa que Juan hubiera experimentado antes.

Cuando Jesús vino por primera vez, se rehusó a promocionarse a sí mismo.[9] En lugar de eso, se gozó al hablar de Dios como Padre.[10] Cuando Jesús vino, reveló una parte del Padre radicalmente diferente de lo que la gente conocía del Dios de Israel. Lo que sabían era cierto, pero estaba incompleto. Había muchas más cosas acerca de Dios de lo que habían experimentado en el monte Sinaí. Él era el Dios no-creado, pero también era un Padre tierno.

Lo que Jesús hizo para el Padre en su primera venida es lo que el Padre hará para Jesús en su segunda venida. El Padre desea grandemente hablarle a las naciones acerca de su Hijo. Él desea que nosotros conozcamos lo que él conoce acerca de su Hijo. Así como el Israel de antaño conoció a Dios, pero no lo conoció como Padre, nosotros también conocemos a Jesús como un tierno Salvador, pero no le conocemos en su gloria completa.

Creo que el encuentro de Juan en Apocalipsis 1 revela la intención del Padre de revelar la belleza de Jesús de una manera que no hemos anticipado. El Padre va a usar los últimos tiempos para preparar el escenario para que la gloria de Jesús sea revelada a los ojos de todas las naciones. La Iglesia y las naciones entrarán en shock y conmoción ante la belleza de Jesús revelada al final de este siglo. Por lo tanto, estudiamos los últimos tiempos porque ellos nos dan un vislumbre de lo que vendrá cuando el Padre revele más de la belleza de Jesús. Queremos sentir lo que le Padre siente por su Hijo y participar en el

---

[9] Juan 7:18; 8:49, 50.

[10] Mateo 6:9; 10:29–31; Juan 1:18; 17:11, 24–26.

plan que el Padre tiene para glorificarlo.[11]

Hay aspectos de la majestad de Jesús que solamente serán vistos en su segunda venida. Los apóstoles estudiaron este tema y lo proclamaron. Nosotros deberíamos hacer lo mismo. Necesitamos evitar conclusiones anti-bíblicas y respuestas anti-bíblicas al regreso de Jesús, pero al hacerlo, no debemos tampoco de descuidar el tema y hacerlo a un lado, ya que es vital para la Iglesia y profundamente importante para el Padre.

No solamente el Padre tiene un deseo profundo por Jesús, sino que Jesús también tiene un deseo profundo por su pueblo. Jesús oró esto:

> « *Padre, quiero que los que me has dado, estén también conmigo donde yo estoy, para que vean mi gloria, la gloria que me has dado; porque me has amado desde antes de la fundación del mundo* » (Juan 17:24).[12]

Jesús quiere que estemos con él donde él está, y quiere que veamos su gloria. Esta no es meramente su gloria celestial; es la gloria que será revelada cuando regrese como un Hombre a resucitar a su pueblo y a restaurar la creación.

AMAMOS LA BIBLIA

La segunda razón por la que estudiamos el regreso de Jesús es porque amamos la Biblia. Hay una cantidad tremenda de información en la Biblia acerca del fin de la era. Un número estimado conservador dice que hay más de 150 capítulos en la Biblia en donde el tema principal es el regreso de Jesús.[13] En comparación, hay 89 capítulos en los Evangelios, así que estamos hablando de una cantidad importante de información. No podemos darnos el lujo de evitar 150 capítulos de la Biblia

Puede ser que no entendamos el significado completo de cada detalle, pero el hecho de que Dios nos haya dado estos pasajes significa

---

[11] Salmos 2:7–9; 110:1–2; Isaías 9:6–7; 11:10; 42:1; Daniel 7:13–14; Mateo 3:17; 17:5; Lucas 9:35; Juan 5:22–23, 27, 37; Efesios 1:9–10; 20–23; Filipenses 2:9–11; Hebreos 1:1–6; 2 Pedro 1:17; Apocalipsis 5:6–9.

[12] Ver también Juan 17:11, 21–23.

[13] Un ejemplo de una lista de 150 capítulos acerca del final de los tiempos puede encontrarse en www.mikebickle.org/resources/resource/2888 (*en inglés*).

que él quiere que entendamos los temas principales en ellos. Por lo tanto, debemos de estudiarlos regularmente y extensivamente justo como cualquier otra parte de la Escritura. La clave para entender el significado de estos temas principales es el descubrir cómo es que los mismos se relacionan con la historia de redención, y este es el enfoque que daremos en este libro.

Necesitamos recuperar la perspectiva bíblica del regreso de Jesús. Esta es la historia de Jesús, y hay bastante información en la Biblia. Ya que amamos a Jesús y queremos colaborar con el Padre para glorificar a su Hijo, debemos entender estos pasajes y responder a ellos de forma bíblica.

Juan nos da una llave para estudiar el regreso de Jesús:

« Pues el testimonio de Jesús es el espíritu de la profecía » (*Apocalipsis 19:10*).

La meta de la profecía bíblica es darnos testimonio de Jesús o, en otras palabras, darnos fe. El estudio de los últimos tiempos debe estar centrado en Jesús, y cuando lo esté, provocará que le amemos más.

EL REGRESO DE JESÚS ES PARTE DEL EVANGELIO

El regreso de Jesús es parte del mensaje del evangelio. Si solamente hablamos de la primera venida de Jesús sin hablar de la segunda venida, el mensaje del evangelio está incompleto. Esto no significa que cada vez que se predica el evangelio, debamos hablar del regreso de Jesús, ni tampoco significa que hablar solo de la primera venida de Cristo sea ineficaz. Sin embargo, la primera venida sin la segunda venida no es el evangelio completo.

Para entender el evangelio, tenemos que ver la cruz correctamente. La cruz es un evento inigualable. Es probablemente, la más grande revelación a la humanidad acerca de quién es Dios. Fue el resultado de siglos de profecías y el cumplimiento de las promesas clave que Dios había hecho. La cruz frecuentemente es vista como el clímax de la historia de redención cuando, en realidad, ella preparó el escenario para el clímax de la historia. *La cruz no cumple todas las promesas de Dios, sino que las asegura.* El regreso de Jesús, entonces, es el que cumple con las promesas que fueron aseguradas en la cruz, promesas que incluyen la resurrección de los muertos; el juicio de los impíos y la restauración de la creación.

Dado que la primera venida no cumplió con todas las promesas de Dios, el evangelio no solamente trata acerca de lo que Jesús ya hizo; sino que también trata de lo que Jesús hará.

Pablo dijo que somos «de todos los hombres, los más dignos de lástima» si las promesas futuras del evangelio no son ciertas.

« Si hemos esperado en Cristo para esta vida solamente, somos, de todos los hombres, los más dignos de lástima » (1 Corintios 15:19).

Pablo también dijo que toda la creación gime por que Dios cumpla sus promesas:

> « *Porque el anhelo profundo de la creación es aguardar ansiosamente la revelación de los hijos de Dios . . . Pues sabemos que la creación entera a una gime y sufre dolores de parto hasta ahora. Y no sólo ella, sino que también nosotros mismos, que tenemos las primicias del Espíritu, aun nosotros mismos gemimos en nuestro interior, aguardando ansiosamente la adopción como hijos, la redención de nuestro cuerpo* » *(Romanos 8:19, 22–23).*

De la misma manera, Pablo dijo que el don del Espíritu Santo que actualmente disfrutamos es solamente un adelanto del futuro cumplimiento de las promesas de Dios:

> « *En Él también vosotros, después de escuchar el mensaje de la verdad, el evangelio de vuestra salvación, y habiendo creído, fuisteis sellados en Él con el Espíritu Santo de la promesa, que nos es dado como garantía de nuestra herencia, con miras a la redención de la posesión adquirida de Dios, para alabanza de su gloria* » *(Efesios 1:13–14).*

Pablo sabía que la cruz había asegurado las promesas de Dios, pero sin la segunda venida, no podemos recibir la herencia prometida. *El Nuevo Testamento es un mensaje prospectivo que pone nuestra esperanza en el regreso de Jesús y todo lo que involucra y acompaña dicho regreso.* De la misma manera, los apóstoles tenían una perspectiva apocalíptica para interpretar la historia mundial. Entendían que el regreso de Jesús era la única cosa que podía darle solución a la crisis en la tierra.

Los apóstoles ordenaron a las naciones a arrepentirse debido a que Jesús regresaría:

> « *Y todos ellos [los apóstoles] actúan contra los decretos del César, diciendo que hay otro rey, Jesús* » *(Hechos 17:7).*

> « *Por tanto, habiendo pasado por alto los tiempos de ignorancia, Dios declara ahora a todos los hombres, en todas partes, que se arrepientan, porque Él ha establecido un día en el cual juzgará al mundo en justicia, por medio de un Hombre a quien ha designado, habiendo presentado pruebas a todos los hombres al resucitarle de entre los muertos* » *(vv. 30–31).*

« Porque la gracia de Dios se ha manifestado, trayendo salvación a todos los hombres, enseñándonos, que negando la impiedad y los deseos mundanos, vivamos en este mundo sobria, justa y piadosamente, aguardando la esperanza bienaventurada y la manifestación de la gloria de nuestro gran Dios y Salvador Cristo Jesús » (Tito 2:11–13).

Las cosas no siempre serán de la manera en que son ahora. Jesús va a liberar a su pueblo; también juzgará a las naciones. Él gobernará como Rey. Para los no creyentes, el mensaje de Jesús como Salvador que se sacrificó, es mera necedad[14], pero tal vez la parte más controversial del evangelio es que el Salvador que sufrió, también es un Rey victorioso que regresará a desmantelar los poderes malignos, tanto humanos como demoníacos que tienen poder en este mundo. El mensaje de los apóstoles acerca de un Rey que era más poderoso que el César impulsó la persecución de la Iglesia de ese entonces, aun mucho más que el mensaje acerca de Jesús como Salvador.

El regreso de Jesús era la esperanza más grande del a Iglesia en el Nuevo testamento[15] y era su motivación para vivir de manera santa.[16] Los apóstoles del Nuevo Testamento predicaron un evangelio apocalíptico como ejemplo para la Iglesia en las siguientes generaciones. Debemos seguir este ejemplo y poner nuestra esperanza en donde la Iglesia del Nuevo Testamento la tenía.

El conocido pastor y teólogo John Piper resume la esperanza del evangelio de esta forma:

La esperanza bíblica no es el acto de cruzar los dedos. Es una expectativa confiada acerca de las buenas cosas que vendrán…Ponemos nuestra esperanza en la segunda venida de nuestro Señor… La segunda venida de

---

[14] 1 Corintios 1:18.

[15] Hechos 1:11; Hechos 28:20; Romanos 8:18–25; 1 Corintios 15:19; Gálatas 5:5; 1 Tesalonicenses 2:19; Tito 2:13; Hebreos 10:37; 1 Pedro 1:13; 2 Pedro 3:4–14; 1 Juan 3:2–3.

[16] 2 Pedro 3:11–14, 1 Timoteo 6:14–16; 2 Timoteo 1:12.

Cristo es la realización de su obra salvadora. Si la quitamos de ahí, todo el tejido de su obra salvadora se desmorona.[17]

Con esto en mente, consideremos algunas razones más acerca de la importancia de estudiar el regreso de Jesús.

DESEAMOS EL CONOCIMIENTO DE DIOS

Dios ha escogido revelarse por medio de la Biblia, especialmente a través de lo que él hace. La Biblia declara los atributos de Dios, sin embargo, la mayor parte de la Biblia no consiste en la declaración de sus atributos como tal, sino que narra la historia de las interacciones de Dios con la humanidad. En dichas interacciones, aprendemos acerca de quién es Dios y cómo es él. *El estudio del regreso de Jesús no aborda principalmente los eventos de los últimos tiempos. Es el estudio de una Persona, y la belleza de esta Persona es revelada de una forma fresca al estudiar su historia y el pacto que él tiene con su pueblo.*

Por ejemplo, Dios se describe a sí mismo como misericordioso, pero es hasta que vemos Su misericordia extendida hacia David después de su pecado de adulterio o hacia el ladrón en la cruz, que podemos comprender la inmensa misericordia de Dios. Nos pueden decir que Dios es fiel y lo creeremos. Sin embargo, cuando experimentamos la fidelidad de Dios en una situación desesperante, es entonces que verdaderamente llegamos a conocer lo que significa la fidelidad de Dios.

Dios no solamente es revelado en las historias que cuentan lo que él ha hecho; también se revela a través de las profecías que cuentan lo que él hará. Dios ha revelado antes de tiempo lo que él hará en el futuro, para que conozcamos cómo es él. Por ejemplo, la Biblia nos dice que Dios desatará sus juicios y traerá justicia a las naciones al final de la era. En estos momentos, la mayor parte del planeta tierra está anhelando justicia, y es el estudio del regreso de Jesús lo que nos revela la pasión que Dios tiene por la justicia.

Sea que estemos conscientes de ello o no, nuestra perspectiva acerca del regreso de Jesús afecta dramáticamente la forma en la que

---

[17] Mensaje en inglés por John Piper titulado: *Our Hope: The Appearing of Jesus Christ* del ministerio *Desiring God*, 18 de mayo de 1986. Archivado con la fecha April 14, 2017. http://www.desiringgod.org/messages/our-hope-the-appearing-of-jesus-christ.

vemos a Dios. Esto quedó ilustrado vívidamente durante la Revolución China. Los misioneros extranjeros en China habían estado enseñándole a los creyentes que serían raptados antes de que viniera la tribulación. Sin embargo, cuando empezó la revolución, los creyentes en esa región de repente experimentaron sufrimiento y persecución. Este sufrimiento provocó una crisis, no una crisis pertinente a los eventos de los últimos tiempos, sino una crisis acerca del conocimiento de Dios.

Los misioneros habían enseñado una perspectiva acerca de los últimos que comunicaba que Dios se llevaría a su pueblo antes de que su pueblo tuviera que enfrentar cosas difíciles. De repente el pueblo de Dios se encontró en medio de sufrimiento, así que el verdadero desafío no fue un malentendido acerca de los eventos de los últimos tiempos, el verdadero desafío fue que habían creído en un Dios que no quería que su pueblo pasara sufrimiento, sin embargo, descubrieron que Dios permite que su pueblo padezca sufrimiento. Su conocimiento de Dios fue sacudido debido a las expectativas que tenían sobre los últimos tiempos. No todo lo que creemos acerca de los últimos tiempos tiene este efecto tan dramático en nuestra fe, pero lo que creemos acerca del regreso de Jesús si afecta profundamente la forma en la que entendemos a Dios.

Cuando Jesús vino por primera vez, vino de una forma muy diferente a la que todos esperaban. Aunque los fariseos conocían muy bien la Biblia, Jesús era nada parecido a lo que ellos anticipaban que fuera. La gran diferencia entre quién era Jesús y quién era lo que ellos esperaban que fuera, los llevó a ofenderse con él y a una incapacidad de poder recibirle. De la misma forma, cuando Jesús regrese, la revelación de quién es él creará controversia y oportunidades para ofendernos debido a nuestras suposiciones acerca de él. Por lo tanto, debemos estudiar lo que la Biblia dice de él y su regreso para crecer en el conocimiento de Jesús.

ESTÁ ES NUESTRA ESPERANZA

En cualquier buena historia, el gran clímax se encuentra al final. Lo mismo sucede con la historia de redención. Necesitamos recuperar ese sentido de anticipación, expectativa y asombro acerca de la forma en la que la historia de redención terminará.

Para muchos de nosotros hoy en día resultaría difícil imaginarnos a Dios haciendo algo similar a lo que sucedió con el diluvio o el éxodo, sin embargo, la Biblia enseña que todos estos eventos en el pasado fueron prototipos del final de la era. El diluvio no fue el clímax de la historia, el éxodo no fue el clímax de la historia; algo mucho más grande está por venir. Incluso resulta difícil concebir en nuestra mente los eventos del éxodo y pensar que pudieran suceder en nuestro tiempo y en medio de nuestras civilizaciones modernas, pero el profeta Jeremías predice que lo que vendrá cuando Jesús regrese será tan grande que nos olvidaremos por completo acerca del éxodo:

« Por tanto, he aquí, vienen días —declara el Señor— cuando ya no se dirá: "Vive el Señor, que sacó a los hijos de Israel de la tierra de Egipto" » (Jeremías 16:14).

« Por tanto, he aquí, vienen días —declara el Señor— cuando no dirán más: "Vive el Señor, que hizo subir a los hijos de Israel de la tierra de Egipto" » (23:7).

La historia de este mundo, como en toda buena historia, alcanzará su clímax cuando se acerque al final. El entender dicho clímax nos provee una esperanza tremenda para el futuro. No importa lo que ocurra entre el día de hoy y ese entonces, el final de la era será un evento extraordinario. Lo que vendrá después de eso en el siglo venidero, será tan grande y glorioso que ni siquiera podemos imaginarlo:[18]

*« ...sino como está escrito: Cosas que ojo no vio, ni oído oyó,
Ni han entrado al corazón del hombre, son las cosas que Dios ha preparado para los que le aman. Pero Dios nos las reveló por medio del Espíritu, porque el Espíritu todo lo escudriña, aun las profundidades de Dios* » (1 Corintios 2:9–10).

La Biblia usa un lenguaje nupcial para describir el regreso de Jesús. Por ejemplo, Pablo compara su trabajo en la Iglesia con la preparación de una novia para Jesús:

« Porque celoso estoy de vosotros con celo de Dios; pues os desposé a un esposo para presentaros como virgen pura a Cristo » (2 Corintios 11:2).

---

[18] Ver también Isaías 65:17; 66:22; 1 Corintios 15:24; 2 Pedro 3:13; Apocalipsis 21:1–4.

En el libro de Apocalipsis, Juan describe el regreso de Jesús y lo que le sigue, como la celebración de una boda:

« Regocijémonos y alegrémonos, y démosle a El la gloria,
porque las bodas del Cordero han llegado y su esposa se ha preparado. . .
Y el ángel me dijo: Escribe: "Bienaventurados los que están invitados a la
cena de las bodas del Cordero." Y me dijo: Estas son palabras verdaderas
de Dios » (Apocalipsis 19:7-9).

La analogía de una boda es una de las mejores analogías con las cuales podemos describir el tema del regreso de Jesús, debido a que, existe una gran diferencia respecto a la manera en la que una mujer casada y una mujer comprometida piensan acerca de sus bodas. Para una mujer casada, su boda es más que todo un recuerdo —un evento que cambió su vida para siempre, sin embargo, este recuerdo no domina en sus emociones o actividades diarias.

Una mujer comprometida actúa completamente diferente. También hace lo que tiene que hacer rutinariamente, pero ella está enfocada en el día de su boda. Si platicas con una mujer comprometida acerca de cualquier tema de la vida, ella rápidamente cambiará la conversación y hablará de su boda, porque su enfoque está en ese día y en ese evento. La boda domina sus pensamientos, impulsa sus decisiones y mueve sus emociones. De cierta manera, su vida se mueve en torno a su compromiso y boda.

Para usar la analogía nupcial, bíblicamente, podemos decir que la cruz no es la boda; es el compromiso. La cruz fue el momento en el que Jesús aseguró todas las promesas de Dios. Sin embargo, el cumplimiento de todo lo que Dios ha prometido no ha llegado todavía. Al igual que una mujer comprometida, estamos llamados a esperar deseosamente, y con un deseo intenso, el día en que Jesús regrese a cumplir todo lo que el Padre ha prometido.

Bíblicamente, estamos llamados a vivir como una mujer comprometida que anticipa el día de su boda, pero muchos creyentes viven como una mujer casada; solo recordando. Nos inclinamos a pensar en el día en que fuimos salvos como el gran evento de nuestras vidas, pero esto no es verdad. El día en que fuimos salvos es el día en el que Dios empezó su obra para prepararnos para el gran día venidero.

Un cristiano que no está interesado en el regreso de Jesús es como una novia que no está interesada en el día de su boda; es anormal. Tristemente, muchos en la

Iglesia no piensan frecuentemente acerca del tema del regreso de Jesús porque dicho tema ha sido descuidado, enseñado de forma desequilibrada o bien, anti-bíblica. Sin embargo, cuando el tema es enseñado bíblicamente, se debería crear un deseo profundo en nuestros corazones y deberíamos querer estar más involucrados en la misión de Dios de preparar la tierra para el regreso de su Hijo.

Queremos obedecer a Jesús

En Mateo 24 y 25, Jesús enseña el sermón más largo acerca de los últimos tiempos. Después de describir los eventos finales, comparó su regreso con el diluvio de Noé, y enseñó algunas parábolas que indicaban cómo deberíamos de responder a su regreso. En su enseñanza, Jesús resaltó tres puntos principales:

- Habrá una larga demora antes de los últimos tiempos. Él no vendrá tan pronto como muchos piensan. Debemos ser fieles aún en medio de esa demora.

- Cuando los últimos tiempos lleguen, será repentinamente. Debemos reconocer los tiempos en los que vivimos,[19] pero al mismo tiempo, debemos evitar poner una fecha exacta para su regreso.[20]

- Cuando los últimos tiempos inicien, no habrá más tiempo para prepararnos para ello. Debemos de vivir de tal manera que estemos preparándonos para el regreso de Jesús a cada momento.

La única forma de responder apropiadamente a las enseñanzas de Jesús es preparando a la Iglesia en cada generación para el regreso del Señor. Para ser obedientes a Jesús, esto debe ser parte de nuestro discipulado. Es parte de lo que Jesús mandó, y por ende, parte de la Gran Comisión.[21]

El Padre le dará a su Hijo una "novia" conformada por todas las naciones. Como todo buen padre, él quiere que su Hijo tenga la mejor novia posible. Él le dará a Jesús un pueblo que sea maduro, glorioso y

---

[19] Mateo 24:32–33.

[20] Mateo 24:36–37.

[21] Mateo 28:20.

en total acuerdo con su Hijo. *De la misma manera en que la organización de una boda prepara a la novia para el novio, el estudiar el regreso de Jesús prepara a la Iglesia para unirse a Jesús.*

Dios no solo busca convertirnos en una digna compañía para su hijo, él desea que estemos íntimamente involucrados en el plan de exaltar a su hijo. Por lo tanto, el estudio de los últimos tiempos también tiene implicaciones misiológicas. Nos brinda el objetivo de Dios para la Iglesia y nos revela el plan de Dios para asociarse con la iglesia y preparar a las naciones para el regreso de Jesús.

El Nuevo Testamento nos instruye acerca de los últimos tiempos y en cómo estar preparados. Esto no significa que comprenderemos cada detalle en específico, pero deberíamos conocer los temas principales y los eventos generales que sucederán. Mucha gente está familiarizada con la advertencia que Jesús da en Mateo 24:36 de que no conoceremos el día ni la hora de su regreso, pero debemos balancear esto con su declaración en los versos 32 y 33 acerca de que debemos tener presente los tiempos y las temporadas, y no ser sorprendidos por su regreso:

« Y de la higuera aprended la parábola: cuando su rama ya se pone tierna y echa las hojas, sabéis que el verano está cerca. Así también vosotros, cuando veáis todas estas cosas, sabed que Él está cerca, a las puertas ». (Mateo 24:32).

Jesús también enseñó que su regreso sería como en los días de Noé:

« Porque como en los días de Noé, así será la venida del Hijo del Hombre. Pues así como en aquellos días antes del diluvio estaban comiendo y bebiendo, casándose y dándose en matrimonio, hasta el día en que entró Noé en el arca, y no comprendieron hasta que vino el diluvio y se los llevó a todos; así será la venida del Hijo del Hombre » (Mateo 24:37–39).

En los días de Noé el juicio tomó desprevenidos a los habitantes de la tierra y no estuvieron preparados. Sin embargo, Noé estuvo preparado. De la misma forma, la Iglesia debería estar preparada para el regreso de Jesús. Como él mismo dijo:

« Por eso, también vosotros estad preparados, porque a la hora que no pensáis vendrá el Hijo del Hombre » (Mateo 24:44).

Jesús enseñó una parábola acerca de cinco vírgenes insensatas y cinco prudentes, ambos grupos estaban esperando una boda que estaba demorándose mucho. Aún en la demora, las cinco prudentes estaban preparadas para la llegada del novio, y aunque se durmieron mientras lo esperaban, estuvieron listas para él cuando finalmente llegó:

« Entonces el reino de los cielos será semejante a diez vírgenes que tomando sus lámparas, salieron a recibir al novio. Y cinco de ellas eran insensatas, y cinco prudentes. Porque las insensatas, al tomar sus lámparas, no tomaron aceite consigo, pero las prudentes tomaron aceite en frascos junto con sus lámparas . . . Pero a medianoche se oyó un clamor: "¡Aquí está el novio! Salid a recibirlo." Entonces todas aquellas vírgenes se levantaron y arreglaron sus lámparas. Y las insensatas dijeron a las prudentes: "Dadnos de vuestro aceite, porque nuestras lámparas se apagan." Pero las prudentes respondieron, diciendo: "No, no sea que no haya suficiente para nosotras y para vosotras; id más bien a los que venden y comprad para vosotras." (Mateo 25:1–4, 6–9).

Para ser obedientes a las enseñanzas de Jesús, debemos preparar a la Iglesia para su regreso, sea que esto suceda o no en nuestra generación. El apóstol Pablo enseñó lo mismo:

« Que cuando estén diciendo: Paz y seguridad, entonces la destrucción vendrá sobre ellos repentinamente, como dolores de parto a una mujer que está encinta, y no escaparán. Mas vosotros, hermanos, no estáis en tinieblas, para que el día os sorprenda como ladrón; porque todos vosotros sois hijos de la luz e hijos del día. No somos de la noche ni de las tinieblas. Por tanto, no durmamos como los demás, sino estemos alerta y seamos sobrios. Porque los que duermen, de noche duermen, y los que se emborrachan, de noche se emborrachan. Pero puesto que nosotros somos del día, seamos sobrios, habiéndonos puesto la coraza de la fe y del amor, y por yelmo la esperanza de la salvación » (1 Tesalonicenses 5:3–8).

Para el resto del mundo mundo, el regreso de Jesús vendrá repentina e inesperadamente, así como un ladrón viene en la noche. Sin embargo, la Iglesia no será sorprendida ni tomada de improviso al igual que el mundo. La Iglesia entenderá los tiempos y estará preparada para su regreso. Es muy importante evitar prepararnos de una forma no-bíblica, por ejemplo, especulando acerca de fechas específicas; fuera de esto, debemos hacer un prioridad el ser obedientes a la Escritura y prepararnos a nosotros mismos y a la Iglesia para el regreso de Jesús y las singulares dinámicas que le acompañarán.

QUEREMOS LA OBRA DEL ESPÍRITU SANTO

La noche antes de morir en la cruz, Jesús habló con sus discípulos acerca de lo que ocurriría cuando él ya no estuviera con ellos. Fue una conversación llena de emociones y Juan registró los detalles en su evangelio para que nosotros los pudiéramos leer. En esta conversación, Jesús prometió el don del Espíritu Santo por el bien de la Iglesia:

> « *Aún tengo muchas cosas que deciros, pero ahora no las podéis soportar. Pero cuando Él, el Espíritu de verdad, venga, os guiará a toda la verdad, porque no hablará por su propia cuenta, sino que hablará todo lo que oiga, y os hará saber lo que habrá de venir. Él me glorificará, porque tomará de lo mío y os lo hará saber. Todo lo que tiene el Padre es mío; por eso dije que Él toma de lo mío y os lo hará saber* » (vv. 16: 12–15).

Jesús le dijo a los discípulos que había muchas cosas que deseaba compartir con ellos que no podían soportar. Por esta razón les daría al Espíritu Santo. Hay que notar cuidadosamente lo que Jesús dijo que haría el Espíritu Santo:

- Hablaría todo lo que oyera

- Declararía las cosas que habrían de venir

- Glorificaría a Jesús al revelarle a la Iglesia las cosas que pertenecen a Jesús. (Noten que Jesús repitió esta promesa dos veces).

De acuerdo con Jesús, una de las razones por las que el Espíritu Santo nos ha sido dado es para instruirnos y enseñarnos por medio de las Escrituras acerca de las cosas que vendrán. Cuando Jesús nos dijo que el Espíritu Santo nos declararía las cosas que le pertenecen, esto incluía su segunda venida y los aspectos de su gloria que solamente pueden ser vistos en su segunda venida.

Cuando pensamos en el ministerio del Espíritu Santo tendemos a pensar acerca de milagros, sanidades y otros dones u obras del Espíritu. Todo esto es poderoso e importante para la edificación de la Iglesia, sin embargo, cuando Jesús estaba por ir a la cruz, él les prometió a sus discípulos que el Espíritu Santo vendría y a través de las escrituras daría revelación acerca de su regreso y de su gloria. Jesús sabía que esa información sería esencial para la Iglesia, así que nos dio al Espíritu Santo, quien anhela darnos esa revelación.

No debemos descuidar ningún aspecto de la obra del Espíritu Santo. Necesitamos poder para predicar, necesitamos poder para sanar a los enfermos, necesitamos los milagros y todos los dones del Espíritu funcionando; necesitamos que el Espíritu desate convicción en los corazones humanos ante la predicación del evangelio. De acuerdo a lo que Jesús dijo, también necesitamos al Espíritu para que nos revele a través de la Palabra de Dios lo que el Padre tiene que decir acerca de la segunda venida de su Hijo.

QUEREMOS PARTICIPAR EN LAS MISIONES

En 1974, el misiólogo Ralph Winter dejó conmocionado al mundo misionero con un nuevo concepto.[22] En ese entonces, se había predicado el evangelio en cada nación de la tierra, y muchos preguntaban si éste era el cumplimiento del mandamiento de Jesús de predicar el evangelio a todas las naciones. Ralph Winter y otros más, estudiaron cuidadosamente las Escrituras y descubrieron que el mandato de Jesús no estaba enfocado en naciones políticas. Estaba en cambio, estaba enfocado en lo que ahora conocemos como *grupos étnicos*: unidades de gente con un lenguaje y cultura en común. La investigación de Ralph Winter revolucionó al mundo de las misiones y cambió el enfoque que antes se tenía sobre naciones políticas, para ser entendido ahora como grupos étnicos.

Ralph Winter obtuvo este entendimiento al estudiar el regreso de Jesús, y luego al aplicarlo a la misión de la Iglesia. Cuando estudiamos el regreso de Jesús, hay mucha información que nos ayuda a entender el propósito de Dios en la Iglesia. *A medida que estudiamos lo que la Biblia dice acerca de los últimos tiempos, abordamos nuestro estudio de una manera misional.* Debemos permitir que esta información nos ayude a comprender cómo cooperar de forma más efectiva con el plan de Dios.

---

[22] Steve Shadrach, "The Legacy of Lausanne 1974: Forty Years Later and a Personal Look at the Man Behind the Revolution," *Center for Mission Mobilization*, 15 de septiembre de 2014. Accesado el 22 de enero de 2018. http://www.mobilization.org/blog/the-legacy-of-lausanne-1974.

Estamos acostumbrados a pensar en nuestra misión principalmente en términos del número de individuos que responden al evangelio, pero las misiones tratan acerca de mucho más que eso. Bíblicamente, la misión se trata de colaborar con Dios al preparar a las naciones para el regreso de Jesús.[23]

---

[23] Mateo 28:20.

Parte 2: Las promesas que deben cumplirse — Las promesas de Dios para Israel y las naciones

LAS PROMESAS QUE DEBEN CUMPLIRSE

La clave para entender la historia y la actividad de Dios sobre la tierra, está en comprender dos partes importantes de la historia de redención: las promesas de Dios y los pactos de Dios. Las promesas de Dios son el compromiso específico que Dios ha hecho. La historia de redención está diseñada para cumplir estas promesas. Los pactos, son acuerdos que Dios ha hecho con su pueblo, los cuales incluyen; términos, condiciones y promesas. Los pactos bíblicos describen la forma en la que Dios se relaciona con su pueblo, determinan cómo se cumplen sus promesas, y cómo es que la historia de redención terminará.

Empezaremos examinando promesas específicas de Dios. Estas promesas tienen las siguientes características clave:

- Son hechas y afirmadas por Dios. El pecado de la humanidad no puede eliminar tales promesas.[24]

- Estas promesas todavía no se han cumplido, pero se cumplirán al final de la era. El honor de Dios está en juego en el cumplimiento de estas promesas.

- Jesús afirmó las promesas, pero todavía no las ha cumplido.

- Estas promesas serán cumplidas al mismo tiempo y estarán profundamente interconectadas.

---

[24] Por esta razón, estas promesas a veces son llamadas *promesas unilaterales*, queriendo así decir que solamente dependen de la habilidad de uno de los implicados. Otros se han referido a las mismas como *promesas incondicionales* porque Dios está atado a ellas independientemente de lo que haga o deje de hacer el hombre.

- Estas promesas serán cumplidas en los últimos tiempos, por el regreso de Jesús. Por lo tanto, se trata de temas centrales a los últimos tiempos

No podremos entender cómo Dios llevará a este siglo a su fin si no conocemos estas promesas. Debido al alcance limitado de este libro, sólo consideraremos brevemente cada promesa. Para un estudio más completo de estas promesas, ver el libro *One King: A Jesus-Centered Answer to the Question of Zion and the People of God*.[25]

Estas promesas declaran un futuro positivo y específico para Israel y las naciones con las que Dios se ha comprometido. El pecado de la humanidad produce crisis, agitación y retrasa el cumplimiento de estas promesas. Además, provoca que algunos pierdan su participación en dichas promesas. Sin embargo, ya que estas promesas están aseguradas por Dios, no pueden ser puestas en peligro por el fracaso, la debilidad, o el pecado humano. Dios cumplirá todo lo que él ha dicho que cumplirá.

La misión de Dios a través de la Iglesia en las naciones, está diseñada por Dios para jugar un papel crítico en el cumplimiento de sus promesas. *Dios no cumplirá sus promesas solo.* *Él* va a cumplirlas en colaboración con su pueblo, así que, es necesario comprenderlas para poder colaborar con Dios. *Estas promesas serán consumadas por el regreso de Jesús, sin embargo, la labor de la Iglesia a lo largo de la historia prepara el escenario para su cumplimiento.*

PREPARANDO EL ESCENARIO PARA LAS PROMESAS

Génesis 1 inicia con la muy conocida frase, "en el principio", estableciendo así, el fundamento de la historia de redención. Luego de describir brevemente la creación, Génesis del 1 al 11 construye el escenario de Dios para la redención de la humanidad. Se nos dice cómo el pecado y la tragedia se introdujeron en la experiencia humana y se registra el compromiso que Dios hace de redimir a su creación.

En los primeros capítulos de Génesis comenzamos a ver todos los efectos del pecado de la humanidad, a medida que la situación del

---

[25] Esta sección es una parte revisada y condensada de la sección "The Basis of the Gospel—Abraham's Promise" del libro *One King—A Jesus-Centered Answer to the Question of Zion and the People of God*. Usada con permiso de Forerunner Publishing. (*Todavía no traducido al español*).

hombre se vuelve cada vez más y más sombría. Familias destruidas, hijos asesinados; y la maldad creciente escala tan rápido, que Dios decide desatar un diluvio mundial para detener el crecimiento de la perversión humana. Aún después del diluvio, la tierra todavía está en crisis debido a que el pecado sigue afligiéndola. Ningún líder es capaz de redimir a la humanidad, ni siquiera Noé. *Desde el principio, es evidente que la tierra necesita un nuevo líder, un nuevo hombre para redimir y restaurar a la raza humana.*

El recuerdo del diluvio era aun muy reciente, cuando el hombre decide desafiar la autoridad de Dios en la llanura de Sinar. La construcción de una torre empieza junto a la búsqueda del acceso al poder espiritual que les permitiría desafiar a aquél que provocó el diluvio en la tierra. En este momento determinante, Dios interviene y separa al pueblo; confundiendo su lenguaje. Es así como inicia la historia de las naciones de la tierra.

Génesis 11 nos revela cómo estos hombres estaban evitando ser «dispersados» sobre la faz de la tierra:

> *« Y dijeron: Vamos, edifiquémonos una ciudad y una torre cuya cúspide llegue hasta los cielos, y hagámonos un nombre famoso, para que no seamos dispersados sobre la faz de toda la tierra » (Génesis 11:4).*

Dios quería que los hombres fueran dispersados porque él deseaba que existieran las naciones. Los hombres no querían ser dispersados en toda la tierra, así que decidieron resistir a Dios. Dios respondió a su resistencia confundiendo su lenguaje y dispersándolos en juicio. Si bien, hay juicio, también hay promesa de redención; empezando por Génesis 3:15, donde Dios promete una "simiente" que vendría a redimir y restaurar a la raza humana.

Las naciones que fueron dispersadas como resultado de la rebelión, se convertirán en una parte hermosa del plan de Dios. El plan de Dios para redimir a las naciones empezó en Génesis 12, cuando Dios escogió a un hombre para que fuera el padre de una nación que él usaría para redimir a las naciones.

EL PACTO DE DIOS CON ABRAHAM

Aunque existen algunos aspectos del Antiguo Testamento que ya dejaron de ser, la Biblia nunca menciona que todo lo que sucedió en el Antiguo Testamento dejaría de ser. Necesitamos conocer el contexto del pacto en el Antiguo Testamento para poder diferenciar lo que es temporal de lo que es permanente. *Las promesas hechas en el Antiguo Testamento continúan impulsando el cumplimiento de la historia de redención, aun más de lo que las personas imaginan.*

Dios inició la redención de las naciones al hacer un pacto con Abraham. Este pacto es el fundamento del evangelio porque su éxito está garantizado por Dios, no por Abraham. Aun cuando muchos creyentes piensan que el Antiguo Testamento dejo de tener relevancia, sin embargo, la realidad es que, el pacto Mosaico fue el que dejó de ser; *el pacto de Abraham aun continua vigente.* Dicho pacto es muy diferente al de la ley de Moisés. En la siguiente sección examinaremos cómo la ley de Moisés afecta la historia de redención y cuál es el rol que juega, pero primero debemos establecer el fundamento del pacto de Dios con Abraham.

El pacto de Abraham es el origen de la convicción que Pablo proclamaba: la buena noticia del evangelio es la justificación que viene por medio de la fe.[26] En Génesis 15:6, Abraham le creyó a Dios, y le fue contado por *justicia*. De cierta manera, tanto judíos como gentiles son descendientes de Abraham, ya que él nació como gentil y aun así se volvió el padre del pueblo judío.[27] Su vida es una figura que muestra que, tanto Israel como el resto de las naciones deben ser salvos, por lo tanto, el apóstol Pablo identifica el pacto de Abraham como la base del evangelio:

« *Ahora bien, las promesas fueron hechas a Abraham y a su descendencia. No dice: y a las descendencias, como refiriéndose a muchas, sino más bien a una: y a tu descendencia, es decir, Cristo. Lo que digo es esto: La ley, que vino cuatrocientos treinta años más tarde, no invalida un pacto ratificado anteriormente por Dios, como para anular la promesa. Porque si la herencia depende de la ley, ya no depende de una promesa; pero Dios se la concedió a Abraham por medio de una promesa* » *(Gálatas 3:16–18).*

« *Y si sois de Cristo, entonces sois descendencia de Abraham, herederos según la promesa* » *(v. 29).*

---

[26] Romanos 4:3.

[27] Gálatas 3:29.

Estas promesas sostienen la historia de redención y crean una enorme tensión en toda la narrativa bíblica, a medida que los profetas predicen su cumplimiento, y al mismo tiempo, se preguntan cómo Dios podrá llegar a cumplirlas. Los autores del Nuevo Testamento se maravillaron al ver cómo la muerte y resurrección de Jesús se volvieron la manera en la que Dios afirmó estas promesas. Estas promesas juegan son clave en la historia de redención y en el regreso de Jesús. Por lo tanto, el primer paso para entender los últimos tiempos es entender estas promesas, y lo que la Biblia dice acerca del compromiso de Dios con dichas promesas.

En Génesis 12, Dios empieza a darle forma y definición a su plan redentor al llamar a Abraham y darle promesas específicas:

> « *Vete de tu tierra, de entre tus parientes y de la casa de tu padre, a la tierra que yo te mostraré. Haré de ti una nación grande, y te bendeciré, y engrandeceré tu nombre, y serás bendición. Bendeciré a los que te bendigan, y al que te maldiga, maldeciré. Y en ti serán benditas todas las familias de la tierra* » *(vv. 1–3).*

Dios le hizo tres promesas distintas a Abraham. Cada una de estas promesas son componentes clave del plan de redención y las tres, (la promesa de tierra, la promesa de descendientes y la promesa a las naciones), deben cumplirse. *El conflicto al rededor de estas promesas preparará el camino para el conflicto final en el fin de la era.*

LA PROMESA DE TIERRA

En primer lugar, Dios le prometió a Abraham que le daría una región específica de la tierra. En Génesis 12:1, Dios le dice a Abraham:

> « *Vete de tu tierra, y tu parentela y de la casa de tu padre, a la tierra que yo te mostraré* ».

Todo el contexto de esta promesa se encuentra en el llamado que Dios hace a Abraham para que saliera a una nueva tierra que él poseería. Dios presenta la tierra a Abraham como una herencia permanente, en la que Abraham y su descendencia deberán de habitar perpetuamente para que la promesa se cumpliera. La herencia es prometida específicamente para Abraham,[28] y sabemos que él nunca poseyó esa tierra.

Aquí está la tensión: si las promesas de Dios son verdaderas, ¿cómo es entonces que Abraham nunca vio el cumplimiento de las mismas? Si la muerte de Abraham constituye el fin de las promesas que le fueron hechas, la promesa de la tierra estará perpetuamente sin cumplimiento ya que Abraham nunca heredó la tierra, ni tampoco vivió para ver a sus descendientes heredándola. *Para entender el plan redentor de Dios, debemos entender que estas promesas antiguas no han llegado a realizarse todavía.*

El libro de Hebreos describe este dilema cuando cuenta la historia de los grandes hombres y mujeres de fe. Ellos tuvieron gran fe ya que permanecieron fieles aún cuando no recibieron lo que Dios les había prometido:

« *Todos éstos murieron en fe, sin haber recibido las promesas, pero habiéndolas visto y aceptado con gusto desde lejos, confesando que eran extranjeros y peregrinos sobre la tierra* » *(Hebreos 11:13).*

« *Y todos éstos, habiendo obtenido aprobación por su fe, no recibieron la promesa, porque Dios había provisto algo mejor para nosotros, a fin de que ellos no fueran hechos perfectos sin nosotros. Por tanto, puesto que tenemos en derredor nuestro tan gran nube de testigos, despojémonos también de todo peso y del pecado que tan fácilmente nos envuelve, y corramos con paciencia la carrera que tenemos por delante* » *(11:39– 12:1).*

La historia redentora está profundamente conectada al pueblo de Dios, aun al pasar de las generaciones. Las promesas que Dios hizo a los patriarcas no se cumplieron durante la vida de ellos, pero se cumplirán a medida que nosotros hacemos nuestra parte en el plan de redención. Así como la fidelidad y obediencia de ellos fueron premisa para nuestra bendición; también nuestra fidelidad y obediencia jugará una parte importante en la herencia de ellos. El deseo de los patriarcas de recibir sus promesas debería de provocarnos a dejar a un lado todo lo que nos impide trabajar con el mismo ímpetu que ellos tuvieron.

Las promesas aún no cumplidas de Abraham también ponen el fundamento para la promesa de la resurrección. Abraham no recibió

---

[28] Génesis 15:8.

sus promesas en vida, y no puede heredarlas como un hombre muerto. La única explicación posible para este dilema es que en el futuro habrá un día cuando Dios levantará a Abraham (y al resto de los patriarcas) de entre los muertos para que pueda recibir lo que Dios le ha prometido.

LA PROMESA PARA LOS DESCENDIENTES
En segundo lugar, Dios le prometió descendientes a Abraham:

> « *Haré de ti una nación grande, y te bendeciré, y engrandeceré tu nombre, y serás bendición* » (Génesis 12:2).

A Abraham se le dijo que sus descendientes se convertirían en una gran nación que engrandecería su nombre. Esta declaración habla de la condición de los descendientes de Abraham, no solamente de la cantidad. La promesa no puede ser alcanzada simplemente por una gran cantidad de gente que saldría de Abraham. Sólo se cumpliría en una nación que vendría de Abraham y haría su nombre grande al ser una bendición en la tierra.

Lo que hace a una nación grande es la rectitud.[29] Por lo tanto, los descendientes de Abraham deben volverse justos y ser un pueblo santo para que esta promesa pueda cumplirse. En términos bíblicos, los impíos serán borrados de la tierra,[30] pero a Abraham se le prometió que sus descendientes se volverían una bendición, tanto así que las naciones llegarían a honrar el nombre de Abraham. Esto explica por qué el Antiguo Testamento repetidamente predice el día en que Israel llegará a ser un pueblo santo y justo.

Génesis 15 confirma que esta gran nación debe salir de los descendientes físicos de Abraham.[31] Por lo tanto, el compromiso que Dios tiene de bendecir a las naciones a través de Abraham debe incluir la redención de la propia familia de Abraham.

En la historia del mundo, esta promesa nunca se ha cumplido. Para cumplir esta promesa a Abraham, Dios debe resolver el fracaso de Israel de aun no haber podido ser causa de gran bendición para el

---

[29] Proverbios 14:34.

[30] Salmos 37.

[31] Génesis 15:4.

nombre de Abraham, ni de ser el pueblo justo que Dios le prometió a Abraham que algún día sería. El fundamento de la promesa que Jesús hizo en el Nuevo Testamento fue salvar Israel.[32]

Estas dos primeras promesas son la base para uno de los temas centrales de los últimos tiempos: la resolución de la crisis de Israel y el cumplimiento del llamado de Israel.

LA PROMESA DE SER DE BENDICIÓN A LAS NACIONES

Abraham también recibió una promesa para las naciones de la tierra. Dios le prometió a Abraham que las naciones de la tierra recibirían bendición a través la gran nación que vendría de él:

> *« Bendeciré a los que te bendigan, y al que te maldiga, maldeciré. Y en ti serán benditas todas las familias de la tierra » (Génesis 12:3).*

Esta promesa es el fundamento de la promesa del Nuevo Testamento de que Dios salvaría un remanente de cada pueblo de la tierra.[33] Las primeras dos promesas le conciernen específicamente a los descendientes físicos de Abraham, pero Dios también dijo desde el principio que su plan para Abraham era que Israel se convirtiera en una gran bendición para las naciones.

Esto significa que la idea de la salvación de los pueblos gentiles no es una idea nueva que se originó en el Nuevo Testamento, y Pablo hace referencia a Génesis 12:3 diciendo que ésta fue la primera predicación del evangelio a los gentiles:

> *« Y la Escritura, previendo que Dios justificaría a los gentiles por la fe, anunció de antemano las buenas nuevas a Abraham, diciendo: En ti serán benditas todas las naciones » (Gálatas 3:8).*

Desde el principio, el plan de Dios con Abraham fue para el bien de las naciones. Como resultado, la salvación del pueblo judío y la salvación de las naciones están profundamente interconectadas. Dios no cumplirá una promesa sin la otra; él debe cumplir las tres. La crisis que se desatará en el mundo durante los últimos tiempos se debe al cumplimiento de estas promesas.

---

[32] Mateo 23:39; 24:30; Hechos 1:6.

[33] Mateo 24:14; 28:19; Hechos 1:6–8; Apocalipsis 5:9; 7:9.

Cuando uno planifica un evento importante se requieren meses de planificación, pero a medida que el evento se aproxima, todo se acelera y los diferentes componentes necesarios para el gran evento empiezan a tomar forma todos al mismo tiempo. El plan redentor de Dios se sentirá igual. Por siglos, las naciones han estado siendo preparadas para el cumplimiento de estas promesas, pero al acercarnos más al tiempo en que deben cumplirse, se sentirá como si repentinamente todo empieza a acelerarse cuando Dios tome estas tres promesas y las ponga en el centro.

LA ADVERTENCIA SOBRE LA CONTROVERSIA

Dios dijo que "bendeciría a los que bendijeran" a Abraham y maldeciría a los que le deshonraran (Génesis 12:3). La palabra usada en la versión ESV (inglés), es traducida como «deshonrar»; es traducida en la versión en inglés NASB como «maldecir» y en la NET, también en inglés, como «tratar a la ligera». Dios advirtió a Abraham que habría una gran controversia en torno a su plan redentor; habría individuos que estarían de acuerdo y bendecirían el plan de Dios con respecto a Abraham, y habría también algunos otros que maldecirían a Abraham o le tratarían a la ligera, debido a la forma que Dios escogería para cumplir estas tres promesas.

Aunque será fácil ofenderse ante el plan Dios, él advierte que la manera de recibir la bendición que fluirá hacia las naciones de la tierra es estar de acuerdo con dicho plan y bendecir a Abraham. Está es la causa por la que Pablo advirtió a los creyentes gentiles en Roma que no fueran arrogantes hacia el pueblo judío aun cuando la mayoría de ellos no eran salvos.[34]

Es imposible que Abraham pudiera haberse imaginado lo controversial que el plan de Dios llegaría a ser. A medida que este siglo se aproxima a su fin, la crisis en torno a lo que Dios ha escogido para cumplir estas tres promesas llegará más lejos de lo que nadie ha podido anticipar jamás.

Mientras que el plan redentor avanza, cada promesa se vuelve dependiente del cumplimiento de otras, pues Dios ha diseñado que cada promesa contribuya a completar otras. Dios no cumplirá una promesa olvidándose de las otras. *El pueblo judío no puede recibir su herencia*

---

[34] Romanos 11:20, 23–27.

a menos que las naciones reciban la bendición de la salvación, pero las naciones no pueden obtener su bendición completa sin que el pueblo judío reciba salvación y su herencia de tierra física. Estas tres promesas son tres cordones de una cuerda que no puede romperse.[35]

EL FUNDAMENTO DEL EVANGELIO

Génesis 12 establece las tres promesas centrales que impulsan el plan redentor de Dios: (1) Abraham tendrá descendientes que se convertirán en una nación justa, (2) como un pueblo justo, dichos descendientes heredarán permanentemente una región geográfica, y (3) las naciones obtendrán bendición y salvación a través de este proceso. *Estas tres promesas se vuelven el fundamento de la misión de Dios en el mundo y son reiteradas a lo largo de toda la narrativa bíblica.*

Pablo les dijo a los gálatas que Abraham recibió la esencia del evangelio en Génesis 12:

> *« Y la Escritura, previendo que Dios justificaría a los gentiles por la fe, anunció de antemano las buenas nuevas a Abraham, diciendo: En ti serán benditas todas las naciones » (3:8).*

Los elementos fundamentales del evangelio están presentes en Génesis 12. Dios inició la salvación del hombre. Decidió actuar para proveer redención para las naciones. Él prometió asegurar la salvación de la humanidad con su propio poder y habilidad. Todo dependía de un hijo que nacería a través de una concepción milagrosa. Abraham y Sara no podían producir el hijo prometido en su condición natural, así que Dios tendría que proveerles el hijo. Esto fue una sombra profética de Jesús —el Hijo que cumpliría todas las promesas de Dios tenía que venir sobrenaturalmente, también fue una sombra del nuevo nacimiento; nacemos muertos, y debemos ser traídos a vida a través del poder sobrenatural de Dios.[36]

A la declaración del pacto en Génesis 12 le siguió la ceremonia del pacto de Génesis 15. El capítulo 15 es muy importante ya que se

---

[35] Eclesiastés 4:12.

[36] Efesios 2:5; Juan 3:3-7.

volverá la base del evangelio y la salvación por fe.[37] Pablo interpretó Génesis 15 como un pacto vigente:

> *« Porque ¿qué dice la Escritura? Y creyó Abraham a Dios, y le fue contado por justicia »* *(Romanos 4:3).*

Somos salvos por fe ya que Abraham aseguró sus promesas por fe. *Nuestra promesa de salvación está segura siempre y cuando las promesas de Abraham estén seguras.* El sufrimiento de Jesús, su muerte y resurrección, no reemplazaron el acuerdo entre Dios y Abraham; lo aseguraron e hicieron que el cumplimiento del pacto fuera posible.

En la Biblia Dios hizo pactos muy pocas veces, y el encuentro entre Dios y Abraham en Génesis 15 es uno de los encuentros de pacto más grandes de la Escritura. En este encuentro, Dios se comprometió con Abraham a cumplir sus promesas con base en su carácter y poder.

Abraham había expresado su dolor a Dios y le había pedido seguridad de que las promesas de Génesis 12 se cumplirían literalmente. Abraham solamente había abordado dos de las promesas; la de descendientes y la de tierra, pero el encuentro de pacto de Génesis 15 fue una confirmación de lo que fue dicho en Génesis 12, y las tres promesas fueron confirmadas por este acto.

> *« Y Abram dijo: Oh Señor Dios, ¿qué me darás, puesto que yo estoy sin hijos, y el heredero de mi casa es Eliezer de Damasco? Dijo además Abram: He aquí, no me has dado descendencia, y uno nacido en mi casa es mi heredero »* *(Génesis 15:2–3).*

> *« Y le dijo: Yo soy el Señor que te saqué de Ur de los caldeos, para darte esta tierra para que la poseas. Y él le dijo: Oh Señor Dios, ¿cómo puedo saber que la poseeré? »* *(vv. 7–8).*

Abraham tenía dolor en su corazón ya que no podía entender de qué manera podrían cumplirse las promesas. No podía tener ya un hijo, mucho menos descendientes numerosos, y estaba vagando como extranjero en la tierra que supuestamente poseería. En la conversación, Dios repitió y afirmó las promesas del capítulo 12:

---

[37] Romanos 4:3.

« Pero he aquí que la palabra del Señor vino a él, diciendo: Tu heredero no será éste, sino uno que saldrá de tus entrañas, él será tu heredero. Lo llevó fuera, y le dijo: Ahora mira al cielo y cuenta las estrellas, si te es posible contarlas. Y le dijo: Así será tú descendencia » (Génesis 15:4–5).

« Y le dijo: Yo soy el Señor que te saqué de Ur de los caldeos, para darte esta tierra para que la poseas » (v. 7).

Luego de confirmar verbalmente su promesa, Dios entró en un pacto con Abraham a través de una ceremonia durante la cual Dios se comprometió totalmente a cumplir las promesas:

« Él le respondió: Tráeme una novilla de tres años, una cabra de tres años, un carnero de tres años, una tórtola y un pichón. Él le trajo todos éstos y los partió por la mitad, y puso cada mitad enfrente de la otra; mas no partió las aves. Y las aves de rapiña descendían sobre los animales sacrificados, pero Abram las ahuyentaba. Y sucedió que a la puesta del sol un profundo sueño cayó sobre Abram, y he aquí que el terror de una gran oscuridad cayó sobre él » (Génesis 15:9–12).

« Y aconteció que cuando el sol ya se había puesto, hubo densas tinieblas, y he aquí, apareció un horno humeante y una antorcha de fuego que pasó por entre las mitades de los animales. En aquel día el Señor hizo un pacto con Abram, diciendo: A tu descendencia he dado esta tierra, desde el río de Egipto hasta el río grande, el río Éufrates: los ceneos, los cenezeos, los cadmoneos, los hititas, los ferezeos, los refaítas, los amorreos, los cananeos, los gergeseos y los jebuseos » (vv. 17–21).

Hay varios componentes clave en esta ceremonia de pacto. *En primer lugar, la ceremonia estaba basada en un método antiguo para llegar a un acuerdo.* En esta ceremonia antigua, dos individuos caminaban en medio de animales muertos con el cuerpo partido para hacer una declaración verbal de su compromiso. El compromiso expresaba que aquello que les sucedió a los animales les debería suceder a cualquiera de las partes que rompiera el acuerdo. Al usar esta ceremonia, (la cual Abraham comprendería), Dios deseaba asegurarle a Abraham que el acuerdo era permanente.

En segundo lugar, Dios no permitió que Abraham contribuyera al desarrollo del pacto. Aunque el pacto fue hecho con Abraham, cuando llegó el momento de sellar el pacto, Dios puso a Abraham en un sueño profundo, dejándolo incapaz de contribuir en la ceremonia. Esto sucedió dado a que la justificación de Abraham[38] tenia que venir por fe solamente. Fe, o confianza en la Palabra de Dios, era lo único con lo que Dios permitiría que Abraham contribuyera.

En tercer lugar, las dos personas que entraban en el pacto debían caminar a través de los sacrificios, pero en lugar de que Dios y Abraham caminaran juntos, solamente Dios caminó. El pacto realizado fue solamente entre Abraham y Dios, y aun así Abraham vio dos manifestaciones de Dios, una antorcha de fuego y un horno humeante[39] pasando juntos entre los animales.

Dos personas tenían que pasar a través de los animales para confirmar el pacto, y Abraham miró a Dios caminar con Dios a través de los animales. *Esto significa que Dios hizo un pacto con Dios para garantizar las promesas dadas a Abraham.* Al considerar otra Escritura, las dos manifestaciones de Dios que Abraham vio fueron el Padre y el Hijo caminando entre el sacrificio. Esto fue más que una promesa simbólica; esto también fue un acto profético. Debido al pecado de Abraham, y el pecado de sus descendientes, llegaría el día en que para poder preservar el pacto, el Hijo sería sacrificado tal y como los animales.

En Génesis 15 el Padre y el Hijo se comprometieron mutuamente a cumplir las promesas a Abraham, y en el Nuevo Testamento, vemos la colaboración íntima entre el Padre y el Hijo en la obra redentora.

El compromiso de Dios con la promesa que le hizo a Abraham en Génesis 12 fue desplegado en su totalidad en Génesis 15. La dramática ceremonia del pacto enfatiza que la rectitud de Abraham no tuvo parte alguna en el cumplimiento de las promesas. Dios mismo aseguraría las promesas con su propia rectitud y sobre el precio de su propia sangre.

Pablo aprendió el concepto de justificación por fe a partir de este capítulo. Él entendió que el compromiso que Dios tenía con sus promesas estaba basado en su propio poder y no en el nuestro, las promesas serían cumplidas de acuerdo a la justicia que viene por fe.

Aunque Abraham no caminó por en medio del sacrificio fisicamente, en cierto sentido sí lo hizo, el sí caminó por en medio si

---

[38] La justificación bíblica incluye la idea de ser fiel en cumplir las promesas hechas.

[39] La traducción de *horno humeante* no se encuentra en la versión utilizada por el autor.

consideramos que una de las manifestaciones que Abraham miró fue que Dios se convertiría en su descendiente. Jesús caminó en medio del sacrificio como Dios y también como el futuro descendiente de Abraham. De esta manera, Abraham participó en la ceremonia sin garantizar el pacto en su propia fuerza. Debido a que Jesús caminó como el representante de Abraham, Pablo escribió en Gálatas que las promesas dadas a Abraham fueron de hecho dadas a Jesús como su descendiente.[40] La justicia de Jesús garantizó que Abraham recibiría los beneficios del pacto.

LA INVITACIÓN A LA OBEDIENCIA

Las promesas de Dios hacia Abraham fueron incondicionales, en el sentido de que fue Dios quién las garantizó. Sin embargo, Dios requería que Abraham respondiera en obediencia a través de la circuncisión. El pacto fue garantizado por la habilidad de Dios, pero Dios hizo la invitación Abraham de responder en obediencia.

Durante la vida de Abraham, le vemos responderle a Dios en obediencia genuina y al mismo tiempo lo vemos demostrando debilidad al flaquear en otras áreas. Esto demuestra dos principios importantes:

- *Dios garantiza nuestras promesas y nos ama en nuestra debilidad.* Por ejemplo, Abraham mintió acerca de su esposa dos veces cuando tuvo temor, pero esta deficiencia no lo descalificó.[41] Dios reconoce nuestra debilidad, y la cubre con su poder.

- *Dios valora nuestra respuesta.* Nuestro *sí*, aparentemente débil, es poderoso para él. Esto explica por qué Dios requirió que Abraham respondiera al pacto a través de la obediencia en la circuncisión. Aunque Dios garantiza el pacto, nosotros debemos responder en obediencia. Si fallamos, él cubre nuestro pecado con la sangre de Cristo, pero sí lo rechazamos, podemos terminar separados de la bendición de su pacto.

Las promesas de Abraham son un lente a través de la cual podemos ver el Antiguo Testamento, ya que estas tres promesas son el soporte del plan de Dios y de las predicciones de los profetas. El Antiguo Testamento consistentemente predice que vendrá el día en el que todo

---

[40] Gálatas 3:16.

[41] Génesis 12:11–13; 20:2–3.

Israel será justo (podríamos decir *salvo*),[42] el día en que un Israel justo herede su tierra permanentemente con paz y seguridad,[43] y cuando los gentiles adoren al Dios de Israel.[44]

EL CUMPLIMIENTO APOCALÍPTICO DE LAS PROMESAS

A través del Antiguo Testamento, podemos observar el deseo profundo del pueblo porque estas promesas se cumplan. También podemos leer los oráculos de los apasionados profetas que predicen el día en que Dios cumplirá las grandes promesas. Una de las grandes tensiones del Antiguo Testamento es descifrar cómo Dios va a lograr lo que él ha dicho, considerando la condición de Israel y de las naciones.

Al desarrollarse la Biblia, vemos a los profetas describiendo el cumplimiento de estas promesas en términos muy apocalípticos. Repetidamente retratan un tiempo venidero definiéndolo como algo totalmente diferente a cualquier otra época en la historia, y los profetas se topan con la dificultad de encontrar palabras que describan adecuadamente la magnitud de la actividad de Dios en los días finales.[45] Este tiempo sobrepasará por mucho a los eventos del éxodo antiguo, tanto así que, el éxodo mismo quedará casi en el olvido.[46]

Las promesas de Abraham se repiten, desarrollan y reafirman a lo largo de todo el Antiguo Testamento. Estas promesas constituyen uno de los elementos unificadores que reúnen los libros del Antiguo Testamento atándolos al tema. Una vez que entendamos estas tres promesas y el compromiso que tiene Dios sobre cumplirlas

---

[42] Deuteronomio 30:1–6; Isaías 4:3; 45:17, 25; 54:13; 59:21; 60:4, 21; 61:8–9; 66:22; Jeremías 31:34; 32:40; Ezequiel 20:40; 36:10; 39:22, 28–29; Joel 2:26; Sofonías 3:9, 12–13.

[43] Génesis 12:1–3, 7; 13:15; 17:7–8, 19; 26:3; 28:3–4; 35:9–15; Levítico 26:42; Deuteronomio 32:43; 1 Crónicas 16:17–18; Salmos105:10–11; Isaías 32:17 18; 60:21; Jeremías 24:6; 32:40–41; Ezequiel11:17; 36:26–28; Amós 9:15.

[44] Génesis 12:3; Deuteronomio 32:21; Salmos 22:27; Isaías 24:14—16; 42:10–12; 49:6; 56:6–7; 60:1–3; 65:1; Jeremías 16:19–21; Amós 9:11–12; Zacarías 2:11; 14:16; Malaquías 1:11.

[45] Jeremías 30:7; Daniel 12:1; Joel 2:2; Mateo 24:21.

[46] Exodo 34:10; Deuteronomio 30:1–10; Isaías 11:11–16; Jeremías 3:16-17; 16:14—15; 23:7–8; 30:8–1; Joel 3; Zacarías 14.

literalmente, los temas principales de la Escritura y los últimos tiempos empezarán a tener sentido.

¿DE QUÉ MANERA CUMPLIRÁ DIOS LAS PROMESAS?

La interacción de Dios con Abraham introduce varios patrones bíblicos. Estos patrones nos revelan la manera en la cuál Dios cumplirá sus promesas:

- El plan de Dios va a requerir una colaboración profunda con el hombre. El plan de Dios requerirá su poder sobrenatural combinado con el esfuerzo y la participación humana. Abraham y Sara tienen que poner de su parte para tener un bebé, pero Dios tendrá que tocar milagrosamente el vientre de Sara.

- Dios cumplirá su plan a través de la resurrección. Para cumplir sus promesas, Dios tiene que levantar a Abraham de entre los muertos. Esta promesa de resurrección se vuelve un patrón en el cual Dios trata con su pueblo. Es un patrón tan importante que Jesús mismo pasa por muerte y resurrección para entrar a su gloria.

- Las promesas se cumplirán simultáneamente y no en secuencia. La actividad de Dios a través del tiempo preparará las condiciones para el cumplimiento de las promesas, y entonces, el cumplimiento vendrá repentina y apocalípticamente.

- Israel se volverá figura y parábola para las naciones, ilustrando la manera en la que Dios lidia con el hombre. Israel se volverá un retrato del evangelio y será una de las formas en las que Dios demostrará el compromiso con sus promesas.

- Dios proveerá la resolución a la crisis de la humanidad. Él levantará a un Hombre que logrará la redención y cumplirá las promesas de Dios.

- Dios preparará a las naciones antes de la gran conclusión de su plan. El pueblo de Dios en las naciones jugará un rol importante en preparar a la tierra para la realización de sus promesas.

A medida que estos patrones se desarrollan en la Biblia, comenzamos a observar cómo Dios cumplirá las promesas que le hizo a Abraham. En el centro del plan de Dios para cumplir todo lo que le prometió a Abraham, encontramos dos cosas: un Rey divino que cumplirá las promesas y un nuevo pacto.

UN REY DIVINO

En 2 Samuel 7, el plan de Dios para el cumplimiento de las promesas de Abraham se vuelve más específico a través del pacto particular que Dios hace con David:

« *Ahora pues, así dirás a mi siervo David: "Así dice el Señor de los ejércitos: 'Yo te tomé del pastizal, de seguir las ovejas, para que fueras príncipe sobre mi pueblo Israel. Y he estado contigo por dondequiera que has ido y he exterminado a todos tus enemigos de delante de ti, y haré de ti un gran nombre como el nombre de los grandes que hay en la tierra »* (vv. 8–9).

« *Cuando tus días se cumplan y reposes con tus padres, levantaré a tu descendiente después de ti, el cual saldrá de tus entrañas, y estableceré su reino. El edificará casa a mi nombre, y yo estableceré el trono de su reino para siempre »* (vv. 12–13).

El pacto hecho con David está relacionado al pacto hecho con Abraham. Al igual que el pacto hecho con Abraham, Dios no ató el cumplimiento del pacto a condiciones que David tuviera que cumplir. El éxito del pacto dependía completamente de la habilidad de Dios para cumplir sus promesas. Dios le dijo a David que su pacto con él permanecería "para siempre" y que él no experimentaría el rechazo que Saúl experimentó:

« *...pero mi misericordia no se apartará de él, como la aparté de Saúl a quien quité de delante de ti. Tu casa y tu reino permanecerán para siempre delante de mí; tu trono será establecido para siempre »* (2 Samuel 7:15–16).

Como parte del pacto, Dios también le prometió a David que él llevaría al pueblo judío a su destino final y que vivirían de forma segura y pacífica en la tierra que les había prometido. David y su hijo Salomón reinaron durante la época dorada de los tiempos antiguos de Israel, pero incluso durante ese tiempo, Dios les dio a entender que vendría un tiempo en el futuro cuando él los plantaría en la tierra y no tendrían ningún enemigo:[47]

> *« Asignaré también un lugar para mi pueblo Israel, y lo plantaré allí a fin de que habite en su propio lugar y no sea perturbado de nuevo, ni los aflijan más los malvados como antes… » (2 Samuel 7:10).*

En el segundo libro de Samuel se conecta el futuro cumplimiento de las promesas de Abraham directamente al esperado Hijo de David —un Rey futuro. Este es el fundamento que Gálatas 3:16 tiene en el Antiguo Testamento:

> *Ahora bien, las promesas fueron hechas a Abraham y a su descendencia. No dice: y a las descendencias, como refiriéndose a muchas, sino más bien a una: y a tu descendencia, es decir, Cristo.*

Las promesas hechas a Abraham serán cumplidas por el Hombre a quien Dios ha escogido. *El Mesías y las promesas de Abraham son inseparables porque el pacto hecho con David es una continuación del pacto que Dios hizo con Abraham.* Cuando Dios hizo un pacto con David, él reveló que cumpliría sus promesas a través del gobierno de su Rey. Ya que este Rey reinará para siempre, el cumplimiento de estas promesas están garantizadas.

Como Pablo escribió, las promesas hechas a Abraham pertenecen a un Hombre en particular, una "descendencia" específica, o una "simiente" específica de Abraham. Esa "simiente" es Jesús. La "simiente" es mencionada en Génesis, en 2 Samuel y en Gálatas:

---

[47] El énfasis de los profetas acerca de Jerusalén y el trono en el Antiguo Testamento, revela su enfoque en el pacto de David como la solución a las crisis de Israel. Ver Salmos 132:11; 89:3–4; Isaías 2:1–4; 9:6–7; 16:5; 24:23; 32:1–2; 33:22; 40:1–11; 52:7–15; 65:19; Jeremías 23:5–6; 33:17–26; Ezequiel 37:24–28; 48:35; Daniel 7:27; Joel 3:17, 20–21; Amós 9:11-12; Miqueas 4:1–5; 5:2–5; Sofonías 3:14–20; Zacarías 9:9; Zacarías 14:1–21.

« Y pondré enemistad entre tú y la mujer, y entre tu simiente y su simiente; él te herirá en la cabeza, y tú lo herirás en el calcañar » (Génesis 3:15).

« Y el Señor se apareció a Abram, y le dijo: A tú descendencia daré esta tierra. Entonces él edificó allí un altar al Señor que se le había aparecido » (12:7).

« Cuando tus días se cumplan y reposes con tus padres, levantaré a tu descendiente después de ti, el cual saldrá de tus entrañas, y estableceré su reino » (2 Samuel 7:12).

« Ahora bien, las promesas fueron hechas a Abraham y a su descendencia. No dice: y a las descendencias, como refiriéndose a muchas, sino más bien a una: y a tu descendencia, es decir, Cristo » (Gálatas 3:16).

Las promesas de Abraham están aseguradas y serán cumplidas a través de una sola Simiente, Jesús. Hay que notar que Pablo reveló cómo las promesas serían cumplidas, sin embargo, él nunca reinterpretó dichas promesas. Pablo específicamente mencionó las "promesas" en sentido plural porque él continuó esperando el cumplimiento de las tres distintas promesas.

Es importante el hecho de que el libro de Gálatas no busca redefinir las promesas específicas y únicas que les han sido dadas al pueblo judío y a los gentiles. Si Pablo hubiese querido cambiar la expectativa acerca del cumplimiento de las tres promesas hechas a Abraham, él hubiera escrito una carta mucho más larga redefiniendo dichas promesas, sin embargo, en lugar de redefinirlas, Pablo simplemente declaró que Jesús era la única forma de experimentar el cumplimiento de dichas promesas y recibir el Espíritu:

« ...a fin de que en Cristo Jesús la bendición de Abraham viniera a los gentiles, para que recibiéramos la promesa del Espíritu mediante la fe » (Gálatas 3:14).

« Y porque sois hijos, Dios ha enviado el Espíritu de su Hijo a nuestros corazones, clamando: ¡Abba! ¡Padre! » (4:6).

« Pues nosotros, por medio del Espíritu, esperamos por la fe la esperanza de justicia » (5:5).

Solamente Jesús puede asegurar el destino del judío y del gentil. En todo el linaje de Abraham Jesús es el único justo, y por ende, puede cumplir las promesas de Dios. Solamente él puede hacer que los descendientes de Abraham sean una nación justa. Solamente él puede engrandecer el nombre de Abraham. Solamente él puede habilitar a Abraham y a sus descendientes para que posean la tierra que les fue prometida en paz y justicia. Solamente él puede traer gran bendición a los gentiles.

Ninguna de nuestras herencias judías o gentiles nos dan una ventaja en asegurar las promesas. Los judíos no recibirán su porción de la promesa de Abraham de forma distinta a la forma en la que los gentiles recibirán la de ellos. Sólo en nuestra relación con Jesús podemos tener la seguridad de nuestra participación en las promesas de Dios, y como Abraham, esa relación está basada en una justicia que viene por fe.

Por último, las promesas de Abraham fueron hechas al Rey Jesús. Por lo tanto, cuando estamos en relación con él, seamos judíos o gentiles, estamos posicionados para disfrutar esas promesas.

Pablo enfatizó este punto en el libro de Gálatas al recordarle a los gálatas que habían recibido al Espíritu Santo por fe en Jesús.[48] El don del Espíritu fue parte clave en el cumplimiento de las promesas de Dios en el Antiguo Testamento.[49] Por lo tanto, si Jesús tiene autoridad para derramar al Espíritu, entonces tiene autoridad para cumplir las promesas.

A medida que continuó la historia bíblica, los profetas recibieron un vislumbre de la belleza del Rey que esperaban:

« Dice el Señor a mi Señor: Siéntate a mi diestra, hasta que ponga a tus enemigos por estrado de tus pies. El Señor extenderá desde Sion tu poderoso cetro, diciendo: Domina en medio de tus enemigos. Tu pueblo se ofrecerá voluntariamente en el día de tu poder; en el esplendor de la santidad, desde el seno de la aurora; tu juventud es para ti como el

---

[48] Hechos 2:1–4; Gálatas 3:2, 5–6.

[49] Isaías 44:3–4; 59:21; Ezequiel 36:27; 37:14; 39:29; Joel 2:28–29; Zacarías 12:10; Lucas 11:13; Romanos 8:9, 14–16; 1 Corintios 3:16; Gálatas 5:5, 22–23; Efesios 1:13–14; 2 Tesalonicenses 2:13; Tito 3:3–6; 1 Pedro 1:2, 22; 1 Juan 3:24.

rocío. El Señor ha jurado y no se retractará: Tú eres sacerdote para siempre según el orden de Melquisedec » (Salmos 110:1–4).

« En el año de la muerte del rey Uzías vi yo al Señor sentado sobre un trono alto y sublime, y la orla de su manto llenaba el templo. Por encima de Él había serafines; cada uno tenía seis alas: con dos cubrían sus rostros, con dos cubrían sus pies y con dos volaban. Y el uno al otro daba voces, diciendo: Santo, Santo, Santo, es el Señor de los ejércitos, llena está toda la tierra de su gloria. Y se estremecieron los cimientos de los umbrales a la voz del que clamaba, y la casa se llenó de humo. Entonces dije: ¡Ay de mí! Porque perdido estoy, pues soy hombre de labios inmundos y en medio de un pueblo de labios inmundos habito, porque han visto mis ojos al Rey, el Señor de los ejércitos » (Isaías 6:1–5).

« Porque un niño nos ha nacido, un hijo nos ha sido dado, y la soberanía reposará sobre sus hombros; y se llamará su nombre Admirable Consejero, Dios Poderoso, Padre Eterno, Príncipe de Paz. El aumento de su soberanía y de la paz no tendrán fin sobre el trono de David y sobre su reino, para afianzarlo y sostenerlo con el derecho y la justicia desde entonces y para siempre. El celo del Señor de los ejércitos hará esto » (Isaías 9:6–7).

« Seguí mirando en las visiones nocturnas, y he aquí, con las nubes del cielo venía uno como un Hijo de Hombre, que se dirigió al Anciano de Días y fue presentado ante Él. Y le fue dado dominio, gloria y reino, para que todos los pueblos, naciones y lenguas le sirvieran. Su dominio es un dominio eterno que nunca pasará, y su reino uno que no será destruido » (Daniel 7:13–14).

Aunque los profetas de Israel estaban enfocados primordialmente en la salvación de Israel, predijeron que el Rey que vendría también salvaría a las naciones:

« Acontecerá en aquel día que las naciones acudirán a la raíz de Isaí, que estará puesta como señal para los pueblos, y será gloriosa su morada…Alzará un estandarte ante las naciones, reunirá a los desterrados de Israel, y juntará a los dispersos de Judá de los cuatro confines de la tierra » (Isaías 11:10, 12).

« ...*dice El: Poca cosa es que tú seas mi siervo,*
para levantar las tribus de Jacob y para restaurar a los que quedaron de
Israel; también te haré luz de las naciones,
para que mi salvación alcance hasta los confines de la tierra » (49:6).

Dios le ha otorgado a un Hombre todo el domino sobre Israel y sobre las naciones. El cumplirá todas las promesas hechas a Abraham a través de su sacrificio (primera venida) y a través de sus juicios (segunda venida).[50] Ambas cosas son requeridas para que Jesús realice las promesas de Abraham.

UN NUEVO PACTO

El pacto Abrahámico no solamente encuentra su cumplimiento en un Rey venidero, sino también en un nuevo pacto. *Este nuevo pacto no reemplaza el pacto hecho con Abraham; sino que activa al pacto de Abraham para que pueda ser cumplido.* Este nuevo pacto también resuelve el problema del pacto mosaico, algo que veremos más cuidadosamente en la siguiente sección.

El gran desafío de la ley mosaica es que sus requerimientos justos exponen nuestro pecado, y aun así, es incapaz de librarnos de nuestra necesidad. El nuevo pacto es la respuesta de Dios para resolver la crisis de nuestra condición pecaminosa y nuestra inhabilidad para obedecer la ley justa de Dios.

Este nuevo pacto durará para siempre, porque fue asegurado por el Rey que reinará para siempre, el Rey profetizado en 2 Samuel 7. El Rey escogido por Dios y su nuevo pacto son la solución permanente que Dios tiene para la condición de la humanidad. *El nuevo pacto es un acuerdo colectivo entre Dios y su pueblo que resuelve el problema del pacto mosaico y cumple las promesas dadas a Abraham.*

Este nuevo pacto fue declarado tanto por Jeremías como por Ezequiel:

« *He aquí, vienen días —declara el Señor— en que haré con la casa de*
Israel y con la casa de Judá un nuevo pacto, no como el pacto que hice con
sus padres el día que los tomé de la mano para sacarlos de la tierra de
Egipto, mi pacto que ellos rompieron, aunque fui un esposo para ellos —
declara el Señor; porque este es el pacto que haré con la casa de Israel

---

[50] Isaías 53:1–11; 63:1–6.

después de aquellos días —declara el Señor—. Pondré mi ley dentro de ellos, y sobre sus corazones la escribiré; y yo seré su Dios y ellos serán mi pueblo. Y no tendrán que enseñar más cada uno a su prójimo y cada cual a su hermano, diciendo: "Conoce al Señor", porque todos me conocerán, desde el más pequeño de ellos hasta el más grande —declara el Señor— pues perdonaré su maldad, y no recordaré más su pecado » (Jeremías 31:31–34).

« Haré con ellos un pacto eterno, por el que no me apartaré de ellos, para hacerles bien, e infundiré mi temor en sus corazones para que no se aparten de mí. Me regocijaré en ellos haciéndoles bien, y ciertamente los plantaré en esta tierra, con todo mi corazón y con toda mi alma » (32:40–41).

« Yo recordaré sin embargo mi pacto contigo en los días de tu juventud, y estableceré para ti un pacto eterno. . . para que recuerdes y te avergüences, y nunca más abras la boca a causa de tu humillación, cuando yo te haya perdonado por todo lo que has hecho —declara el Señor Dios » (Ezequiel 16:60, 63).

« Además, os daré un corazón nuevo y pondré un espíritu nuevo dentro de vosotros; quitaré de vuestra carne el corazón de piedra y os daré un corazón de carne. Pondré dentro de vosotros mi espíritu y haré que andéis en mis estatutos, y que cumpláis cuidadosamente mis ordenanzas. Habitaréis en la tierra que di a vuestros padres; y seréis mi pueblo y yo seré vuestro Dios » (vv. 36:26–28).

Este nuevo pacto traerá salvación a todo Israel. La nación será salva, tanto así que cada ciudadano conocerá a Dios, no necesitarán la ayuda de maestros.[51] Cuando entre en el nuevo pacto, Israel será salva para siempre y permanentemente habitará en la tierra como el pueblo santo de Dios. Este es el cumplimiento de las promesas de Dios a Abraham. Si Dios está tan comprometido con las primeras dos promesas que le hizo a Abraham, también está comprometido con la tercera promesa a las naciones. Esto les dio a los apóstoles la confianza para ofrecer salvación libremente a los gentiles.

---

[51] Jeremías 31:34.

Para enfatizar su compromiso con las promesas, Dios comparó su habilidad de cumplirlas con su habilidad de sostener la creación. Dos veces en Jeremías él dijo que el sol, la luna y las estrellas dejarían de existir antes que el pueblo de Israel desapareciera de la tierra.[52] Dios hizo esta declaración cuando Israel estaba siendo destruida por Babilonia y el pueblo estaba siendo llevado cautivo al exilio. Esto significa que Dios pretende cumplir sus promesas aun si Israel pasa por esclavitud, exilio o es ocupado por potencias extranjeras.

Dios no siempre ha preservado a Israel como nación política, pero él se ha comprometido a preservar a Israel como pueblo para siempre. *Por lo tanto, así como la destrucción babilónica de Jerusalén en el año 586 a. C. no acabó con las promesas de Dios hacia el pueblo judío, la destrucción romana de Jerusalén en el año 70 d. C. tampoco acabó con las promesas de Dios.*

El libro de Hebreos describe cómo la gloria del nuevo pacto sobrepasa la gloria del pacto mosaico. El autor citó la profecía del nuevo pacto que hay en Jeremías y no reinterpretó la parte acerca de la salvación de Israel y Judá; en otras palabras, el autor de Hebreos enfatizó que Dios cumplirá las promesas hechas a Israel y el hecho de que lo hará a través del nuevo pacto.

El nuevo pacto hará lo que el pacto mosaico nunca pudo hacer: asegurar las promesas de Dios a Abraham, a Israel y finalmente, a las naciones.

« Pues si aquel primer pacto hubiera sido sin defecto, no se hubiera buscado lugar para el segundo. Porque reprochándolos, El dice: Mirad que vienen días, dice el Señor, en que estableceré un nuevo pacto con la casa de Israel y con la casa de Judá; no como el pacto que hice con sus padres el día que los tome de la mano para sacarlos de la tierra de Egipto; porque no permanecieron en mi pacto, y yo me desentendí de ellos, dice el Señor. Porque este es el pacto que yo haré con la casa de Israel después de aquellos días, dice el Señor: Pondré mis leyes en la mente de ellos, y las escribiré sobre sus corazones. Y yo seré su Dios, y ellos serán mi pueblo. Y ninguno de ellos enseñara a su conciudadano ni ninguno a su hermano, diciendo: "Conoce al Señor", porque todos me conocerán, desde el menor hasta el mayor de ellos » (Hebreos 8:7–11).

En el Nuevo Testamento encontramos la expresión más completa del nuevo pacto. Un pacto asegurado por la muerte y resurrección de

---

[52] Jeremías 31:35–37; 33:19–22.

Jesús. Su sangre nos permite tener una relación restaurada con Dios a través de un pacto asegurado por la fidelidad y justicia de Dios en vez de nuestra propia justicia. Aunque la mayoría de creyentes reconocen que la salvación es ofrecida a las naciones a través del nuevo pacto (i.e. la tercera promesa hecha a Abraham), es el nuevo pacto el que asegura las tres promesas. El nuevo pacto hará mucho más de lo que cualquiera puede imaginarse, (particularmente respecto a la salvación de los gentiles), sin embargo, no hará menos de lo que se ha predicho que hará. *Debe salvar a Israel.*

EL CUMPLIMIENTO FUTURO DE LAS PROMESAS

Para entender la historia de redención, debemos reconocer que las promesas de Abraham fueron aseguradas a través de la primera venida de Jesús, pero aun no han sido cumplidas. Muchos asumen que las promesas fueron cumplidas en su primera venida, pero ese no es el caso. Es importante que examinemos algunos pasajes en el Antiguo y en el Nuevo Testamento para demostrar que la Biblia predice un futuro cumplimiento de las promesas de Abraham.

LA EXPECTATIVA DEL ANTIGUO TESTAMENTO

Hay algunos pasajes del Antiguo Testamento que, a primera vista, parecieran indicar que las promesas de Abraham fueron ya cumplidas hasta cierto punto. Algunos pasajes en el libro de Josué son ejemplo de ello:[53]

> « De esa manera el Señor dio a Israel toda la tierra que había jurado dar a sus padres, y la poseyeron y habitaron en ella. Y el Señor les dio reposo en derredor, conforme a todo lo que había jurado a sus padres; y ninguno de sus enemigos pudo hacerles frente; el Señor entregó a todos sus enemigos en sus manos. No faltó ni una palabra de las buenas promesas que el Señor había hecho a la casa de Israel; todas se cumplieron » (21:43–45).

> « Y sucederá que así como han venido sobre vosotros todas las buenas palabras que el Señor vuestro Dios os habló, de la misma manera el Señor traerá sobre vosotros toda amenaza, hasta que os haya destruido de sobre esta buena tierra que el Señor vuestro Dios os ha dado » (23:15)

---

[53] Salmo 105 y Jeremías 11:5 son otros dos ejemplos.

Algunos creyentes asumen que las promesas de Abraham fueron cumplidas porque Israel poseyó una porción de la tierra durante muchos siglos y logró una medida de renombre durante los reinos de David y Salomón. Para poder interpretar estos pasajes apropiadamente, debemos verlos en el contexto completo de la Escritura, y en dicho contexto, hay varias razones por las que estos versos no indican que las promesas de Abraham ya han sido cumplidas.

Por ejemplo, Hebreos 11:39–40 dice de forma directa que los patriarcas no recibieron lo que se las había prometido, ya que Dios tiene un plan más grande que involucra tanto a los creyentes del Antiguo Testamento como a los del Nuevo:

« *Y todos éstos, habiendo obtenido aprobación por su fe, no recibieron la promesa, porque Dios había provisto algo mejor para nosotros, a fin de que ellos no fueran hechos perfectos sin nosotros* » (Hebreos 11:40).

Isaías y Jeremías profetizaron mucho después de que Josué conquistara la tierra y mucho después del reino de Salomón; aun así, ellos predijeron una liberación futura y dramática de Israel.[54] Jeremías predijo que este evento futuro sería tan dramático que ni siquiera el éxodo podría comparársele:

« *Por tanto, he aquí, vienen días —declara el Señor— cuando ya no se dirá: "Vive el Señor, que sacó a los hijos de Israel de la tierra de Egipto", sino: "Vive el Señor, que hizo subir a los hijos de Israel de la tierra del norte y de todos los países adonde los había desterrado." Porque los haré volver a su tierra, la cual di a sus padres"* » (Jeremías 16:14–15).

« *Por tanto, he aquí, vienen días —declara el Señor— cuando no dirán más: "Vive el Señor, que hizo subir a los hijos de Israel de la tierra de Egipto", sino: "Vive el Señor que hizo subir y trajo a los descendientes de la casa de Israel de la tierra del norte y de todas las tierras adonde los había echado"; y habitarán en su propio suelo* » (23:7–8).

Aun en el final del Antiguo Testamento, los profetas continuaron enfocándose en la redención de Israel y en la posesión de la tierra, hablando acerca de un día futuro en el que estas promesas serían

---

[54] Isaías 11:11–12, 16; 12:2; 25:1; 43:16–17; 51:10–15; Jeremías 16:14–15; 23:7–8.

cumplidas.⁵⁵ Estas predicciones no tienen sentido si las promesas de Abraham ya son una realidad. La posesión antigua que Israel tuvo de la tierra fue resultado de las promesas de Dios a Abraham, y los Israelitas de la antigüedad experimentaron una medida del compromiso fiel de Dios a sus promesas. Esta es la razón por la que los autores del Antiguo Testamento conectaron la posesión de la tierra a las promesas.

Sin embargo, cuando consideramos todo el Antiguo Testamento, el hecho de que Israel hubiera disfrutado de una medida de la promesa en la tierra obviamente no era suficiente para cumplir las promesas, o de lo contrario, estos profetas no habrían predicho un día futuro de cumplimiento. Resulta significativo que los profetas usaran el lenguaje comparativo del éxodo para predecir un día futuro de cumplimiento. El Éxodo antiguo fue el evento clave que llevó al Israel de antaño a tomar posesión de la tierra y a establecerse como nación. Cuando los profetas nos dicen que en el futuro habrá un evento como el Éxodo, que completamente eclipsará al Éxodo del Antiguo Testamento, esto nos dice que el primer Éxodo y la conquista de Canaán no fueron en sí el cumplimiento completo de las promesas de Dios hacia Israel.

LA EXPECTATIVA DEL NUEVO TESTAMENTO

La total sorpresa del Nuevo Testamento no es que las promesas de Abraham hayan sido alteradas, sino en la forma en que Dios las cumplirá a través del sufrimiento, muerte, resurrección y la segunda venida de su Hijo. El Nuevo Testamento revela que el cumplimiento llegará a ser mucho más allá de lo que Abraham podría haber esperado, y el proceso de cumplimiento será muy diferente a lo que cualquiera pudo haberse imaginado. Sin embargo, el Nuevo Testamento afirma la expectativa literal del Antiguo Testamento y la naturaleza futura del cumplimiento de las promesas. Esto se vuelve obvio si consideramos algunos pasajes del Nuevo Testamento en su contexto.

Mateo

Mateo, del capítulo 21 al 23, relata la historia de la entrada de Jesús a Jerusalén como Rey y su subsecuente rechazo por parte de los líderes

---

⁵⁵ Isaías 4:3; 32:17–18; 45:17, 25; 54:13; 59:21; 60:4, 21; 61:8–9, 66:22; Jeremías 24:6; 31:34; 32:40–41; Ezequiel 11:17; 20:40; 36:10, 26–28; 39:25–28; Joel 2:26; Amós 9:15; Sofonías 3:9, 12; 12:13.

de la ciudad justo antes de su crucifixión. En respuesta ante dicho rechazo, Jesús hace la impresionante declaración:

> « *Porque os digo que desde ahora en adelante no me veréis más hasta que digáis: "Bendito el que viene en el nombre del Señor."* » *(Mateo 23:39).*

Debemos considerar esta declaración en el contexto completo del pasaje, para entender lo que Jesús quiso decir. No estaba diciendo que no le verían más de ninguna manera, dado que él sería crucificado públicamente algunos días después. Mateo colocó esta declaración de Jesús en contexto a dos eventos claves del pasaje. El primer evento era la entrada a la ciudad justo como Zacarías había profetizado acerca del Rey Mesiánico.[56] El segundo evento pasó cuando Jesús, como Rey, fue rechazado por los líderes judíos.

Jesús había entrado a la ciudad como su Rey, pero había sido rechazado por los líderes de la ciudad. Por lo tanto, cuando Jesús les dijo a los gobernantes de la ciudad que no le verían de nuevo hasta que le recibieran como el bendito de Dios (*que viene en el nombre del Señor*), lo que estaba diciendo era que no entraría a Jerusalén nuevamente como Rey hasta que los líderes judíos de Jerusalén le recibieran como el Rey enviado por Dios .

En este verso en particular, Jesús hizo que su segunda venida y su gobierno como Rey desde Jerusalén dependieran de la salvación de Israel. Jesús se rehusó a ser Rey sobre los judíos hasta que llegara el momento en el que le recibieran y le amaran voluntariamente. El hecho de que él haya realizado esta predicción en Jerusalén enfatizó su compromiso con la región y con la ciudad.

Jesús afirmó el cumplimiento futuro de la promesa hecha a Abraham con respecto a sus descendientes. Ellos deben ser "salvos", lo cual acabará en que reciban a Jesús como su Rey. De igual manera, esto debe suceder en Jerusalén, es decir, ellos deben ser salvos en la tierra de Israel. Su salvación en la tierra preparará el escenario para permanentemente poseer la tierra por heredad. *Jesús está tan comprometido con el cumplimiento literal de las promesas de Abraham, él no gobernará a las naciones como Rey sin cumplir antes las dos primeras promesas de Abraham.*

Jesús no se detuvo después de afirmar las primeras dos promesas. Cuando los discípulos le preguntaron lo que se necesitaba para que se

---

[56] Zacarías 9:9; Mateo 21:1–11.

cumpliera lo que los profetas habían profetizado,[57] él también afirmó la tercera promesa que Abraham había recibido:

> « *Y este evangelio del reino se predicará en todo el mundo como testimonio a todas las naciones, y entonces vendrá el fin* » *(Mateo 24:14).*

Jesús hizo que su regreso dependiera de las tres promesas. No solamente cumplirá las primeras dos, sino que también se comprometió a cumplir la tercera. Todas las familias de la tierra (o como nosotros diríamos, todos los grupos étnicos), serán bendecidas por el evangelio antes de que llegue el fin.[58] *La promesa en el Nuevo Testamento de que toda tribu y lengua escuchará el evangelio no constituye una idea nueva. Es una continuación de la promesa dada a Abraham en el Antiguo Testamento.*

Unos versos luego de afirmar esta promesa, Jesús reiteró su compromiso con la salvación de Israel:

> « *Entonces aparecerá en el cielo la señal del Hijo del Hombre; y entonces todas las tribus de la tierra harán duelo, y verán al Hijo del Hombre que viene sobre las nubes del cielo con poder y gran gloria* » *(Mateo 24:30).*[59]

Debido a la referencia acerca del duelo, muchos asumen que este verso se refiere al duelo de las naciones ante el regreso de Jesús. Sin embargo, ese no es lo que dice el verso. Jesús se refería a un evento específico predicho por Zacarías:

> « *Y derramaré sobre la casa de David y sobre los habitantes de Jerusalén, el Espíritu de gracia y de súplica, y me mirarán a mí, a quien han traspasado. Y se lamentarán por Él, como quien se lamenta por un hijo único, y llorarán por Él, como se llora por un primogénito. Aquel día habrá gran lamentación en Jerusalén, como la lamentación de Hadad-rimón en la llanura de Meguido. Y se lamentará la tierra, cada familia*

---

[57] Mateo 24:3.

[58] Ver también Mateo 28:19; Hechos 1:8; Apocalipsis 5:9; 7:9.

[59] La palabra *tierra* en Mateo 24 es una palabra flexible que puede ser traducida como *tierra* —el mundo entero— o *tierra* —terreno, región geográfica o suelo—. El contexto determina la forma en la que la palabra debe ser entendida. En este caso, es una cita de Zacarías 12, la cual se refiere a un área geográfica, específicamente la tierra de Judá.

por su lado: la familia de la casa de David por su lado, y sus mujeres por su lado; la familia de la casa de Natán por su lado, y sus mujeres por su lado...» (Zacarías 12:10–12).

Zacarías describió un momento dramático en el futuro de Israel. Predijo un día en el que Israel vería a Jesús como a Aquel que fue traspasado por ellos y para ellos. Esta revelación resultará en un gran duelo, pero este será el duelo de arrepentimiento. Es el gran día en que Israel ve a Jesús nuevamente, le reconoce como Aquel que ha amado a Israel desde el principio, y hace lamentación por la forma en la que le han resistido y rechazado.

Zacarías usó elementos ilustrativos de la historia de José. José salvó a gentiles (Egipto) y a Israel (la familia de Jacob). De la misma forma, Jesús salvará tanto a gentiles como a judíos. Cuando Jesús regrese, Israel hará lamentación al ser reunida con él, tal y como los hijos de Jacob lloraron cuando se reunieron con José y se dieron cuenta de todo lo que él había hecho por ellos.

En Mateo 24 y 25 encontramos la enseñanza más larga de Jesús acerca de los últimos tiempos, en ella Jesús menciona dos puntos clave:

1. Las promesas de Abraham están profundamente conectadas. Jesús está comprometido con las tres promesas.

2. Las promesas serán cumplidas por el regreso de Jesús, en el contexto de los últimos tiempos.

Miles de años antes de él que hablara las palabras en Mateo 24, Jesús caminó en medio de animales sacrificados, mismos que eran sombra de su propio sacrificio, e hizo un compromiso con Abraham de cumplir cada promesa. Hace miles de años, Jesús se le apareció a un hombre en el Medio Oriente y dedicó su propia vida, su propia sangre, para cumplir todo lo que le había prometido. Mateo 24 nos revela que él no ha olvidado su juramento.

Las promesas en el libro de Hechos

Cuarenta días antes de su ascensión, Jesús predicó acerca del reino. Al finalizar los cuarenta días, algunos cuestionaron a Jesús acerca de su enseñanza:

« Entonces los que estaban reunidos, le preguntaban, diciendo: Señor, ¿restaurarás en este tiempo el reino a Israel? Y El les dijo: No os corresponde a vosotros saber los tiempos ni las épocas que el Padre ha fijado con su propia autoridad; pero recibiréis poder cuando el Espíritu Santo venga sobre vosotros; y me seréis testigos en Jerusalén, en toda Judea y Samaria, y hasta los confines de la tierra » (Hechos 1:6–8)

Era una pregunta muy reveladora, la enseñanza de Jesús había dejado a la multitud judía con la expectativa de que el reino de Israel sería restaurado. Cuando Jesús respondió, no hizo a un lado la expectativa de un futuro Israel restaurado, ni tampoco les corrigió. Jesús corregía frecuentemente a sus discípulos cuando fallaban en entenderle o hacían suposiciones equivocadas,[60] pero en este caso él no los corrigió, lo cual indicaba que habían entendido correctamente lo que él les estaba enseñando.

Jesús había enseñado durante cuarenta días y si hubiese querido redefinir su expectativa acerca de lo que sucedería en Israel, seguramente lo habría hecho en ese momento. En lugar de ello, dejó una multitud judía con la expectativa de que él cumpliría las promesas que le había hecho a Abraham, y haría que su descendencia se convirtiera en una gran nación.

A lo largo de la historia de la humanidad, algunos cristianos han creído que el reino de Dios tomó un giro radical después de la primera venida de Jesús en una dirección que ya no incluye ningún propósito específico para Israel. Sin embargo, Jesús no solamente afirmó el futuro de Israel, sino que incluso enseñó acerca de un futuro reino restaurado para ellos.

En su respuesta, Jesús menciona dos partes importantes de información. Primero, abordó la expectativa que tenían los apóstoles en cuanto a cuándo ocurriría dicho cumplimiento. El reino restaurado no vendría a Israel inmediatamente. Tendría que pasar algún tiempo. En segundo lugar, Jesús conectó la restauración de Israel con la misión de llevar el evangelio a los gentiles. Igual que en Mateo 24, Jesús enfatizó las tres promesas. En Hechos capítulo 1, Jesús dejó claro que las promesas son inseparables, y no cumplirá una sin la otra.

---

[60] Marcos 8:33; 10:42–43; Lucas 9:41, 49–50, 54–55.

El libro de Hechos también revela que los apóstoles estaban esperando el cumplimiento futuro de las promesas. En Hechos 2, Pablo hizo referencia a la salvación futura de Israel al citar Joel 2:32:

« *Y sucederá que todo aquel que invoque el nombre del Señor será salvo* » *(v. 21).*

« *Y sucederá que todo aquel que invoque el nombre del Señor será salvo; porque en el monte Sion y en Jerusalén habrá salvación, como ha dicho el Señor, y entre los sobrevivientes estarán los que el Señor llame* » *(Joel 2:32).*

Joel 2:32 predice el día en el que Israel clamará por salvación. Es una referencia al día que Zacarías describió cuando Israel llegaría a ser salvo:

« *Y derramaré sobre la casa de David y sobre los habitantes de Jerusalén, el Espíritu de gracia y de súplica, y me mirarán a mí, a quien han traspasado. Y se lamentarán por Él, como quien se lamenta por un hijo único, y llorarán por Él, como se llora por un primogénito* » *(Zacarías 12:10).*

En Hechos 2 el punto de Pedro, era que el derramamiento del Espíritu Santo llevaría al momento predicho por Joel y Zacarías, en el que todos en Israel invocarían el nombre del Señor.

De nuevo en Hechos 3, Pedro predice una restauración futura de Israel:

« *...a fin de que tiempos de refrigerio vengan de la presencia del Señor, y Él envíe a Jesús, el Cristo designado de antemano para vosotros, a quien el cielo debe recibir hasta el día de la restauración de todas las cosas, acerca de lo cual Dios habló por boca de sus santos profetas desde tiempos antiguos* » *(vv. 19–21).*

Pedro no vio el cumplimiento de las promesas de Israel en la primera venida de Jesús, Su ascensión o el tiempo presente cuando Él está en el cielo. Él predijo un día futuro, un tiempo señalado en el que Jesús regresaría a cumplir las promesas. Este tiempo será el tiempo cuando aquello que los profetas predijeron, sucederá.

Pedro no redefinió lo que los profetas habían hablado; él también esperaba un cumplimiento futuro y literal de las palabras. Usó la palabra *restauración* tal y como Jesús lo hizo en Hechos capítulo 1 y Lucas registró esto para que nosotros pudiéramos hacer la conexión. Pedro, al igual que Jesús, se estaba refiriendo a la restauración de Israel. La Palabra que Pedro usó para denotar restauración (ἀποκατάστασις), era una referencia a la promesa de restauración final de Israel en el Antiguo Testamento. Pedro no habría usado esta palabra si las promesas ya hubieran sido cumplidas. Tampoco hubiese usado el lenguaje de *restauración* si las promesas iban a volverse realidad a través de un «nuevo» Israel sin conexión al Israel de antaño.

Cerca del final de su ministerio, el apóstol Pablo le dijo a los Romanos que estaba encadenado debido a «la esperanza de Israel»[61]— una afirmación que demuestra que compartía la expectativa de Pedro acerca de la salvación futura de Israel.

Las promesas en el libro de Romanos

En Romanos 9, Pablo describió su angustia a causa de la condición de Israel ya que él entendía que la elección de ellos era irrevocable y que Dios debía cumplirles sus promesas.[62] *Pablo no se habría encontrado en angustia por su gente, si las promesas ya hubieran sido una realidad.* Incluso Pablo describió su misión evangelística hacia los gentiles, como un componente clave del plan de Dios para cumplir estas promesas (Romanos 10–11).

En Romanos 11, Pablo resumió su expectativa de que Dios cumpliera las promesas hechas a los judíos y a los gentiles, revelando que él veía su misión a través del lente de las tres promesas. El predijo que tanto «la plenitud de los gentiles» como «todo Israel» serían salvos:

> *Porque no quiero, hermanos, que ignoréis este misterio, para que no seáis sabios en vuestra propia opinión: que a Israel le ha acontecido un endurecimiento parcial hasta que haya entrado la plenitud de los gentiles; y así, todo Israel será salvo; tal como está escrito: El Libertador vendrá de Sion; apartará la impiedad de Jacob. Y este es mi pacto con ellos, cuando yo quite sus pecados. (vv. 25–27)*

Pablo también resumió su misión en Romanos 15:

---

[61] Hechos 28:20.

[62] Romanos 9:1–3; 11:29.

> « *Pues os digo que Cristo se hizo servidor de la circuncisión para demostrar la verdad de Dios, para confirmar las promesas dadas a los padres, y para que los gentiles glorifiquen a Dios por su misericordia; como está escrito: Por tanto, te confesaré entre los gentiles, y a tu nombre cantaré* » (vv. 8–9).

Las conclusiones de Pablo son claras. Jesús vino a confirmar y a asegurar las promesas hechas a Abraham y a Jacob. El pacto no fue una sola promesa, sino múltiples promesas, y Pablo hizo referencia al cumplimiento de las tres. A través de Jesús, Dios está comprometido con lo que le prometió a Abraham, lo cual incluye salvar a los descendientes físicos como a los gentiles. El resumen del evangelio de Pablo nuevamente revela que las promesas están entrelazadas y conectadas.[63]

El Nuevo Testamento no es vago respecto a las promesas, es decir, no hay confusión respecto a si las promesas ya fueron cumplidas o si no han sido cumplidas, si son literales o no. El gran enigma es cómo las cumplirá Dios a través de su maravilloso plan, en el cual el cumplimiento de cada promesa termina convirtiéndose en el medio para el cumplimiento de otra. Dios usará algo intensamente negativo (*el rechazo de Israel hacia Jesús*) para cumplir la promesa que le hizo a Abraham acerca de los gentiles. Igualmente, los gentiles jugarán una parte importante en las promesas hechas a Israel.

Las promesas en el libro de Apocalipsis

Al igual que Jesús, Pedro y Pablo, Juan también predijo el futuro cumplimiento de las promesas. En su introducción al libro de Apocalipsis, Juan resumió lo que el regreso de Jesús lograría:

> « *He aquí, viene con las nubes y todo ojo le verá, aun los que le traspasaron; y todas las tribus de la tierra harán lamentación por Él; sí. Amén* » (v. 7).

Al igual que Mateo 24:30, esta es una cita de lamentación profetizada en Zacarías 12, un duelo de arrepentimiento al regreso de Jesús. Este verso no describe la lamentación que tendrán las naciones perversas cuando Jesús regrese, sino que, describe el glorioso momento

---

[63] Deuteronomio 32:21; Romanos 10:19–21; Isaías 65:1–2; Romanos 11:1, 11–12, 15, 25–31.

en que Israel se arrepiente y corre hacia Jesús. El hecho de que Juan haya enfatizado este pasaje en su introducción nos dice lo importante que fue en la expectativa de Juan. Él esperaba que el regreso de Jesús realizara estas promesas.

Juan también registro algunas de las predicciones más vívidas de la salvación de los gentiles:

> « *Y cantaban un cántico nuevo, diciendo: Digno eres de tomar el libro y de abrir sus sellos, porque tú fuiste inmolado, y con tu sangre compraste para Dios a gente de toda tribu, lengua, pueblo y nación* » *(5:9)*.

> « *Después de esto miré, y vi una gran multitud, que nadie podía contar, de todas las naciones, tribus, pueblos y lenguas, de pie delante del trono y delante del Cordero, vestidos con vestiduras blancas y con palmas en las manos* » *(7:9)*.

Una vez más, vemos que el cumplimiento de todas las promesas está asociado con el regreso de Jesús. Además, el libro de Apocalipsis tiene más de quinientas referencias y alusiones al Antiguo Testamento, indicando que todavía hay un cumplimiento futuro para muchos de los pasajes del Antiguo Testamento.

LA INFLUENCIA DE LA HISTORIA EN LA INTERPRETACIÓN

Si el Antiguo y el Nuevo Testamento son así de claros acerca del cumplimiento futuro y literal de las promesas, ¿por qué entonces hay interpretaciones de la Biblia que consideran que las promesas ya han sido cumplidas o que han sido re definidas con la primera venida de Jesús? Hay varios factores que han llevado a estas otras interpretaciones, pero uno que debemos abordar es la interpretación de la Biblia basada en suposiciones que están más arraigadas a eventos históricos que en el texto bíblico.

Un ejemplo clave de esto fue el efecto que hubo en la interpretación bíblica a raíz de la destrucción de Jerusalén en el año 70 d. C. La caída de Jerusalén y la subsiguiente diáspora resultó en la expulsión de la mayor parte del pueblo judío de la tierra de Israel. Cuando Nabucodonosor destruyó Jerusalén en el año 586 a. C., en setenta años, una importante población judía regresó y comenzó a reconstruir Jerusalén. Luego de la destrucción de Jerusalén por parte de los romanos, no ocurrió nada parecido. Durante siglos, la tierra y el pueblo judío parecían haber sido completamente olvidados. Se sintió incluso como si Dios hubiera abandonado las promesas.

La desolación de Jerusalén, combinada con el hecho de que la mayoría de judíos rechazaron a Jesús como Mesías, hizo que el cumplimiento literal de las promesas de Abraham pareciera imposible para muchos teólogos gentiles. Como resultado, muchos teólogos asumieron que lo que pasó en el año 70 d. C. fue la declaración final de Dios sobre Israel, así que desarrollaron sistemas de interpretación en las que veían las promesas de Abraham de forma alegórica. Dado que no hubo ningún regreso significante de judíos, ni la creación de un estado judío durante casi dos mil años, parecía razonable para los teólogos tratar de encontrar explicaciones alternativas para profecías que parecían imposibles.

Aquello que pareció ser imposible durante siglos, de repente se volvió una realidad en el año de 1948. El establecimiento del estado moderno de Israel y el subsecuente regreso a la tierra de millones de personas, son una advertencia de que no podemos descartar lo que la Biblia claramente dice solamente porque nos parezca imposible.

En retrospectiva, decir que Dios «cumplió» o «cambió» las promesas de Israel en el primer siglo después de Cristo, simplemente no tiene sentido. La experiencia de Israel en el primer siglo fue desastrosa. La nación no fue salva. Por el contrario, de acuerdo a Pablo, la mayoría endurecieron.[64] Israel no solo no poseía verdaderamente la tierra debido a que estaba bajo la ocupación romana, sino que la mayoría de los que estaban en la tierra fueron expulsados por los romanos. Decir que este es el cumplimiento de la promesa que traería a Israel a su destino viola toda lógica y sentido común. La situación de Israel en el primer siglo fue traumática, y el decir que ahí se cumplieron las promesas es una violación a lo que llanamente dice la Palabra de Dios.

La verdad es que toda nuestra redención está basada en que Dios hace lo imposible. La Biblia nos dice que Dios se hizo hombre. Sufrió, murió y se levantó de los muertos. Su muerte puede proveer expiación para toda la humanidad. Él ascendió a su trono en los cielos como

---

[64] Romanos 11:7.

hombre, y es también como hombre que él regresará visiblemente sobre los cielos. Nada de esto pudo haber sido anticipado por los profetas, y al mismo tiempo, cada parte de esto está bajo la imposibilidad humana. Sin embargo, todo esto es el evangelio.

Debemos estar dispuestos a vivir en la tensión de estar de acuerdo con todo lo que la Palabra de Dios dice claramente, incluso cuando la posibilidad del cumplimiento literal pareciera ser irrealizable. Y debemos tener cuidado de interpretar la Biblia a través de nuestro propio lente histórico, o a través de lo que pensamos que es razonable.

Dios debe cumplir sus promesas

Hemos visto cómo las promesas de Dios impulsan la narrativa bíblica, también hemos visto que las promesas de Dios permanecen sin ser cumplidas, que tanto autores del Antiguo como del Nuevo Testamento esperaban un cumplimiento futuro de las promesas. Antes de terminar esta sección, quisiera enfatizar dos puntos más. El primero es que el honor de Dios por cumplir estas promesas, está en juego. El segundo, que la controversia en torno a estas promesas está creciendo en las naciones.

El honor de Dios está en juego

El honor de Dios está en juego en torno al cumplimiento literal de sus promesas. Esto es ilustrado por la intercesión de Moisés por Israel en Deuteronomio 9:

« *Y oré al Señor, y dije: "Oh Señor Dios, no destruyas a tu pueblo, a tu heredad, que tú has redimido con tu grandeza, que tú has sacado de Egipto con mano fuerte. "Acuérdate de tus siervos Abraham, Isaac y Jacob; no mires la dureza de este pueblo ni su maldad ni su pecado. "De otra manera los de la tierra de donde tú nos sacaste dirán: 'Por cuanto el Señor no pudo hacerlos entrar en la tierra que les había prometido y porque los aborreció, los sacó para hacerlos morir en el desierto.' Sin embargo, ellos son tu pueblo, tu heredad, a quien tú has sacado con tu gran poder y tu brazo extendido* » *(vv. 26–29).*

Cuando Moisés intercedió por Israel, ellos estaban en profundo pecado y habían provocado el juicio de Dios de acuerdo a los términos del pacto. Dios le había hecho una oferta a Moisés de hacer de él una nación grande, de manera que Dios pudiera juzgar a Israel y al mismo tiempo mantener vigentes sus promesas.[65] Moisés desafió a Dios diciéndole que debía cumplir sus promesas literalmente o sería humillado ante las naciones.

Aun cuando el pueblo de Dios es rebelde, el honor de Dios está en juego en el cumplimiento de sus promesas. Dios puede cumplir sus promesas de formas sorpresivas e impactantes, pero Moisés reconoció que Dios debía cumplir sus promesas para que siguieran siendo verdaderas y fieles a lo que le había dicho a Abraham.

Las promesas de Abraham son una parte importante del «porqué» detrás del «qué» de los últimos tiempos, ya que el final de la era está diseñado para ser el cumplimiento culminante de estas promesas. Como resultado, los pasajes concernientes a los últimos tiempos típicamente enfatizan la salvación del pueblo judío, la tierra de Israel (específicamente la ciudad de Jerusalén), y mencionan la salvación de los gentiles.

LA CRECIENTE CONTROVERSIA EN TORNO A LAS PROMESAS

Cuando examinamos los últimos cien años de historia a través del lente de cada promesa, vemos cómo ha escalado la guerra contra ellas. Vemos señales claras del compromiso de Dios hacia cada promesa, así como una resistencia intensificada. Mientras más nos acercamos al regreso del Señor, más extremo, intenso y global será el conflicto que las promesas provocarán, dicho conflicto será el marco en donde el fin de los tiempos se desenvolverá. Dios desatará un poder nunca antes visto en las naciones para cumplir sus propósitos, y de igual manera, el enemigo desatará también una oposición nunca antes vista.

Promesa 1: La tierra

La Biblia nos dice que la posesión de la región por parte de los judíos será una de las controversias más grandes del mundo,[66] y hoy en día por primera vez en dos mil años, hay un estado judío el cual está preparando las condiciones para dicha controversia. Vivimos en la primera generación en la que el cumplimiento de los pasajes relacionados a la región geográfica de Israel es repentinamente posible.

---

[65] Exodo 32:10.

[66] Isaías 34, 63; Joel 3; Zacarías 12–14; Apocalipsis 11.

Aunque el estado moderno de Israel no es una nación salva, la sola presencia de dicho estado es una declaración ensordecedora de parte de Dios de que él pretende cumplir la promesa que hizo con respecto a la tierra física. Históricamente, el conflicto en torno a la tierra de Israel ha sido un conflicto basado en una pelea por obtener control de las rutas de comercio, o bien, producto de la ambición de imperios provinciales. Hasta ahora, el conflicto sobre Israel nunca había sido un tema global que afectara a las naciones de la tierra. Dado que Israel ha existido durante la mayor parte de la vida de los que estamos en el planeta hoy en día, es fácil perder de vista lo impactante e inesperado que esto es.

El mundo moderno ya no depende de las rutas de comercio antiguas que motivaban a los agresores de Israel. Ahora, las naciones se oponen a Israel por razones ideológicas y religiosas, y las condiciones en las naciones están preparando todo para el conflicto final en torno a la tierra de Israel.

Promesa 2: La salvación de Israel

La Biblia narra que la salvación del pueblo judío será un tema controversial, aun al punto de un intento de exterminio, esto debido a que, los últimos tiempos concluirá en su salvación.[67] Vivimos en un tiempo en donde la gente judía está viniendo al Señor como nunca antes. Aunque Israel como nación no es salva aun, los creyentes mesiánicos están tomando su lugar.

En la Iglesia en general, también hay una conciencia creciente de la necesidad de entender lo que la Biblia dice acerca de la salvación de Israel. El Señor está demostrando su compromiso hacia esta promesa.

Al mismo tiempo, el siglo veinte fue testigo del horror del Holocausto. Hasta el día de hoy, el intento más espantoso de impedir la salvación del pueblo judío, el cual, no se logró exterminar con el Holocausto. El estado moderno de Israel ha provocado antisemitismo sin precedentes y en algunas partes del mundo islámico existen llamados colectivos para su destrucción. En algunos casos, dichos llamados van acompañados de convocatorias para lograr la aniquilación del pueblo judío usando lenguaje muchísimo peor que al que usó Adolfo Hitler. Esta situación no está limitada a Medio Oriente. En

---

[67] Daniel 7:21; Jeremías 31:31–40; Zacarías 12:10; Mateo 23:39; 24:30; Romanos 11:25–26; Apocalipsis 1:7; 12:17.

mayo del 2016, la mitad del ejército francés atendió llamados en donde se requería la protección de sinagogas y escuelas judías.[68]

La contienda en torno a la salvación de Israel en las naciones está creciendo.

Promesa 3: Las naciones

La Biblia predice que habrá un remanente en las naciones que adorarán al Dios de Israel antes de que llegue el fin,[69] y estamos a punto de alcanzar un hito en la historia redentora: por primera vez, ahora es posible que el evangelio llegue a toda criatura. El evangelismo se está acelerando y millones han encontrado a Cristo durante el transcurso del último siglo. Vivimos en la era en la que el crecimiento más rápido de la Iglesia se está dando en una nación hostil ante el evangelio,[70] y millones de personas se han reunido para tener mega reuniones evangelísticas, reuniones que en la generación anterior hubieran sido inimaginables.[71]

Al mismo tiempo, más cristianos han sido martirizados en el último siglo en comparación a todos los siglos anteriores combinados;[72] la persecución está creciendo en muchas naciones que son hostiles ante el evangelio. Aunque el número de pueblos y naciones que no han sido alcanzadas se ha reducido significativamente, muchos de los grupos que todavía hacen falta serán los más difíciles de alcanzar.

---

[68] Meotti, Giulio. "The Great Western Retreat." Gatestone Institute. http://www.gatestoneinstitute.org/7938/western-retreat (accessed February 5, 2018).

[69] Mateo 24:14; Romanos 10:19–21; Apocalipsis 5:9; 7:9.

[70] Howard, Mark. "The Story of Iran's Church in Two Sentences." The Gospel Coalition. https://www.thegospelcoalition.org/article/the-story-of-the-irans-church-in-two-sentences/ (accessed February 5, 2018).

[71] Noticiero CBN en inglés. "30 Million People Expected for Reinhard Bonnke's Farewell Mission in Africa." CBN.com. http://www1.cbn.com/cbnnews/world/2017/october/30-million-people-expected-for-reinhard-bonnkes-farewell-crusade-in-africa (accessed February 5, 2018).

[72] Johnson, Todd M. "Christian Martyrdom: A Global Demographic Assessment," Gordon Conwell. http://www.gordonconwell.edu/ockenga/research/documents/TheDemographicsofChristianMartyrdom.pdf (accessed February 5, 2018).

Parte 3: Lo que debe resolverse — La crisis del pacto

EL DILEMA DEL PACTO DE ISRAEL

Hemos examinado las promesas que Dios tiene que cumplir y cómo las mismas le dan forma a la historia de los últimos tiempos. Sin embargo, no solamente deben cumplirse las promesas, sino también hay situaciones del pacto muy específicas que finalmente deben resolverse. Estos problemas con el pacto impiden que Israel y las naciones (particularmente Israel), experimenten la plenitud de las promesas de Dios. Podemos llamarle a esto *la crisis del pacto*. Esta crisis es ignorada frecuentemente, pero necesitamos entender el rol que juega al preparar el escenario perfecto para el regreso de Jesús.

La crisis del pacto es el resultado de los términos del pacto mosaico. Si no comprendemos la crisis o el proceso por el cual la crisis se resuelve, resultará difícil comprender completamente los últimos tiempos. Mucha de la confusión acerca de los mismos se debe a la falta de entendimiento del rol que juega el pacto mosaico.

Muchos cristianos creen que el pacto mosaico ya no tiene ningún efecto sobre Israel o las naciones, pero eso no es cierto. Jesús ha asegurado un nuevo pacto y ha resuelto el pacto mosaico, no obstante, hay un proceso por el cual la victoria de la cruz resuelve *todos* los asuntos relacionados al pacto mosaico. Este proceso se completará durante los últimos tiempos, y es parte clave en el drama al final de la era.

Muchas personas asumen que el Antiguo Testamento ya pasó. Tal y como vimos cuando examinamos las promesas de Dios, esto no es cierto. Algunas cosas ocurrieron como resultado del nuevo pacto, algunas otras están ocurriendo, y unas más aun faltan de ser cumplidas. Necesitamos conocer cuales ocurrieron y cuales faltan todavía para poder interpretar correctamente el Nuevo Testamento.

EL PACTO MOSAICO Y LA IDENTIDAD JUDÍA

Al lidiar con el pacto mosaico es importante conocer la diferencia entre vivir bajo el pacto mosaico, y vivir bajo la expresión de vida judía que incorpora elementos de la vida e identidad judía. En el tiempo del Nuevo Testamento, el gran desafío era el entender cómo los gentiles podían llegar a ser parte del pueblo de Dios. Como resultado, los autores del Nuevo Testamento dejaron en claro que los creyentes gentiles de las naciones no necesitaban «convertirse» a un estilo de vida judío ni adoptar una identidad judía. Tristemente, al pasar los años, y al volverse la Iglesia predominantemente gentil, algunos en la Iglesia demandaron que los creyentes judíos abandonaran completamente su identidad judía, una idea que hubiera sido muy extraña en el tiempo de la Iglesia primitiva.

Después de dos mil años de un cristianismo primordialmente gentil, nuestro reto es lo opuesto a lo que enfrentó la Iglesia del primer siglo. La pregunta no es si los gentiles pueden venir a la familia de Dios, sino ahora es: ¿cómo puede una Iglesia predominantemente gentil abrazar y honrar a los creyentes judíos? De la misma forma en que la iglesia primitiva hizo espacio para los creyentes gentiles, la Iglesia en todo el mundo ahora necesita hacer lo mismo con los creyentes judíos.

Cuando decimos que el pacto mosaico ya no es vigente, nos estamos refiriendo al hecho de que el pacto mosaico y sus maldiciones ya no están afectando a los que son seguidores de Jesús. Sin embargo, cuando hablamos de haber sido hechos libres del pacto mosaico, no estamos diciendo que los creyentes judíos deberían abandonar su identidad judía.

El pacto mosaico es parte clave de la historia de Israel en el Antiguo Testamento, pero este no define todos los aspectos de Israel. Muchos otros aspectos de la vida judía enraizados en el Antiguo Testamento no son parte del pacto mosaico, por lo tanto, deberían continuar siendo parte de la vida judía de los seguidores de Jesús. Está más allá del alcance de este libro lidiar con el tema a detalle, pero es imperativo que la Iglesia reconozca la validez de una expresión de fe judía con raíces en la historia de Israel.

EL IMPACTO DEL PACTO MOSAICO

De la misma manera que necesitamos entender cómo las promesas de Dios en el Antiguo Testamento continúan impulsando la historia de redención, también necesitamos entender las cosas del Antiguo

Testamento que han sido reemplazadas y cómo es que Dios planea resolverlas.

En esta sección lidiaremos principalmente con el pacto mosaico, el cual se refiere al pacto hecho entre Dios e Israel en el monte Sinaí. Muchos creyentes asumen que ya no es relevante para el plan redentor de Dios porque ha sido reemplazado, pero eso no es así. Necesitamos examinar de qué manera continúa afectando a Israel y a las naciones; y el papel específico que juega en los últimos tiempos.

Antes de considerar la influencia activa del pacto mosaico, debemos empezar con una perspectiva apropiada del mismo. *Muchos cristianos piensan acerca del pacto mosaico solamente en términos negativos, pero el mismo Dios que nos dio un nuevo pacto también estableció el pacto mosaico como mayordomo de Israel hasta que el nuevo pacto se diera.*

Algunos teólogos han cometido el error de tratar la ley y la gracia como si fueran mutuamente excluyentes,[73] pero el mismo Dios que nos dio la ley, también ofrece gracia. La cuestión con la ley no es la ley en sí misma, sino el pecado del corazón humano que se rebela contra la ley de Dios:

> « *Así que la ley es santa, y el mandamiento es santo, justo y bueno. ¿Entonces lo que es bueno vino a ser causa de muerte para mí? ¡De ningún modo! Al contrario, fue el pecado, a fin de mostrarse que es pecado al producir mi muerte por medio de lo que es bueno, para que por medio del mandamiento el pecado llegue a ser en extremo pecaminoso* » *(Romanos 7:12–13).*

El pensamiento moderno occidental tiende a rebelarse contra cualquier ley o restricción llamándole *legalismo*, pero esto no es una verdad bíblica. La ley de Dios es buena y se extiende mucho más allá de los requerimientos específicos del pacto mosaico. En la ley podemos Observar la misericordia de Dios preparando las condiciones para el nuevo pacto. Cuando surgió el pecado, se dieron instrucciones y leyes

---

[73] Esto va desde la actitud negativa que la mayoría de cristianos tienen contra la ley, hasta los ejemplos más extremos como el *dispensacionalismo clásico*. El dispensacionalismo clásico era un sistema teológico que propuso que había dos pueblos de Dios (Israel y la Iglesia), con dos planes de salvación distintos. Aunque ya no está tan diseminado, tuvo un impacto importante en la forma con la cual la gente percibía a Israel en el siglo veinte.

para la restauración de la relación. Algunas personas solamente resaltan los castigos del pacto mosaico, pero en las leyes, Dios también proveyó medios para la restauración. Todo el sistema de sacrificios fue dado como una figura del deseo de Dios de restaurar la relación. Dios fue lento en aplicar el castigo del pacto mosaico y rápido para ofrecer misericordia a aquellos que se arrepentían.

El pacto nos dio una figura tanto de misericordia, como del rigor de Dios. El pacto proveyó tanto una imagen de la disciplina de Dios como una imagen de su misericordia y redención. Por lo tanto, debemos rechazar la herejía y la idea anti-bíblica de que el Dios del Antiguo Testamento es una clase de Dios vengador, que es diferente en esencia al Dios del Nuevo Testamento.

EL ENCUENTRO DEL PACTO DE ISRAEL

Cuando Dios estableció el pacto con Israel en el monte Sinaí, él bajó visiblemente en una montaña y habló audiblemente a la nación entera, invitando al pueblo de esa nación, a entrar colectivamente en un pacto con él.[74] La nación aceptó los términos del acuerdo y entró en el pacto. *El encuentro de Israel con Dios en el Sinaí, es la única vez en la que Dios visible y audiblemente ofreció un contrato o un pacto a una nación entera, con términos detallados para bendición o maldición.*[75]

Cuando algunos denigran el pacto mosaico, hay que recordar que éste fue un evento sin paralelo alguno y merece serio respeto. Moisés le recordó a Israel lo importante que fue ese encuentro de pacto:

> « *¿Ha oído pueblo alguno la voz de Dios, hablando de en medio del fuego, como tú la has oído, y ha sobrevivido? ¿O ha intentado dios alguno tomar para sí una nación de en medio de otra nación, con pruebas, con señales y maravillas, con guerra y mano fuerte y con brazo extendido y hechos aterradores, como el Señor tu Dios hizo por ti en Egipto delante de tus ojos?* » *(Deuteronomio 4:33–34).*

---

[74] Ver Exodo 19:1–20:21. El pacto es resumido en Deuteronomio 28–30.

[75] Hay paralelos entre el encuentro en el Sinaí en el ministerio de Jesús en Hechos 2, pero el encuentro de Israel con Dios en el Sinaí es único en términos del ofrecimiento del pacto y sus términos específicos.

El pacto hecho en el Sinaí no fue simplemente un acuerdo legal para Dios. Fue un evento profundamente emotivo que Dios describió de la forma en que un hombre describiría el día de su boda:[76]

> « *Entonces pasé junto a ti y te vi, y he aquí, tu tiempo era tiempo de amores; extendí mi manto sobre ti y cubrí tu desnudez. Te hice juramento y entré en pacto contigo'* —declara el Señor Dios— *'y fuiste mía* » (Ezequiel 16:8).

Esto nos da un vislumbre de la relación de Dios con Israel. Incluso después de que Israel se rebeló en el desierto, Dios recordó el encuentro de pacto con profunda emoción y afecto:

> « *Ve y clama a los oídos de Jerusalén, diciendo: "Así dice el Señor: De ti recuerdo el cariño de tu juventud, el amor de tu desposorio, de cuando me seguías en el desierto, por tierra no sembrada* » (Jeremías 2:2).

Desde la perspectiva de Dios, este pacto es parte de una historia que está en curso, una por la cual él siente mucha pasión. No podemos simplemente desechar el pacto mosaico diciendo «es Antiguo Testamento». Debemos reconocer su total importancia y cómo se relaciona con los otros pactos.

EL PROPÓSITO DEL PACTO MOSAICO

Debido a lo frecuentemente difamado que es el pacto mosaico, es fácil perder de vista su propósito. El pacto mosaico cumple más de un propósito redentor. Así como otros pactos hechos por Dios, nos provee de una demostración profunda de la naturaleza de Dios y de la naturaleza del hombre. El pacto reveló el deseo intenso de Dios de ofrecer misericordia y vivir en comunión con su pueblo. Dios sabía que Israel fallaría, así que le dio a Israel un método nacional de arrepentimiento; un sistema de sacrificios y ofrendas. Este sistema también proveía un ritmo nacional por el cual Israel recibía una invitación a tener comunión constante con Dios como un pueblo.

Además, el pacto conectaba al pueblo con Dios durante su vida diaria. Muchos eventos de la vida cotidiana eran conectados con las ofrendas, esto hacía que la gente se acercara a Dios y le hiciera parte de los aspectos rutinarios del día a día. Es fácil para nosotros olvidar que

---

[76] Ver también Oseas 2:15.

la presencia de Dios estaba en el tabernáculo y en el templo original, por lo tanto, el mandato de participar en el sistema de sacrificios y ofrendas era un privilegio. Era una oportunidad de acercarse a la presencia manifiesta de Dios.

El pacto también revelaba la seriedad de los juicios de Dios. Aunque sus juicios pueden parecernos severos, son parte de quién es Dios. Cuando el pueblo pecaba y no respondía en arrepentimiento, Dios revelaba su gloria a través de sus juicios. Por ende, el pacto mosaico estableció juicios para el pecado no arrepentido. Los juicios de Dios no sólo son parte del pacto mosaico, son parte de Dios mismo. Además, los juicios del pacto son una figura de los juicios que las naciones finalmente tendrán que enfrentar.

El pacto también revelaba la naturaleza del hombre. La historia de Israel es nuestra historia. El fracaso de Israel es nuestro fracaso, ya que el pacto revela la condición de la humanidad. Así como Israel, nosotros estamos sujetos a los justos requerimientos de Dios. Así como Israel, nos hemos rebelado contra Dios y estamos sujetos a juicio. Aunque el pacto mosaico fue un acuerdo específico con Israel, él mismo demuestra la condición verdadera de la humanidad. Israel no falló debido a una característica particular del pueblo de Israel. Israel falló debido a la humanidad de Israel. El pacto expuso nuestra verdadera condición y nuestra necesidad de una justicia que estuviera asegurada por Dios. Israel es como un espejo. Cuando vemos a Israel, nos vemos a nosotros mismos.

El pacto también cumplió un propósito estratégico en la historia de la redención; de una manera más profunda a cualquier cosa que haya ocurrido antes, el pacto reveló quién era Dios. El pacto también preservó a Israel como un pueblo particular y habilitó a la nación para continuar en un rol redentor para las naciones.

Sin los juicios del pacto mosaico, no podríamos entender el celo de Dios por su propia gloria, y el propósito redentor sobre Israel se hubiera perdido. Cuando Israel se dio a la idolatría y a manera en que vivían las naciones, los juicios de Dios separaron a Israel de las naciones y restauraron su distinción como pueblo.

El matrimonio es una analogía que la Biblia usa constantemente para explicar la relación de Dios con su pueblo . Si usamos esa analogía el pacto mosaico es entonces como el compromiso o el desposamiento. En la antigüedad, un compromiso era mucho más serio a un compromiso en el mundo moderno. Era esencialmente un matrimonio legal que alistaba el terreno para la consumación final. En el pacto mosaico, Dios entró en una relación profunda con Israel (un compromiso de matrimonio), el cual preparó las condiciones para el Nuevo Pacto (la boda), el cual permite la consumación de la relación de Dios con su pueblo.

El pacto mosaico no era fundamentalmente legalista. Era un sistema por el cual Israel podía relacionarse con Dios, diferenciarse como pueblo entre las naciones, y ser preservado y preparado para propósitos redentores. El pacto creó el contexto para que Dios revelara su gloria tanto en la misericordia como en el juicio. Aunque este pacto nos lleva a un mejor pacto, no debe ser despreciado en lo absoluto.

LAS DIFERENCIAS CLAVE DEL PACTO MOSAICO

Existen dos diferencias entre los pactos que Dios hizo con Abraham y David, y el que hizo con Israel en el Sinaí.

La primer diferencia clave es que Dios ofreció a la nación un acuerdo con términos específicos. Los términos incluían bendiciones y maldiciones que dependían del comportamiento de Israel. Dios declaró su compromiso permanente con Israel en este pacto, pero ofreció términos específicos a la nación, y la desobediencia de la nación o la rebelión de la misma determinaría si experimentaban bendición o maldición. *El resultado del pacto mosaico dependía tanto de la obediencia del pueblo a los términos de Dios, como de la fidelidad de Dios.*

El nuevo pacto, así como los pactos hechos con Abraham y David son muy diferentes, ya que todos ellos son una declaración de lo que Dios hará. En estos pactos, Dios no dejó que el resultado respectivo dependiera de la respuesta humana. Abraham o David pudieron haber respondido de formas que les impidieran disfrutar de los beneficios del pacto, pero Dios estaba atado a su Palabra, y garantizó personalmente el resultado de estos pactos.

Jeremías notó específicamente la diferencia entre el pacto nuevo y el pacto del Sinaí:

> «*He aquí, vienen días —declara el Señor— en que haré con la casa de Israel y con la casa de Judá un nuevo pacto, no como el pacto que hice con sus padres el día que los tomé de la mano para sacarlos de la tierra de Egipto, mi pacto que ellos rompieron, aunque fui un esposo para ellos — declara el Señor;*» (Jeremías 31:31–32).

La segunda diferencia clave es que Dios hizo un pacto en el Sinaí con una
nación, en lugar de hacerlo con un individuo. Aunque se le llama el pacto
mosaico, Dios no hizo este pacto con Moisés. Dios ofreció el pacto a la
nación de Israel y la nación entera afirmó los términos de este pacto
con Dios. La descripción bíblica de este pacto es impresionante:[77]

> « *Entonces Moisés fue y llamó a los ancianos del pueblo, y expuso delante*
> *de ellos todas estas palabras que el Señor le había mandado. Y todo el*
> *pueblo respondió a una, y dijeron: Haremos todo lo que el Señor ha dicho.*
> *Y llevó Moisés al Señor las palabras del pueblo. Y el Señor dijo a*
> *Moisés: He aquí, vendré a ti en una densa nube, para que el pueblo oiga*
> *cuando yo hable contigo y también te crean para siempre. Entonces Moisés*
> *comunicó al pueblo las palabras del Señor* » *(Éxodo 19:7–9).*

> « *Y aconteció que al tercer día, cuando llegó la mañana, hubo truenos y*
> *relámpagos y una densa nube sobre el monte y un fuerte sonido de*
> *trompeta; y tembló todo el pueblo que estaba en el campamento. Entonces*
> *Moisés sacó al pueblo del campamento para ir al encuentro de Dios, y*
> *ellos se quedaron al pie del monte. Y todo el monte Sinaí humeaba,*
> *porque el Señor había descendido sobre él en fuego; el humo subía como el*
> *humo de un horno, y todo el monte se estremecía con violencia* » *(vv. 16–*
> *18).*

> « *¿Ha oído pueblo alguno la voz de Dios, hablando de en medio del fuego,*
> *como tú la has oído, y ha sobrevivido?* » *(Deuteronomio 4:33).*

> « *El Señor nuestro Dios hizo un pacto con nosotros en Horeb. No hizo*
> *el Señor este pacto con nuestros padres, sino con nosotros, con todos*
> *aquellos de nosotros que estamos vivos aquí hoy. Cara a cara habló*
> *el Señor con vosotros en el monte de en medio del fuego* » *(5:2–4).*

Este encuentro entre Dios e Israel puso a la nación entera bajo los
términos y condiciones del pacto. Estos términos se encuentran
resumidos en Levítico 26 y Deuteronomio del 28 al 30. Dichos
términos son el marco de la relación de Dios con Israel, a lo largo de
todo el Antiguo Testamento.

---

[77] Ver también Deuteronomio 4:9–13, 32–36; 5:1–4.

Por ejemplo, en Levítico 26, Moisés resumió las bendiciones por obedecer, las maldiciones por desobedecer, y el activo compromiso de Dios hacia Israel a pesar de su desobediencia:

« Si andáis en mis estatutos y guardáis mis mandamientos para ponerlos por obra, yo os daré lluvias en su tiempo, de manera que la tierra dará sus productos, y los árboles del campo darán su fruto. "Ciertamente, vuestra trilla os durará hasta la vendimia, y la vendimia hasta el tiempo de la siembra. Comeréis, pues, vuestro pan hasta que os saciéis y habitaréis seguros en vuestra tierra » (Levítico 26:3–5).

« Pero si no me obedecéis y no ponéis por obra todos estos mandamientos. .
. . . Fijaré mi rostro contra vosotros, para que seáis derrotados delante de vuestros enemigos; los que os aborrecen os dominarán y huiréis sin que nadie os persiga. "Y si aun con todas estas cosas no me obedecéis, entonces os castigaré siete veces más por vuestros pecados. "También quebrantaré el orgullo de vuestro poderío, y haré vuestros cielos como hierro y vuestra tierra como bronce » (vv. 14, 17–19).

« Sin embargo, a pesar de esto, cuando estén en la tierra de sus enemigos no los desecharé ni los aborreceré tanto como para destruirlos, quebrantando mi pacto con ellos, porque yo soy el Señor su Dios, sino que por ellos me acordaré del pacto con sus antepasados, que yo saqué de la tierra de Egipto a la vista de las naciones, para ser su Dios. Yo soy el Señor » (vv. 44–45).

El mensaje de Dios fue simple: el resultado del pacto dependía de la nación. Dios respondería a la obediencia con bendición y a la desobediencia con maldición. Sin embargo, la declaración final de Dios sobre Israel era de que él mantendría el pacto con ellos a pesar de su pecado. Dios no había aún explicado cómo lo haría, pero sí indicó claramente que encontraría una manera de mantener el pacto con Israel aun cuando Israel violara el pacto mosaico.

EL PECADO DE LA MINORÍA AFECTA A LA MAYORÍA

Las maldiciones de la ley eran un amenaza constante a las promesas de Israel, ya que hacían que Israel y su posesión de la herencia dependieran de la habilidad de Israel para cumplir la ley. Esto quedó ilustrado con el pecado de Acán durante la conquista de Canaán.

Cuando los Israelitas conquistaron Jericó, Dios les prohibió tomar tesoro alguno como ganancia personal. Acán ignoró este mandamiento y tomo para sí cosas que encontró cuando tomaron la ciudad. Como resultado de su desobediencia, los Israelitas fueron abatidos en batalla, y Josué tuvo que lidiar con el pecado para que el favor del Señor pudiera regresar a Israel.[78]

Lo que ocurrió con Acán le dio un mensaje muy fuerte a todo el pueblo: *debido al pacto mosaico que fue concretado colectivamente, el pecado de una minoría pone a la nación entera en peligro.* Debido a que el pecado de un remanente podría hacer que toda la nación experimente el juicio de Dios, surgió una situación imposible.

Dios le había prometido a Abraham que llegaría el día en que sus descendientes serían justos y heredarían permanentemente la tierra en paz y seguridad. Sin embargo, la ley dada a través de Moisés creó una situación en la que la gente no podría experimentar eso a menos que todos cumplieran la ley de forma perfecta, algo que era imposible. Como nación, Israel estuvo de acuerdo con los términos del pacto mosaico y sujetó a todos sus descendientes a dichos términos. *Israel entró en el pacto mosaico como nación, Israel deberá salir del mismo como nación.* Hasta que eso ocurra, todo pecado en la nación los deja vulnerables a las maldiciones del pacto.

Con el paso del tiempo, Israel falló en cumplir con las demandas del pacto. Israel no falló debido a que los términos del pacto hayan sido muy exigentes o porque la nación haya sido más perversa que otras naciones. Israel falló simplemente por la humanidad de la nación, la fuerza humana en sí misma es incapaz de vencer al pecado y asegurar las promesas de Dios.

EL PACTO DEBE LLEVARNOS A JESÚS

La experiencia de Israel bajo el pacto mosaico estaba supuesta a ser una lección para nosotros, ya que la historia de Israel es también la historia de la humanidad. Se requiere el poder de Dios y una transformación sobrenatural para que el hombre pueda dejar a un lado el pecado, vivir en relación con Dios y cumplir con su llamado. El pacto mosaico reveló nuestra difícil situación, pero no pudo liberarnos de ella. Por lo tanto, el propósito de la ley era el llevarnos hasta Jesús, quien sí puede liberarnos:

---

[78] Josué 7.

« ...sin embargo, sabiendo que el hombre no es justificado por las obras de la ley, sino mediante la fe en Cristo Jesús, también nosotros hemos creído en Cristo Jesús, para que seamos justificados por la fe en Cristo, y no por las obras de la ley; puesto que por las obras de la ley nadie será justificado « *(Gálatas 2:16).*

« De manera que la ley ha venido a ser nuestro ayo para conducirnos a Cristo, a fin de que seamos justificados por la fe » *(3:24).*

« Pues ya que la ley sólo tiene la sombra de los bienes futuros y no la forma misma de las cosas, nunca puede, por los mismos sacrificios que ellos ofrecen continuamente año tras año, hacer perfectos a los que se acercan. De otra manera, ¿no habrían cesado de ofrecerse, ya que los adoradores, una vez purificados, no tendrían ya más conciencia de pecado? Pero en esos sacrificios hay un recordatorio de pecados año tras año. Porque es imposible que la sangre de toros y de machos cabríos quite los pecados » *(Hebreos 10:1–4).*

« Por un camino nuevo y vivo que El inauguró para nosotros por medio del velo, es decir, su carne, . . . » *(v. 20).*

Este pacto no desapareció con la venida de Jesús. Jesús garantizó un nuevo pacto, pero hay un proceso por el cual Israel debe pasar para ir del pacto mosaico al nuevo pacto. Hasta que esa transición no ocurra, la nación permanece sujeta a los términos del pacto. En las siguientes secciones veremos cómo el pacto continúa afectando a Israel, cómo eso se resolverá a través del regreso de Jesús, y como todo esto preparará el escenario para los últimos tiempos.

LA DISCIPLINA DEL PACTO

Las maldiciones del pacto mosaico dan como resultado lo que podemos llamar: *la disciplina del pacto.* Aunque la disciplina del pacto es en particular para Israel, la historia de Israel revela la naturaleza de Dios y su carácter. *Por lo tanto, la disciplina de Dios sobre Israel nos instruye en el conocimiento de Dios.*

La disciplina de Dios no sólo fue aplicada a Israel, ni terminó con la primera venida de Jesús. Pablo les advirtió a los gentiles que la primera venida de Jesús ha intensificado el juicio de Dios a las naciones, y ha preparado las condiciones para el día del juicio venidero, el cual, será un día que no se podrá comparar con nada que el hombre haya conocido hasta ese entonces:

> « *Por tanto, habiendo pasado por alto los tiempos de ignorancia, Dios declara ahora a todos los hombres, en todas partes, que se arrepientan, porque El ha establecido un día en el cual juzgará al mundo en justicia, por medio de un Hombre a quien ha designado, habiendo presentado pruebas a todos los hombres al resucitarle de entre los muertos* » *(Hechos 17:30–31).*

> « *Mas por causa de tu terquedad y de tu corazón no arrepentido, estás acumulando ira para ti en el día de la ira y de la revelación del justo juicio de Dios* » *(Romanos 2:5).*

El juicio de Dios en el Antiguo Testamento no fue solamente aplicado a Israel. Frecuentemente, Dios también dio palabras de juicio a las naciones; como advertencias para que no resistieran el propósito redentor para Israel.[79] Dios les advirtió a las naciones que no se aprovecharan de la disciplina que Israel estaba experimentando para

---

[79] Isaías 34; Joel 3; Zacarías 14.

robarle la herencia. Edom en particular, trató de tomar ventaja del juicio de Dios, y como resultado, cayó bajo juicio severo:

> « ¿No destruiré en aquel día—declara el Señor— a los sabios de Edom y el entendimiento del monte de Esaú?. . . No te alegres en el día de tu hermano, en el día de su exterminio; no te alegres de los hijos de Judá en el día de su destrucción; sí, no te jactes en el día de su angustia. . . . Porque se acerca el día del Señor sobre todas las naciones. Como tú has hecho, te será hecho; tus acciones recaerán sobre tu cabeza . . . Entonces la casa de Jacob será un fuego, y la casa de José una llama, y rastrojo la casa de Esaú. Los[k] quemarán y los consumirán, y no quedará sobreviviente alguno de la casa de Esaú—porque el Señor ha hablado » (Abdías 8, 12, 15, 18).

Ya que la disciplina de Dios juega un papel importante en la forma en la que Dios se relaciona con Israel y las naciones, necesitamos poner un fundamento básico con respecto a la forma en la que abordamos este tema.

DIOS SE DA A CONOCER A TRAVÉS DE SUS JUICIOS

Dios se revela a través de sus juicios. Consideremos las palabras de Ezequiel:[80]

> « Mi ojo no tendrá piedad ni yo perdonaré. Te pagaré conforme a tus caminos, y tus abominaciones quedarán en medio de ti; y sabréis que soy yo, el Señor, el que hiere » (Ezequiel 7:9).

> « Y recaerá vuestra lascivia sobre vosotras, y cargaréis el castigo de haber adorado a vuestros ídolos; así sabréis que yo soy el Señor Dios » (23:49).

> « Así ejecutaré juicios en Egipto, y sabrán que yo soy el Señor » (30:19).

> « Y sabrán que yo soy el Señor, cuando yo convierta la tierra en desolación y en soledad por todas las abominaciones que han cometido » (33:29).

---

[80] Dios le dice repetidas veces a Ezequiel que Israel y las naciones conocerán que «Yo soy el Señor» y la mayoría de dichas declaraciones están en el contexto de sus juicios. Ver Ezequiel 5:13, 15; 6:7, 10, 13–14; 7:4, 9, 27; 11:10, 12; 12:15–16, 20; 13:9, 14, 21, 23; 14:8; 15:7; 16:62; 17:21, 24; 20:7, 12, 20, 26, 38, 42, 44; 21:5; 22:16, 22; 23:49; 24:14, 24, 27; 25:5, 7, 11, 17; 26:6, 14; 28:22–24, 26; 29:6, 16, 21; 30:8, 12, 19, 25–26; 32:15; 33:29; 34:27, 30; 35:4, 9, 15; 36:11, 22–23, 36, 38; 37:6, 13, 28; 38:23; 39:6–7, 21–23, 28.

Dios no juzga por razones caprichosas o vengativas. Juzga por amor a su Nombre, para darse a conocer:

« *'Y sabréis que yo soy el Señor, cuando actúe con vosotros en consideración a mi nombre, y no conforme a vuestros malos caminos ni conforme a vuestras perversas obras, casa de Israel' —declara el Señor Dios* » *(Ezequiel 20:44).*

« *Por tanto, di a la casa de Israel: "Así dice el Señor Dios: 'No es por vosotros, casa de Israel, que voy a actuar, sino por mi santo nombre, que habéis profanado entre las naciones adonde fuisteis. 'Vindicaré la santidad de mi gran nombre profanado entre las naciones, el cual vosotros habéis profanado en medio de ellas. Entonces las naciones sabrán que yo soy el Señor' —declara el Señor Dios— cuando demuestre mi santidad entre vosotros a la vista de ellas* » *(36:22–23).*

Para Dios, la prioridad en sus juicios es la grandeza de su santo Nombre. Bíblicamente, los juicios de Dios revelan su naturaleza, su carácter, su belleza y su gloria.

El pecado es más que solo la violación de algunas reglas y normas arbitrarias. En ultima instancia es la violación de una Persona. Es por eso que Dios comparaba el pecado de Israel con el adulterio.[81] El adulterio en un matrimonio no es simplemente el romper una regla; es la violación de otra persona. *El pecado es personal, no es mecánico. El* pecado contra Dios es la transgresión contra la Persona que nos creó para una relación íntima; destruye la relación con Dios de la misma manera que el adulterio destruye un matrimonio. El mensaje increíble de la Biblia es que Dios (aunque ha sido violentado por Israel y las naciones), busca apasionadamente restaurar la relación con ellos.

Cuando pecamos, declaramos quién es Dios. El pecado es la declaración de que sabemos más que Dios sobre cómo buscar nuestro propio bien y nuestro propio gozo. Cuando rechazamos sus caminos, estamos desafiando el carácter de Dios porque sus caminos fluyen a partir de quién es él. El pecado es prácticamente la declaración de que Dios no es perfectamente bueno ni está actuando por el bien de la creación. Nuestro pecado corrompe la creación de Dios, y dicha violación a la

---

[81] Deuteronomio 31:16; Ezequiel 16; 23:11; Oseas 1:2; Jeremías 3:8-10;

creación es una violación del Dios que formó la creación para su gozo y sus propósitos.

Dado que el pecado es una acusación contra Dios, Dios debe responder a tal acusación en contra de su bondad. El debe demostrar que es bueno y que su bondad está expresada en la forma en la que se relaciona con su creación. Sus juicios son una expresión de cómo se siente acerca de la corrupción y la violación de su creación.

Un juez revela su bondad en la forma en la que responde a los crímenes cometidos, con Dios es igual. Las sentencias que otorga un juez a los criminales revelan lo que el juez valora y cuánto le importa la gente que ha sido violentada. La gloria de un juez es que a través de sus juicios demuestra lo que es hermoso y verdadero, ante lo que es perverso. Sucede lo mismo con Dios. *Sus juicios revelan el valor que le da a su santidad y revelan su cuidado por la creación que está siendo violentada por nuestro pecado.* Por lo tanto, él no se disculpa por sus juicios.

Cuando pecamos, no solamente estamos declarando que sabemos más que Dios, sino también estamos declarando que lo que Dios define como malvado no es malvado en realidad. Nuestra pretensión de que Dios no responderá a nuestro pecado es una declaración de que no vale la pena cumplir las leyes de Dios, y por ende, dichas leyes no son expresiones valiosas ni verdaderas acerca de su bondad.

Uno puede darse cuenta aquello que un padre o madre valora a través de las reglas que impone. Los niños rápidamente aprenden las reglas de un hogar al observar lo que los padres hacen y no hacen cumplir. Las reglas que no se respetan, al final no son ni verdaderas ni reales. Cuando pecamos como si Dios no fuera a responder, estamos diciendo que no creemos que la ley de Dios sea lo suficientemente valiosa como para que él responda. Es un desafío a la bondad y al valor de su carácter.

Sin embargo, Dios no es una clase de padre ausente que solo habite en el cosmos. Él está profundamente involucrado con su creación. Él responde a la perversión. Toma el tiempo e invierte energía para defender sus preceptos; los cuales son rectos y verdaderos, y también toma el tiempo necesario para demostrar el valor de sus justos requerimientos.

En efecto, si Dios no juzgara las violaciones a su ley sería estar de acuerdo con los humanos rebeldes que dicen: « *el pecado no es tan malo* », pues no valdría la pena el esfuerzo de aplicar la ley. Sin embargo, ya que sus leyes son una expresión de su naturaleza, y nuestro pecado es una acusación contra esa naturaleza; él debe responder a nuestras violaciones de su ley para demostrar el valor de quién es él, como lo expresan sus leyes buenas.

Tendemos a ponernos incómodos con sus juicios porque, de hecho, estamos cómodos en el pecado. El pecado nos es familiar. Nos parece razonable. Podría parecer malo, pero no nos parece *tan malo*. En realidad, pecar es una rebelión abierta que difama el buen nombre de Dios. Es un desafío público a su bondad, y cuando Dios responde en sus juicios, él instruye a las naciones y les enseña rectitud:

> «...*porque cuando la tierra tiene conocimiento de tus juicios,*
> *aprenden justicia los habitantes del mundo* » *(Isaías 26:9)*.

En sus juicios, Dios despliega la gloria de su nombre y advierte a las naciones de un juicio eterno mucho más severo que vendrá sobre aquellos que persisten en su pecado. Por lo tanto, sus juicios son un regalo compasivo para las naciones.

LA NATURALEZA REDENTORA DE LOS JUICIOS DE DIOS

Nos inclinamos a pensar acerca de los juicios de Dios principalmente en términos del castigo que imponen, pero los juicios también son redentores. *Cuando Dios desata sus juicios por amor a su Nombre, el resultado natural es la redención y restauración de la creación.* El resultado final del juicio no es muerte, sino vida.

El nombre de Dios es engrandecido tanto en sus juicios como en la redención que sigue a sus juicios:

> « *Y las naciones que quedan a vuestro alrededor sabrán que yo, el Señor,*
> *he reedificado los lugares en ruinas y plantado lo que estaba desolado; yo,*
> *el Señor, he hablado y lo haré* » *(Ezequiel 36:36)*.

> « *Y sabréis que yo soy el Señor, cuando abra vuestros sepulcros y os haga*
> *subir de vuestros sepulcros, pueblo mío* » *(37:13)*.

> « *Y las naciones sabrán que yo, el Señor, santifico a Israel, cuando mi*
> *santuario esté en medio de ellos para siempre* » *(v. 28)*.

El resultado redentor de los juicios de Dios es otra prueba de la grandeza de su carácter. Tendemos a pensar que Dios recibe más gloria por su habilidad de redimir, sin embargo, él también es glorificado mediante sus juicios y salvación. Ambas demuestran su naturaleza, no se contradicen. Ambas son parte de la bondad de Dios hacia su creación. La vida real, es el resultado de los juicios de Dios. El debe juzgar lo falso y lo que nos esclaviza para que podamos experimentar la vida de verdad.

Cuando Dios busca su propia gloria, esto se vuelve el medio para nuestra salvación.

El celo de Dios por su nombre es el fundamento de su relación con Israel y con las naciones. Al final, Dios demostrará el celo por su propio nombre al proveer salvación a través de sus juicios.

LA CRUZ: MÁXIMA REVELACIÓN DE LOS JUICIOS DE DIOS

La cruz es la demostración máxima de la naturaleza de los juicios de Dios. Revela la certidumbre de los juicios de Dios, la perfección de los juicios de Dios y la naturaleza redentora de los mismos.

En primer lugar, la cruz revela que los juicios de Dios son seguros;[82] no se puede escapar de ellos. La bondad de Dios requiere que él responda a nuestra perversión; esto es inevitable. Un Dios justo tenía que demostrar su bondad a través del juicio. Jesús soportó la ira de Dios porque no había otra salida.[83]

En segundo lugar, la cruz revela que el juicio de Dios es perfecto. *Los juicios de Dios son tan perfectos que él estuvo dispuesto a pasar por ellos.* Este es el indicador máximo de lo perfecto y correcto que son los juicios de Dios. El no se disculpó por su ira. En lugar de eso, voluntariamente soportó su perfecta ira por amor a su creación.

Por último, la cruz demuestra que los juicios de Dios son redentores. Él es tan bueno que sus juicios proveen vida a aquellos que están de acuerdo con él. De la misma manera como el juicio de Dios sobre Jesús aseguró la redención de millones, al final, sus juicios también traerán la redención del universo.

La cruz demuestra de manera gráfica que la ira de Dios se vuelve la cuna de su misericordia.

---

[82] Juan 3:16-18.

[83] Isaías 53:6; Romanos 5:9; 2 Corintios 5:21.

No hay otro nombre bajo el cielo por el cual podamos ser salvos, porque la salvación debe venir a través de los juicios de Dios.[84] Si estamos de acuerdo con sus juicios, podemos recibir misericordia a través de Jesús. Si rechazamos la bondad de sus juicios, dichos juicios solamente nos castigarán junto a los rebeldes que contribuyen a la destrucción de la creación.

El sufrimiento de Jesús en la cruz es la respuesta a toda acusación contra los juicios de Dios. Su sufrimiento voluntario demuestra la perfección de los juicios de Dios, y su ofrecimiento de redención revela la naturaleza redentora de los juicios de Dios.

LA VENGANZA A CAUSA DEL PACTO

Los juicios de Dios se describen como la *venganza a causa del pacto*.[85] La bondad de Dios provoca responder a la blasfemia de su nombre con venganza. Su venganza trae como resultado un bien mayor para su pueblo.

La creación florece cuando Dios expresa el celo que tiene por su propia gloria. Esta es una diferencia clave entre Dios y el hombre. Cuando los hombres buscan su propia gloria, otros humanos sufren. Cuando Dios busca revelar su gloria, toda la creación se beneficia. La búsqueda audaz de Dios por su propia gloria no es egoísta; es el acto más compasivo que puede haber.

Cuando Dios se glorifica a sí mismo en el juicio, él responde a la agresión contra él, a esa agresión nosotros le llamamos *pecado*.

Aquellos que abrazan y promueven el pecado amenazan al pueblo de Dios al promover cosas que destruyen el llamado del hombre. Por lo tanto, cuando Dios actúa en juicio, él está preservando a su pueblo. En el pacto mosaico se ejecutaba el castigo contra aquellos que amenazaban el llamado del pueblo, esto para que el pueblo pudiera ser guardado para un futuro día de salvación. La disciplina de Dios no es el punto final de Dios, es por eso que él permaneció totalmente comprometido con el futuro de Israel, incluso cuando ellos rompieron el pacto:

---

[84] Juan 3:36; 14:6; Hechos 4:12; 10:42-43; 1 Corintios 3:11; 1 Timoteo 2:5-6; 1 Juan 5:11-12.

[85] Levítico 26:25.

« Sin embargo, a pesar de esto, cuando estén en la tierra de sus enemigos no los desecharé ni los aborreceré tanto como para destruirlos, quebrantando mi pacto con ellos, porque yo soy el Señor su Dios, sino que por ellos me acordaré del pacto con sus antepasados, que yo saqué de la tierra de Egipto a la vista de las naciones, para ser su Dios. Yo soy el Señor » (Levítico 26:44–45).

La disciplina amorosa de Dios con Israel

Usualmente nos incomodan los juicios de Dios porque carecemos de una revelación de la grandeza de Dios y de su Nombre. Cuando estimamos a una persona, naturalmente nos enoja cuando su nombre es difamado. *Mientras más revelación tenemos de la grandeza de Dios, más de acuerdo estaremos con él y con sus juicios.*

Algunos se incomodan con los juicios de Dios porque han experimentado disciplina terrenal de parte de padres impíos. Pero Dios no es como ellos. Él es paciente, no actúa con rabia; él es un buen Padre que obra para nuestro bien; su disciplina es una expresión de que somos hijos y que él nos ama.[86]

El tiempo que Israel pasó en el desierto revela el tierno interés de Dios en sus juicios. El pueblo se reveló repetidamente contra él, se quejó constantemente, y hasta rindió adoración a un becerro de oro. Debido a esta rebelión, toda una generación perdió la oportunidad de entrar a la tierra prometida.[87]

El tiempo que Israel pasó en el desierto debido al pecado y a los juicios de Dios, nos parece una historia trágica. Sin embargo, cuando Dios hace referencia al tiempo que Israel vagó en el desierto, él lo describe como un tiempo de amor, en vez de un tiempo de rebelión. Él lo describió de la forma en la que un hombre describiría el amor que siente por la mujer con la que se casará:[88]

« Ve y clama a los oídos de Jerusalén, diciendo: "Así dice el Señor: 'De ti recuerdo el cariño de tu juventud, el amor de tu desposorio, de cuando me seguías en el desierto, por tierra no sembrada » (Jeremías 2:2).

---

[86] Hebreos 12:6–8.

[87] Levítico 10:2; Números 16:30—35; 21:6; Deuteronomio 1:35.

[88] Ver también Oseas 2:15.

El lenguaje que Dios utiliza en Jeremías 2 es sorprendente, especialmente cuando lo comparamos con las historias acerca del tiempo que Israel pasó en el desierto. Nos da un panorama grande de las emociones de Dios, de su misericordia, paciencia y el propósito que tienen sus juicios. Su amor por Israel le hizo ver el principio de su rebeldía con profundo afecto.

La evaluación que Dios hace sobre tiempo que Israel pasó en el desierto nos recuerda lo que ocurre cuando le pedimos a los padres que describan los primeros años de sus hijos. Los padres de hijos más grandes típicamente describen esos primeros años con ternura y afecto. Mencionan las cosas lindas que hicieron sus bebés, muestran fotografías y se enorgullecen de los logros de sus hijos.

La realidad es que esos fueron años en los que los padres vivían exhaustos, cansados, frustrados, y frecuentemente tenían que disciplinar y restringir a sus niños. Sin embargo, las memorias que cuentan revelan lo que realmente piensan de sus hijos. Aun cuando el trabajo duro y la disciplina fueron necesarios, los padres tienen recuerdos positivos de los primeros años de sus hijos; porque sus hijos son *sus* hijos. Los padres disciplinan y luchan con sus hijos porque sus hijos les importan, no porque estén disgustados con ellos.

Dios frecuentemente evalúa las cosas de forma diferente a como nosotros las evaluamos ya que él conoce el resultado, al igual que un padre evalúa la rebelión y la inmadurez infantil a la luz de la madurez futura del niño; Dios no puede pasar por alto el pecado, así que su disciplina es seria y real. Al mismo tiempo, él no es un tirano vengador queriendo castigar y degollar a su pueblo. Él es un padre amoroso que se esfuerza por llevar a su pueblo a la madurez.

A Dios no le cuesta trabajo ejecutar sus juicios, pero también deja en claro que su fin es tener misericordia. *La misma misericordia que ha salvado a todo creyente, un día salvará a Israel.*

DIOS DISCIPLINA A SUS HIJOS

La disciplina de Dios puede parecer severa, pero al final es una muestra de su justicia obrando a nuestro bien. En su disciplina, Dios nos muestra su gloria, la seriedad del pecado, su tierno interés hacia nosotros y su compromiso de hacernos madurar.

La disciplina de Dios es tan perfecta que su propio Hijo maduró debido a la misma:

« Y aunque era Hijo, aprendió obediencia por lo que padeció... » (Hebreos 5:8).

Si no entendemos la disciplina de Dios sobre Israel, nos costará entender su disciplina en nuestras propias vidas.

« ...además, habéis olvidado la exhortación que como a hijos se os dirige: Hijo mío, no tengas en poco la disciplina del Señor, ni te desanimes al ser reprendido por El; porque el Señor al que ama, disciplina, y azota a todo el que recibe por hijo. Es para vuestra corrección que sufrís; Dios os trata como a hijos; porque ¿qué hijo hay a quien su padre no discipline? Pero si estáis sin disciplina, de la cual todos han sido hechos participantes, entonces sois hijos ilegítimos y no hijos verdaderos. Además, tuvimos padres terrenales para disciplinarnos, y los respetábamos, ¿con cuanta más razón no estaremos sujetos al Padre de nuestros espíritus, y viviremos? Porque ellos nos disciplinaban por pocos días como les parecía, pero El nos disciplina para nuestro bien, para que participemos de su santidad. Al presente ninguna disciplina parece ser causa de gozo, sino de tristeza; sin embargo, a los que han sido ejercitados por medio de ella, les da después fruto apacible de justicia » (Hebreos 12:5–11).

La disciplina de Dios es una declaración de su relación con nosotros. Como hijos e hijas de Dios, experimentamos su disciplina como parte del proceso de maduración.[89] Dios se refiere a Israel como a su primogénito en las naciones,[90] y Dios disciplina a todos sus hijos, sean individuos o naciones. La falta de disciplina es una señal de que no verdaderamente sus hijos:

« Pero si estáis sin disciplina, de la cual todos han sido hechos participantes, entonces sois hijos ilegítimos y no hijos verdaderos » (Hebreos 12:8).

LA DISCIPLINA DE DIOS ES UNA MUESTRA DE SU COMPROMISO

Los juicios de Dios preservan los propósitos particulares que él tiene con Israel. No son una señal de su rechazo de Israel, sino una señal de

---

[89] Romanos 8:18–19.

[90] Exodo 4:22; Oseas 11:1.

su relación especial con ellos. Dios disciplina a Israel para que al final sean una nación salva, tal y como Dios los ha destinado a ser.

Cuando Dios retrasa sus juicios, el pecado y la maldad abundan. Por lo tanto, sus juicios son una expresión de misericordia, ya que ellos ponen fin a la maldad antes de que crezca y cause más daño. *Los castigos de Dios son prueba de su valor a la rectitud y de su odio hacia el pecado.* Hacemos lo mismo cuando promulgamos castigos para disuadir a otros de cometer un delito y para hacer una declaración de la gravedad de un delito. Dios es paciente en sus juicios. Él envía profetas década tras década, y en algunos casos siglo tras siglo para advertir a la gente antes de que desate sus juicios. Él no está ansioso por disciplinar solo por el hecho de disciplinar. Él es pronto para ceder cuando hay arrepentimiento. Dios envió a Israel a la cautividad debido a su rebelión, pero se rehusó a eliminar de manera permanente su relación con Israel.[91] Él respondió al pacto que Israel había roto al prometerles un nuevo pacto que resolvería el ya roto.[92] A lo largo de la historia de Israel, la misericordia de Dios hacia ellos revela la naturaleza de Dios y de su carácter.

Los juicios de Dios sobre Israel no han sido arbitrarios, son el resultado del pacto, Dios usa los juicios para proteger el llamado de Israel. Ellos protegen el llamado de Israel de dos formas. Primero, revelan la santidad y la grandeza de Dios. Esta revelación es la necesidad más grande de Israel ya que al final, provocará a Israel volverse a Dios para poder ser salvos.

En segundo lugar, los juicios de Dios apartan a Israel del pecado que los seduce. Los caminos pecaminosos de las naciones siempre han atraído a Israel; por ende, Dios usa a las naciones en sus juicios para mostrarle a Israel que los caminos de las naciones resultan en muerte, destrucción y opresión. *La historia de Israel es una advertencia gráfica de que el pecado que nos resulta tan atractivo siempre termina en muerte.*

---

[91] Jeremías 31:35–37.

[92] Jeremías 31:31–32; Hebreos 8.

La tensión entre los pactos

El pacto mosaico dio muestra de la misericordia a través del sistema de sacrificios, pero no pudo proveer una expiación final y completa, por lo tanto, tampoco pudo asegurar las bendiciones como nación. A medida que se desarrollaba la historia de Israel, la situación fue de mal en peor.

Las promesas del pacto de Abraham y las maldiciones del pacto mosaico crearon una profunda tensión. Por un lado, Dios debe cumplir sus promesas a Abraham, o de lo contrario sería mentiroso y colapsaría completamente su plan redentor pues significaría que él no puede hacer lo que dijo que haría. Por otro lado, las maldiciones del pacto mosaico crean una barrera aparentemente imposible para que Dios cumpla sus promesas.

Por ejemplo, las promesas del pacto con Abraham dicen que Israel será una nación justa en Medio Oriente, y que heredará la tierra que fue prometida a Abraham. Sin embargo, la maldición por desobedecer bajo los términos del pacto mosaico incluye la humillación ante las naciones y la pérdida del territorio:

« Asolaré la tierra de tal modo que vuestros enemigos que se establezcan en ella queden pasmados. "A vosotros, sin embargo, os esparciré entre las naciones y desenvainaré la espada en pos de vosotros, y vuestra tierra será asolada y vuestras ciudades quedarán en ruinas » (Levítico 26:32–33).

« Además, el Señor te dispersará entre todos los pueblos de un extremo de la tierra hasta el otro extremo de la tierra; y allí servirás a otros dioses, de madera y de piedra, que ni tú ni tus padres habéis conocido. Y entre esas naciones no hallarás descanso, y no habrá reposo para la planta de tu pie, sino que allí el Señor te dará un corazón temeroso, desfallecimiento de ojos y desesperación de alma » (Deuteronomio 28:64–65).

Bajo los términos del pacto, la nación entera debe ser justa para poder eliminar la posibilidad de juicio ya que Dios hizo un pacto colectivo. Cuando hacemos cuentas de la historia de Israel y sus fracasos, nos queda una pregunta: ¿Cómo puede llegar una nación a ser completamente justa delante de Dios y vivir sin ninguna amenaza de juicio? Aunque parezca imposible, eso fue lo que se le prometió a Abraham.

«Dios se ha involucrado en una misión imposible: debe cumplir todas sus promesas y al mismo tiempo, de alguna manera, resolver las maldiciones que impiden el cumplimiento de dichas promesas.

Comprender el plan de Dios para resolver la crisis nacional de Israel debido a los términos del pacto mosaico, es fundamental para comprender la obra de Dios en las naciones y el plan de Dios con Israel en los últimos tiempos. *De la misma manera en que los últimos tiempos serán impulsados por el cumplimiento de las promesas de Dios a Abraham, también serán impulsados por la resolución del pacto mosaico.* Los términos del pacto mosaico y el sorprendente plan de Dios para poder resolverlo, son dos de los más grandes factores que afectan la manera en la que los últimos tiempos se desarrollarán.

Esta tensión de los pactos y el plan que Dios tiene para resolverlos es una figura de nuestra difícil situación como seres humanos. La humanidad entera, al igual que Israel, ha sido llamada por Dios y se le ha dado una misión especial. La humanidad entera, al igual que Israel, ha fallado en alcanzar los requerimientos de Dios y necesita la redención que solamente Dios puede proveer. La gran pregunta para Israel (y para toda la humanidad) es esta: ¿Cómo traerá Dios liberación y al mismo tiempo permanecerá fiel a su carácter y a sus juicios?

La experiencia de Israel bajo el pacto mosaico es la declaración que Dios hace acerca de nuestra condición. No solamente somos incapaces de exhibir verdadera rectitud en el exterior, sino que Jesús fue todavía más allá y expuso una situación más profunda: nuestro pecado externo es el resultado de algo mucho más serio, nuestro pecado interno.[93] Jesús aplastó para siempre la falsa ilusión acerca de nuestra propia habilidad para ser «buenas personas». *No hay solución humana para, Israel ni para las naciones.* El fracaso de Israel es nuestro fracaso, y la esperanza de Israel es nuestra esperanza.

---

[93] Mateo 5:21–37.

Esta tensión es una de las más grandes del Antiguo Testamento, provee el contexto para el Nuevo Testamento y para el Mesías que librará a Israel de las maldiciones del pacto.

LOS PROFETAS Y LOS PACTOS

Jeremías predijo la forma en la que esta tensión sería resuelta:

> « *He aquí, vienen días —declara el Señor— en que haré con la casa de Israel y con la casa de Judá un nuevo pacto, no como el pacto que hice con sus padres el día que los tomé de la mano para sacarlos de la tierra de Egipto, mi pacto que ellos rompieron, aunque fui un esposo para ellos — declara el Señor* » *(Jeremías 31:31–32).*

Jeremías predijo que Israel recibiría sus promesas, pero esto requeriría un pacto diferente al pacto del Sinaí. *Uno de los grandes misterios del Antiguo Testamento es cómo Dios liberaría a Israel y haría la transición para que la nación pasara del pacto mosaico al nuevo pacto.*

La tensión entre las promesas de Abraham y el pacto mosaico es el fundamento de los profetas, y sus profecías de juicio y salvación estaban basadas en los pactos. *Dios dio detalles específicos a los profetas, pero la mayoría de sus profecías eran en cumplimiento de los términos del pacto en un punto específico en la historia y al mismo tiempo, también hablaban de una resolución futura.*

Por ejemplo, cuando el profeta Daniel intercedió por Israel después de que Babilonia destruyera Jerusalén, él reconoció que este juicio era parte del pacto:

> « *Al Señor nuestro Dios pertenece la compasión y el perdón, porque nos hemos rebelado contra El, y no hemos obedecido la voz del Señor nuestro Dios para andar en sus enseñanzas, que El puso delante de nosotros por medio de sus siervos los profetas. Ciertamente todo Israel ha transgredido tu ley y se ha apartado, sin querer obedecer tu voz; por eso ha sido derramada sobre nosotros la maldición y el juramento que está escrito en la ley de Moisés, siervo de Dios, porque hemos pecado contra El. Y El ha confirmado las palabras que habló contra nosotros y contra nuestros jefes que nos gobernaron, trayendo sobre nosotros gran calamidad, pues nunca se ha hecho debajo del cielo nada como lo que se ha hecho contra Jerusalén. Como está escrito en la ley de Moisés, toda esta calamidad ha venido sobre nosotros, pero no hemos buscado el favor del Señor nuestro*

Dios, apartándonos de nuestra iniquidad y prestando atención a tu verdad. Por tanto, el Señor ha estado guardando esta calamidad y la ha traído sobre nosotros; porque el Señor nuestro Dios es justo en todas las obras que ha hecho, pero nosotros no hemos obedecido su voz » (9:9–14).

Daniel, al igual que los otros profetas, reconoció que los pactos impulsan la historia, juicio y salvación de Israel. Daniel pidió misericordia porque tenía la confianza de que las promesas de Dios le proveerían a la nación un escape del interminable ciclo de juicios:

« Oh Señor, conforme a todos tus actos de justicia, apártese ahora tu ira y tu furor de tu ciudad, Jerusalén, tu santo monte; porque a causa de nuestros pecados y de las iniquidades de nuestros padres, Jerusalén y tu pueblo son el oprobio de todos los que nos rodean. Y ahora, Dios nuestro, escucha la oración de tu siervo y sus súplicas, y haz resplandecer tu rostro sobre tu santuario desolado, por amor de ti mismo, oh Señor. Inclina tu oído, Dios mío, y escucha. Abre tus ojos y mira nuestras desolaciones y la ciudad sobre la cual se invoca tu nombre; pues no es por nuestros propios méritos que presentamos nuestras súplicas delante de ti, sino por tu gran compasión. ¡Oh Señor, escucha! ¡Señor, perdona! ¡Señor, atiende y actúa! ¡No tardes, por amor de ti mismo, Dios mío! Porque tu nombre se invoca sobre tu ciudad y sobre tu pueblo » (9:16–19).

De manera repentina, los profetas pasaban de proclamaciones sumamente gráficas acerca de los juicios de Dios, a hacer predicciones osadas acerca de la liberación. La salvación y la liberación aparecían ambas en los mismos pasajes. La atemorizante ira de Dios y su tierno amor podían aparecer en el mismo oráculo. Esto se debía a que los profetas y sus profecías estaban anclados en los pactos.

Ellos profetizaron a partir del pacto de Abraham, el cual prometía bendición máxima, y también a partir del pacto mosaico, el cual requería los juicios de Dios. Los profetas parecían aparentemente realizar saltos repentinos entre dos temas diferentes, pero tan pronto entendemos que ellos están atrapados en la tensión de los pactos, sus profecías comienzan a tener sentido. Los profetas no sabían cómo Dios iba a resolver esta tensión, pero sabían que él lo haría y punto.

Jeremías 30 es un excelente ejemplo de este tipo de profecía. Empieza con una descripción atemorizante del juicio para Israel; describe gritos de terror y a hombres angustiados debido a un día indescriptiblemente terrible. De repente la profecía cambia a una predicción de la salvación y liberación de Dios:

> « *Porque así dice el Señor:* "*He oído voces de terror, de pánico, y no de paz.* "*Preguntad ahora, y ved si da a luz el varón. ¿Por qué veo a todos los hombres con las manos sobre sus lomos, como mujer de parto y se han puesto pálidos todos los rostros?* "*¡Ay! porque grande es aquel día, no hay otro semejante a él; es tiempo de angustia para Jacob, mas de ella será librado.* "*Y acontecerá en aquel día*" —*declara el Señor de los ejércitos*— "*que quebraré el yugo de su cerviz y romperé sus coyundas, y extraños no lo esclavizarán más, sino que servirán al Señor su Dios, y a David su rey, a quien yo levantaré para ellos.* "*Así que tú no temas, siervo mío Jacob*" —*declara el Señor*—"*ni te atemorices, Israel; porque he aquí, te salvaré de lugar remoto, y a tu descendencia de la tierra de su cautiverio. Y volverá Jacob, y estará tranquilo y seguro, y nadie lo atemorizará.* "*Porque yo estoy contigo*" —*declara el Señor*— "*para salvarte; pues acabaré con todas las naciones entre las que te he esparcido, pero no acabaré contigo, sino que te castigaré con justicia; de ninguna manera te dejaré sin castigo* » (vv. 5–11).*

Profecías como ésta exponen uno de los asuntos serios respecto a la creencia de que la Iglesia ha reemplazado a Israel como el pueblo del pacto y como resultado, las promesas hechas a Israel en el Antiguo Testamento deberían aplicarse a la Iglesia sin ninguna aplicación específica hacia Israel (esto es conocido comúnmente como *supercesionismo*).[94] Cuando los profetas del Antiguo Testamento abordan a Israel en sus profecías, aplican los pactos de Israel y predicen tanto juicio como liberación para Israel. El supercesionismo divide estas profecías para que las profecías de juicio se apliquen principalmente a Israel y las profecías de salvación se apliquen principalmente a la Iglesia. Esto es inconsistente y añade confusión a las profecías de los profetas.

Debemos aplicar la profecía consistentemente, o los juicios y la salvación que los profetas predicen para Israel tiene aplicación específica para Israel, o no tienen ningún significado específico para Israel. Los juicios como las promesas son dirigidas a Israel, así que

---

[94] El supercesionismo algunas veces es llamado *teología del cumplimiento* por los que la apoyan y *teología de reemplazo* por los que la critican.

debemos definir a Israel consistentemente. Esto no significa que no puedan existir aplicaciones secundarias de estas profecías para las naciones, pero debemos ser consistentes en la forma en que interpretamos a Israel en estos pasajes.

Estas profecías también tienen aplicación específica a Israel, ya que los juicios profetizados están basados en el pacto mosaico (un pacto realizado de forma única con Israel y no con las naciones). Por lo tanto, el juicio primeramente debe ser aplicado a Israel. Prácticamente todos los eruditos bíblicos están de acuerdo en este punto cuando se relaciona con el juicio de Israel. Sin embargo, la promesa de salvación también debe ser aplicada primero a Israel, y es aquí donde ha existido la inconsistencia.

Esta inconsistencia es quizás más obvia en cómo algunos eruditos interpretan la destrucción de Jerusalén en el año 70 d. C. El supercesionismo enseña que la destrucción de Jerusalén en el año 70 d. C. y la subsecuente diáspora de los judíos fueron juicios contra un Israel incrédulo y esencialmente fue el fin de la relación de Dios e Israel. Aunque esta fecha debe ser entendida como un juicio contra un Israel incrédulo, la idea de que la historia de Israel termina en juicio viola la interpretación consistente de los profetas, quienes predicen que los juicios de Israel deben terminar y llevar a la salvación de Israel.

Algunos dicen que la salvación de Israel vendrá como parte de la salvación de las naciones, pero esta es una interpretación inconsistente con los profetas. Así como existen juicios específicos contra Israel de acuerdo a los términos del pacto, los pactos también incluyen la salvación específica de Israel.

EL COMPROMISO DE DIOS DE RESOLVER LA TENSIÓN

Aunque los libros de Exodo, Levítico y Deuteronomio no dan mucha información acerca de cómo Dios resolverá las maldiciones del pacto, sí nos dan pistas acerca de que Dios va a encontrar una manera de mantener el pacto con Israel. Aunque Israel falle, el pacto de Abraham provee una base para el compromiso irrompible de Dios con ellos.

« *Entonces yo me acordaré de mi pacto con Jacob, me acordaré también de mi pacto con Isaac y de mi pacto con Abraham, y me acordaré de la tierra. Sin embargo, a pesar de esto, cuando estén en la tierra de sus enemigos no los desecharé ni los aborreceré tanto como para destruirlos, quebrantando mi pacto con ellos, porque yo soy el Señor su Dios, sino que por ellos me acordaré del pacto con sus antepasados, que yo saqué de la tierra de Egipto a la vista de las naciones, para ser su Dios. Yo soy el Señor»* (*Levítico 26:42, 44–45*).

Mientras Israel adoraba al becerro de oro, Moisés apeló a las promesas del pacto de Dios para que él extendiera misericordia a Israel, en lugar del juicio que merecían. Moisés intercedió valientemente justo en el momento en que Israel adoraba a un ídolo falso porque conocía la fuerza del compromiso de pacto que Dios tenía con Israel.

« Entonces el Señor habló a Moisés: Desciende pronto, porque tu pueblo, que sacaste de la tierra de Egipto, se ha corrompido. Bien pronto se han desviado del camino que yo les mandé. Se han hecho un becerro de fundición y lo han adorado, le han ofrecido sacrificios y han dicho: "Este es tu dios, Israel, que te ha sacado de la tierra de Egipto." Y el Señor dijo a Moisés: He visto a este pueblo, y he aquí, es pueblo de dura cerviz. Ahora pues, déjame, para que se encienda mi ira contra ellos y los consuma; mas de ti yo haré una gran nación. Entonces Moisés suplicó ante el Señor su Dios, y dijo: Oh Señor, ¿por qué se enciende tu ira contra tu pueblo, que tú has sacado de la tierra de Egipto con gran poder y con mano fuerte? . . . . Acuérdate de Abraham, de Isaac y de Israel, siervos tuyos, a quienes juraste por ti mismo, y les dijiste: "Yo multiplicaré vuestra descendencia como las estrellas del cielo, y toda esta tierra de la cual he hablado, daré a vuestros descendientes, y ellos la heredarán para siempre » (*Éxodo 32:7–11, 13*).

LA RESOLUCIÓN DE DIOS: UN NUEVO PACTO

Dios muestra su gloria tanto en sus juicios como en su salvación. El pacto mosaico prepara las condiciones para que Dios muestre su gloria en sus juicios, pero también debe mostrar su gloria en su salvación. El pacto mosaico no puede revelar la gloria de la salvación de Dios; por lo tanto, Israel debe entrar a lo que Jeremías llamó *el nuevo pacto*.[95]

Es un pacto diferente al del Sinaí porque está asegurado por la justicia de Dios y no en la obediencia del pueblo. Por ende, este puede salvar a Israel completamente.

---

[95] Jeremías 31:31–34.

« He aquí, vienen días —declara el Señor— en que haré con la casa de Israel y con la casa de Judá un nuevo pacto, no como el pacto que hice con sus padres el día que los tomé de la mano para sacarlos de la tierra de Egipto, mi pacto que ellos rompieron, aunque fui un esposo para ellos —declara el Señor; porque este es el pacto que haré con la casa de Israel después de aquellos días —declara el Señor—. Pondré mi ley dentro de ellos, y sobre sus corazones la escribiré; y yo seré su Dios y ellos serán mi pueblo. Y no tendrán que enseñar más cada uno a su prójimo y cada cual a su hermano, diciendo: "Conoce al Señor", porque todos me conocerán, desde el más pequeño de ellos hasta el más grande —declara el Señor— pues perdonaré su maldad, y no recordaré más su pecado » (Jeremías 31:31–34).

Ezequiel llamó a este pacto, «el pacto eterno»:

« Yo recordaré sin embargo mi pacto contigo en los días de tu juventud, y estableceré para ti un pacto eterno » (Ezequiel 16:60).

« Porque os tomaré de las naciones, os recogeré de todas las tierras y os llevaré a vuestra propia tierra. Entonces os rociaré con agua limpia y quedaréis limpios; de todas vuestras inmundicias y de todos vuestros ídolos os limpiaré. Además, os daré un corazón nuevo y pondré un espíritu nuevo dentro de vosotros; quitaré de vuestra carne el corazón de piedra y os daré un corazón de carne. Pondré dentro de vosotros mi espíritu y haré que andéis en mis estatutos, y que cumpláis cuidadosamente mis ordenanzas. Habitaréis en la tierra que di a vuestros padres; y seréis mi pueblo y yo seré vuestro Dios » (36:24–28).

También Oseas describió un día en el que Dios haría otra vez pacto con Israel:

« En aquel día haré también un pacto por ellos con las bestias del campo, con las aves del cielo y con los reptiles de la tierra; quitaré de la tierra el arco, la espada y la guerra, y haré que ellos duerman seguros. Te desposaré conmigo para siempre; sí, te desposaré conmigo en justicia y en derecho, en misericordia y en compasión; te desposaré conmigo en fidelidad, y tú conocerás al Señor » (Oseas 2:18–20).

El libro de Hebreos citó la profecía que Jeremías hizo sobre el nuevo pacto:

« Pero ahora Él ha obtenido un ministerio tanto mejor, por cuanto es también el mediador de un mejor pacto, establecido sobre mejores promesas. Pues si aquel primer pacto hubiera sido sin defecto, no se hubiera buscado lugar para el segundo. Porque reprochándolos, Él dice: Mirad que vienen días, dice el Señor, en que estableceré un nuevo pacto con la casa de Israel y con la casa de Judá; no como el pacto que hice con sus padres el día que los tomé de la mano para sacarlos de la tierra de Egipto; porque no permanecieron en mi pacto, y yo me desentendí de ellos, dice el Señor. Porque este es el pacto que yo haré con la casa de Israel después de aquellos días, dice el Señor: Pondré mis leyes en la mente de ellos, y las escribiré sobre sus corazones. Y yo seré su Dios, y ellos serán mi pueblo. Y ninguno de ellos enseñara a su conciudadano ni ninguno a su hermano, diciendo: "Conoce al Señor", porque todos me conocerán, desde el menor hasta el mayor de ellos. Pues tendré misericordia de sus iniquidades, y nunca más me acordare de sus pecados. Cuando Él dijo: Un nuevo pacto, hizo anticuado al primero; y lo que se hace anticuado y envejece, está próximo a desaparecer » (8:6–13).

Ya que el pacto mosaico no puede liberar, debido a que el resultado lo determina la rectitud de los seres humanos, Dios ha proveído para Israel a través de un nuevo pacto. *Hay que notar que el autor de Hebreos no redefine los términos* Israel *y* Judá. El nuevo pacto provee salvación para las naciones, pero también debe salvar a Israel y a Judá para resolver la crisis de Israel y hacerle camino al cumplimiento de las promesas.

El nuevo pacto era la esperanza de Israel en el Antiguo Testamento. Es la promesa de que Dios resolverá una situación imposible. La gran pregunta era, cómo este nuevo pacto llegaría a ser y cómo se honraría el pacto mosaico en el proceso. El Nuevo Testamento responde esa pregunta. El nuevo pacto vino a ser una realidad con el sufrimiento, muerte y resurrección de Jesús.

Ahora que el nuevo pacto ha llegado, descubrimos el plan de Dios de sacar a Israel como nación fuera del pacto mosaico para hacerlos entrar al nuevo pacto. En Romanos 7, Pablo describió cómo ocurre el cambio de pactos:

« ¿Acaso ignoráis, hermanos (pues hablo a los que conocen la ley), que la ley tiene jurisdicción sobre una persona mientras vive? Pues la mujer casada está ligada por la ley a su marido mientras él vive; pero si su

marido muere, queda libre de la ley en cuanto al marido. Así que, mientras vive su marido, será llamada adúltera si ella se une a otro hombre; pero si su marido muere, está libre de la ley, de modo que no es adúltera aunque se una a otro hombre. Por tanto, hermanos míos, también a vosotros se os hizo morir a la ley por medio del cuerpo de Cristo, para que seáis unidos a otro, a aquel que resucitó de entre los muertos, a fin de que llevemos fruto para Dios » (vv. 1–4).

Para poder romper el pacto matrimonial, uno de las personas que realiza el pacto debe morir. Pablo usó esta analogía porque Dios se refirió al pacto en el Sinaí como a la iniciación de un pacto matrimonial.

« Porque tu esposo es tu Hacedor, el Señor de los ejércitos es su nombre; y tú Redentor es el Santo de Israel, que se llama Dios de toda la tierra » (Isaías 54:5).

« Ve y clama a los oídos de Jerusalén, diciendo: "Así dice el Señor: 'De ti recuerdo el cariño de tu juventud, el amor de tu desposorio, de cuando me seguías en el desierto, por tierra no sembrada » (Jeremías 2:2).

« Entonces pasé junto a ti y te vi, y he aquí, tu tiempo era tiempo de amores; extendí mi manto sobre ti y cubrí tu desnudez. Te hice juramento y entré en pacto contigo' —declara el Señor Dios— 'y fuiste mía » (Ezequiel 16:8).

Romanos 7 describe lo que debe pasarle a un individuo, pero también lo que debe pasarle a Israel como nación. La nación entera debe pasar a través de una «muerte» para ser desligada del pacto mosaico y entrar a un nuevo pacto. Pablo explicó que la muerte de Jesús es el medio para que esa transición ocurra, porque él murió en lugar de Israel.[96] Cuando venimos a él, nos identificamos con él en su muerte y nos volvemos uno con él. Por lo tanto, a través de la muerte de Jesús, Israel puede entrar a un pacto nuevo y escapar del antiguo.

El compromiso de Dios con Israel está vigente, pero el pacto por el cual él desea relacionarse con ellos debe cambiar para que Dios pueda unirse con Israel para siempre. *En Jesús, Dios trae resolución a la crisis del pacto, pero Israel como nación debe entrar a esta resolución para que los efectos del*

---

[96] Juan 11:50–52.

pacto mosaico queden atrás permanentemente. Uno de los principales temas acerca de los últimos tiempos es la transición del pacto antiguo de Israel hacia el nuevo.

DISCIPLINA, DESOLACIÓN Y LIBERACIÓN

Cuando Moisés le da el pacto al pueblo, él advierte que no podrían cumplirlo y como resultado experimentarían la disciplina del pacto, es decir, las maldiciones:

« *Y todas estas maldiciones vendrán sobre ti y te perseguirán y te alcanzarán hasta que seas destruido, porque tú no escuchaste la voz del Señor tu Dios, no guardando los mandamientos y estatutos que Él te mandó. Y serán señal y maravilla sobre ti y sobre tú descendencia para siempre* » *(Deuteronomio 28:45–46).*

Por un lado, los requerimientos de la ley son buenos. Por el otro, los seres humanos no pueden cumplir la ley. Aun cuando las bendiciones están al alcance cuando hay obediencia, y hay amenazas muy reales que se aplicarán a la desobediencia; el hombre es incapaz de asegurar las bendiciones de Dios en su propia fuerza porque simplemente es incapaz de vivir como lo requiere la justicia de Dios. Pablo identificó el problema principal:

« *Por cuanto todos pecaron y no alcanzan la gloria de Dios* » *(Romanos 3:23).*

El fracaso de Israel nos deja un mensaje ineludible: no podemos garantizar nuestro propio destino. Necesitamos que alguien más venga y lo garantice para nosotros. La frustración inherente de la ley mosaica está diseñada para que busquemos salvación fuera de nosotros mismos, de hecho, está diseñada para que busquemos a Dios. De esta manera, la ley sirve como un «ayo», un tutor o un maestro que nos lleva a Jesús:

« *Y antes de venir la fe, estábamos encerrados bajo la ley, confinados para la fe que había de ser revelada. De manera que la ley ha venido a ser nuestro ayo para conducirnos a Cristo, a fin de que seamos justificados por la fe. Pero ahora que ha venido la fe, ya no estamos bajo ayo* » *(Gálatas 3:23–25).*

Jesús enfatizó lo serio de la situación durante el *sermón del monte* cuando abordó el tema principal: el pecado interno. Si un hombre no

124 TODO SE CONSUMARÁ

pecaba adulterando externamente, el deseo estaba en su corazón y en su mente. Si un hombre no cometía asesinato, igual el enojo llenaba su corazón. Aun si Israel podía cumplir externamente con la ley, el pueblo judío nunca podría haber limpiado sus corazones y vivido en verdadera justicia, ya que el pecado la fuente de la rebelión contra Dios, estaba constantemente en ebullición dentro de cada individuo.

Para poder cumplir sus promesas, Dios no solamente tiene que librar a Israel, sino también tiene que hacer algo para lidiar con la raíz del pecado y la rebelión de su pueblo. El pecado es como un perro dentro de su jaula; podemos tratar de poner al perro dentro de la misma, pero sus ladridos nos recuerdan que ahí está y se encuentra constantemente buscando una forma de escaparse. Hasta que este pecado interno pueda ser removido, ni Israel ni las naciones pueden poseer la herencia permanentemente.

EL CICLO QUE DEBE TERMINAR

Israel ha experimentado una porción de la bendición y las promesas de Dios en toda su historia. A partir del Éxodo, Israel ha experimentado el favor de Dios de una forma única entre las naciones. Al mismo tiempo, la disciplina del pacto también es uno de los factores más grandes que ha definido la historia de Israel.[97]

En el libro de Josué, el pecado de Acán en la conquista de Jericó afectó a toda la nación. Fue una advertencia a Israel de que el pecado individual lleva a un juicio nacional. En el libro de Jueces, Israel cayó en pecado repetidamente y provocó los juicios de Dios, juicios que llevaron a Israel a siempre estar bajo opresión militar. Sin embargo, cuando la nación respondía y se arrepentía, Dios restauraba a Israel. El libro de Jueces describe los ciclos repetitivos de juicio y liberación; nos sirve como una predicción del futuro de Israel.

El pecado de Israel provoca los juicios de Dios, los cuales incluyen el asolamiento por parte de las naciones. Sin embargo, cuando Israel se arrepienta, Dios misericordiosamente los restaurará; de una forma muy real, este es el resumen de la historia de Israel.

---

[97] Bíblicamente, la disciplina es evidencia de que uno es hijo, y la disciplina de Dios sobre Israel es evidencia del llamado particular de Israel. Ver Hebreos 12:6–8.

A medida que Israel creció y maduró como nación, la misma historia se volvía desenvolver. Dios era paciente con ellos.[98] Les mandaba profetas para advertir a la nación, pero eventualmente el pecado de Israel provocaba las maldiciones del pacto. Le pasó primero a la mitad de Israel, en el norte, región que fue invadida y capturada por Asiria. Un poco menos de un siglo después, la parte del sur de Israel fue invadida por Babilonia. Esta invasión fue mucho más seria porque abarcaba la ciudad de Jerusalén. La nación sufrió una agonía inimaginable cuando Nabucodonosor saqueó la ciudad, destruyó el templo y se llevó a la mayoría de la población como exilados. Una vez más Israel sufrió las maldiciones del pacto.

Cuando Jerusalén fue destruida, el futuro de Israel parecía ser imposible. Sin embargo, solo setenta años después de la caída de Jerusalén, un remanente de Babilonia empezó su retorno hacia Israel e inició un proyecto para reconstruir el templo. La invasión babilónica no fue el fin de la historia de Israel. Dios iba a preservar a Israel a pesar de sus juicios.[99] Él aun recordaba sus promesas y profetas como Zacarías, declararon la salvación final de Israel.

En los siguientes siglos, Israel luchó para establecerse en la región. Tristemente, la nación se alejó de los mandamientos de Dios. Aun más triste, Israel rechazó a su Mesías cuando él vino y caminó entre ellos. Por misericordia, Dios derramó el Espíritu Santo en los apóstoles y habilitó a la Iglesia para predicar en Jerusalén y Judea por cuatro décadas para llamar a la nación entera al arrepentimiento. Muchos se volvieron a Dios en arrepentimiento, incluso algunos sacerdotes,[100] pero la nación como tal no se arrepintió. La tragedia llegó en el año 70 después de Cristo, Jerusalén fue tomada, el templo fue destruido e Israel fue dispersada por todas las naciones debido a las maldiciones del pacto.

Por casi dos mil años no existió un regreso masivo de exilados a la tierra de Israel. Sin embargo, Dios no se olvidó de su pacto con Israel, y en el siglo veinte Dios empezó a reunirlos de nuevo. En 1948 las naciones quedaron sin palabras ante un evento imposible: Israel volvió

---

[98] Éxodo 34:6.

[99] Jeremías 31:35–37; 33:14–26.

[100] Hechos 6:7.

a aparecer entre las naciones de la tierra como un país soberano. Dios en su misericordia reunió Israelitas, y en el proceso, hizo una declaración a las naciones de que él no se ha olvidado de sus promesas hacia Israel.

Aunque él ha reunido a Israel en su misericordia, el pacto debe de resolverse. Hasta que la nación entera sea salva seguirá experimentando la disciplina del pacto. *Dicha disciplina está diseñada para hacer que Israel clame por salvación.* Israel permanece sujeta a ciclos de disciplina, reunificación con esperanza de restauración, y de nuevo disciplina hasta que algo resuelva la amenaza del pacto contra la nación. Mientras Israel se mantenga confiando en su propia habilidad de cumplir el pacto y asegurar su propio futuro, este ciclo continuará.

LA LUCHA COMÚN DE ROMANOS 7

La experiencia personal de Pablo (la agonía de no poder hacer el bien que deseaba hacer; sino el mal que no quería hacer), describe la historia colectiva de Israel:

> « *Porque lo que hago, no lo entiendo; porque no practico lo que quiero hacer, sino que lo que aborrezco, eso hago. Y si lo que no quiero hacer, eso hago, estoy de acuerdo con la ley, reconociendo que es buena. Así que ya no soy yo el que lo hace, sino el pecado que habita en mí. Porque yo sé que en mí, es decir, en mi carne, no habita nada bueno; porque el querer está presente en mí, pero el hacer el bien, no. Pues no hago el bien que deseo, sino que el mal que no quiero, eso practico. Y si lo que no quiero hacer, eso hago, ya no soy yo el que lo hace, sino el pecado que habita en mí* » (Romanos 7:15–20).

El pecado en el propio corazón de Pablo le impidió ser obediente a la buena ley de Dios. El problema no era la ley; era Pablo. Esta es la esencia de la lucha humana: Estamos atrapados en «cuerpos muertos» y necesitamos ser liberados. La experiencia personal de Pablo refleja la experiencia de Israel como nación. *El pacto que Israel hizo en el Sinaí puso a Israel en una lucha común de Romanos 7.*

A Israel se le dio una ley buena, pero no pudo mantener la ley de Dios y, por lo tanto, se ha vuelto objeto de las maldiciones de la ley y está en constante peligro de juicio. Aun los héroes más grandes de Israel, como el Rey David, violaron la ley de formas muy serias. Por lo tanto, Israel necesita un libertador que acabe con ese ciclo. Ese libertador es Jesús y el ciclo continuará hasta que las naciones se rindan ante él.

La oración apasionada de Pablo se debe volver la oración apasionada de Israel para que la salvación de Pablo se vuelva la salvación de Israel:

> « *¡Miserable de mí! ¿Quién me libertará de este cuerpo de muerte? Gracias a Dios, por Jesucristo Señor nuestro. Así que yo mismo, por un lado, con la mente sirvo a la ley de Dios, pero por el otro, con la carne, a la ley del pecado. Por consiguiente, no hay ahora condenación para los que están en Cristo Jesús, los que no andan conforme a la carne sino conforme al Espíritu. Porque la ley del Espíritu de vida en Cristo Jesús te ha libertado de la ley del pecado y de la muerte* » (Romanos 7:24–8:2).

Jacob se volvió Israel después de haber luchado con Dios y después de que Dios lo vaciara de fuerza al descoyuntar su cadera.[101] Esto es una figura de lo que ocurre cuando nos rendimos ante Cristo. Debemos perder toda nuestra fuerza, clamar a Dios para que nos salve y confiar en el poder de él. *Como su padre Jacob, Israel debe llegar corporativamente a un momento donde la nación no tenga confianza en su propia fuerza y clame a Dios por Su salvación en Sus términos, asegurada por Su habilidad.*

EL EFECTO VIGENTE DE LA LEY

Para poder comprender completamente el pacto, debemos entender cómo es que el pacto llega a su fin y cómo continúa afectando a nuestro mundo. La única manera de terminar con los requerimientos del pacto mosaico es través de la obra redentora de la cruz. Solo Jesús puede poner fin al pacto mosaico:

> « *Porque Cristo es el fin de la ley para justicia a todo aquel que cree. . . . Pues la Escritura dice: Todo el que cree en El o será avergonzado* » (Romanos 10:4, 11).

Pablo usó frecuentemente la frase «*la ley*» para referirse al pacto mosaico. Ahora, notemos cuidadosamente lo que dijo Pablo. Jesús es el fin de la ley «*para todo aquel que cree*». Solo aquellos que creen en él, no

---

[101] Génesis 32: 22–32.

serán avergonzados (*solamente los que están en Jesús y han sido liberados de la condenación de la ley y de las maldiciones del pacto*). Por lo tanto, la ley es un «ayo» o «guardián» (o tutor), diseñado por Dios para llevarnos a Cristo:

> « *De manera que la ley ha venido a ser nuestro ayo para conducirnos a Cristo, a fin de que seamos justificados por la fe. Pero ahora que ha venido la fe, ya no estamos bajo ayo, pues todos sois hijos de Dios mediante la fe en Cristo Jesús* » (*Gálatas 3:24–26*).

De la misma manera en la que un tutor prepara a un joven para su adultez, la ley nos prepara para recibir el evangelio. La ley funciona con este propósito para individuos y también para Israel como nación. Cuando venimos a Jesús ya no necesitamos un tutor, pero hasta que llegue la fe, la ley tiene el propósito de actuar como un guardián que nos guía hacia Jesús.

Aquellos que están en Jesús son hijos de Dios, pero si aun no estamos en Jesús, permanecemos sujetos a las maldiciones de la ley. Por lo tanto, todos los que están en Israel y no creen en Jesús permanecen sujetos a las maldiciones específicas del pacto mosaico, así como los gentiles permanecen sujetos a las maldiciones del pecado hasta que lleguen a Jesús.

Pablo abordó esta situación cuando habló a los oyentes judíos en la sinagoga de la ciudad de Antioquía en Pisidia:

> « *Por tanto, hermanos, sabed que por medio de Él os es anunciado el perdón de los pecados; y que de todas las cosas de que no pudisteis ser justificados por la ley de Moisés, por medio de Él, todo aquel que cree es justificado* » (*Hechos 13:38–39*).

El mensaje de Pablo era simple: «todo aquel que cree es liberado» de las maldiciones de la ley de Moisés. Aquellos que no creen permanecen bajo los términos del pacto, incluyendo las maldiciones. Pablo continuó después de esta promesa con una advertencia muy seria del libro de Habacuc:

> « *Tened, pues, cuidado de que no venga sobre vosotros aquello de que se habla en los profetas: Mirad, burladores, maravillaos y pereced;*
> *porque yo hago una obra en vuestros días, una obra que nunca creeríais aunque alguno os la describiera* » (*Hechos 13:40–41*).

La *«obra que nunca creeríais»* de la que Pablo hablaba era Dios levantando a Babilonia para ejecutar sus juicios contra Israel. Fue una declaración de advertencia para los *«burladores»*, aquellos que desobedecieron la ley de Dios y no creyeron que las maldiciones del pacto activarían un juicio.

Pablo le advirtió a la sinagoga que el pacto mosaico era una amenaza vigente de la que podía uno escaparse solamente creyendo en Jesús. Si ellos no creían en Jesús, quedarían sujetos a los juicios del pacto, *«aquello de que se habla en los profetas»*, tal y como le pasó a Israel en los días de Habacuc.

LA TRANSICIÓN HACIA EL NUEVO PACTO

La transición del pacto mosaico no sucede de inmediato:

> *« Pero ahora Él ha obtenido un ministerio tanto mejor, por cuanto es también el mediador de un mejor pacto, establecido sobre mejores promesas. . . . Cuando Él dijo: Un nuevo pacto, hizo anticuado al primero; y lo que se hace anticuado y envejece, está próximo a desaparecer » (Hebreos 8:6, 13).*

El pacto mosaico se está volviendo obsoleto, haciéndose viejo, y está próximo a desaparecer. Es obsoleto debido a la obra de Jesús en la cruz. Sin embargo, no ha desaparecido. El pacto mosaico no pasó al olvido de repente durante la primera venida de Jesús, debe quedar invalidado a través de un proceso por el cual el pueblo sujeto al pacto (Israel), clama al nombre de Jesús.

El pacto mosaico es un pacto hecho solo con una nación; por lo tanto, para que el pacto quede atrás por completo, la nación debe ser transformada de tal manera que ya no esté sujeta a los términos del pacto. El día vendrá, como predijo Pablo, cuando todo Israel:

> *« será salvo; tal como está escrito: El Libertador vendrá de Sion; apartará la impiedad de Jacob » (Romanos 11:26).*

Pablo no estaba diciendo que todo judío en la historia de la humanidad sería salvo independientemente de su relación con Jesús, Pablo estaba prediciendo el día futuro cuando la nación entera sería por siempre salva y libre del pacto mosaico. Es el día de salvación predicho por los profetas. Es el día en que todo Israel conocerá al Señor tal y como lo profetizó Jeremías.[102]

Esto es algo que no se podía lograr a través del pacto mosaico, y es algo que el nuevo pacto *debe* terminar para que Israel sea libre de las maldiciones del pacto mosaico. *Dado que el nuevo pacto depende de la justicia de Jesús y no de Israel, es posible establecer una nación completamente salva.*

A medida que las personas vienen a Jesús, el pacto mosaico está en el proceso de ser nulo. Sin embargo, vendrá el día en el que definitivamente pasará a ser parte de la historia, y ese día requiere la salvación de la misma nación que hizo el pacto mosaico.

La salvación gloriosa de todo Israel es profetizada en numerosas ocasiones a lo largo de toda la Escritura.[103] Los profetas no tenían idea de cómo llegaría a ser ese día, pero sí sabían que debía suceder. Para nosotros, el misterio ya ha sido revelado; Dios lo hará a través de la obra redentora de su Hijo. La salvación de la nación de Israel será sinónimo del fin de las maldiciones del pacto, y es por eso que Pablo se refirió a su salvación como a la «vida de entre los muertos»:

> *« Porque si el excluirlos a ellos es la reconciliación del mundo, ¿qué será su admisión, sino vida de entre los muertos? » (Romanos 11:15)-*

Zacarías describió la gloria y las emociones del día en que los ojos de la nación serían abiertos y se unirían a Jesús, su Mesías y Salvador:

> *« Y derramaré sobre la casa de David y sobre los habitantes de Jerusalén, el Espíritu de gracia y de súplica, y me mirarán a mí, a quien han traspasado. Y se lamentarán por El, como quien se lamenta por un hijo único, y llorarán por El, como se llora por un primogénito » (Zacarías 12:10).*

A través de la historia siempre ha existido un remanente salvo en Israel, y en nuestra generación, dicho remanente está creciendo. Hay una cantidad considerable de creyentes mesiánicos en la tierra de Israel que aman a Jesús, y mientras más nos acerquemos al final de la era, más veremos cómo se acelera la salvación del pueblo judío. Debemos

---

[102] Jeremías 31:31–35.

[103] Deuteronomio 30:1–6; Isaías 4:3; 45:17, 25; 54:13: 59:21; 60:21; Jeremías 31:34; 32:40; Ezequiel 20:40; 39:22, 28–29; Joel 2:26; Zacarías 12:10–14; Romanos 11:26.

regocijarnos en esto y también trabajar para que incremente. Sin embargo, un remanente salvo no es suficiente para hacer que el pacto deje de estar vigente. *Debe llegar el día en que todo Israel sea salvo.*

Una nación moderna con un pacto antiguo

No hay nada en la historia que se compare al resurgimiento de Israel en 1948. Un evento sin precedentes. Nunca antes había sido restaurada la nación de un pueblo que estuvo esparcido por las naciones, como una minoría perseguida durante casi dos mil años. Fue la declaración de que Dios no se había olvidado de sus promesas hacia Israel, aun cuando Israel sigue sin cumplir las suyas. Aunque el estado moderno de Israel es un testimonio de la misericordia de Dios, Israel también vive en medio de un conflicto constante. Jerusalén está temblando, justo como sucedió en los días de los profetas.

Al ser constantemente acosada por varios enemigos, la región resulta casi imposible para vivir en paz y seguridad. Israel enfrenta la agresión islámica, étnica y agresión política. Aunque el Israel moderno no es una nación justa, esta frecuente agresión es irracional porque en el último de los casos, no está dirigida contra Israel; es una agresión contra Dios, quien escogió a Israel para sus propios propósitos.

También debemos desenmascarar a los grupos radicales que buscan la aniquilación de Israel y apoyan actos de terror para hostigar y destruir a Israel mientras utilizan un lenguaje humanitario para seducir a las naciones para que se enfurezcan contra Israel. No podemos ser cómplices ni guardar silencio en tiempos como éstos. Debemos hablar en contra del Islamismo radical, los falsos movimientos de justicia, y contra toda ideología y movimiento que se rehúsa a reconocer los pactos que Dios tiene con Israel.

El estado moderno de Israel tiene deficiencias y no está mal abordarlas. Sin embargo, debemos entender, estar de acuerdo, y hablar valientemente acerca de las promesas de pacto que Dios ha hecho con

Israel, pues Israel es frecuentemente satanizada y menospreciada de manera desproporcionada a la realidad.[104]

Aunque debemos resistir la ira de las naciones, la crisis de Israel no se trata solamente de esto. Bíblicamente, cada vez que Israel ha sido acosada por ejércitos extranjeros, Dios siempre le ha hablado a Israel a través de dicho acoso, en la actualidad no es diferente. El estado moderno de Israel constantemente vive bajo la amenaza de invasión extranjera acompañada de acosos por parte de ejércitos enemigos y aun ejércitos dentro de sus propias fronteras. Aunque no debemos estar de acuerdo con dicho acoso, debemos reconocer que el Señor le está hablando a la nación a través de todo eso. Debemos comprender, por qué el Dios que ha reunido a Israel de nuevo está permitiendo que sus enemigos los intimiden.

UNA NACIÓN MODELADA POR EL PACTO

La Palabra de Dios sigue dirigiendo e influenciando los eventos internacionales, tal y como lo hizo en los tiempos de antaño. El Israel moderno piensa que sus enemigos políticos son su problema más grande, pero en realidad Dios sigue siendo el desafío central de Israel.

En este momento, Israel posee la tierra pero también está siendo acosada. Israel posee la tierra pero todavía no tiene su herencia completa. En repetidas ocasiones, el estado de Israel a experimentado la sobrenatural liberación, sin embargo sigue encontrándose en situaciones sumamente complicadas. Nada de esto es casualidad. Israel es amada por Dios aunque sigue siendo una nación impía y en conflicto con él. Dado que ellos tienen un pacto nacional y único con Dios, hay consecuencias específicas para su pecado. *Los acuerdos hechos en el pacto impulsan la realidad presente de Israel, mucho más de lo que ellos se imaginan.*

El resurgimiento de la nación demuestra las intenciones tiernas que Dios tiene con ellos y el compromiso hacia sus promesas. Al mismo tiempo, los problemas de Israel revelan que las maldiciones del pacto mosaico están vigentes hasta que la nación sea salva.

Cuando entendemos correctamente el Antiguo Testamento, se disipa el misterio que gira en torno al estado moderno de Israel y su situación. Tendemos a pensar que en la antigüedad, Dios estaba

---

[104] Para leer más acerca del tema, ver el libro *One King: A Jesus Centered Answer to the Question of Zion and the People of God. (Todavía no traducido al español)*

intrínsecamente involucrado en las naciones, pero que en la actualidad se ha apartado de la situación geopolítica mundial. La realidad es que los pactos de Dios guían a las naciones, y como resultado, explican la situación geopolítica.

Es importante reconocer que las dimensiones positivas y negativas de los pactos pueden funcionar al mismo tiempo. La presencia de Israel en Medio Oriente y su reunificación como nación, han sido completamente milagrosas. Durante las últimas décadas, Israel ha sido preservado sobrenaturalmente en conflictos militares, aun cuando eran superados en número. Israel cuenta con tecnología que les permite sobrevivir con daños muy pequeños a las guerras internas y los ataques de misiles. Todo esto es gracias a la misericordia de Dios. Es la declaración del compromiso de preservar y cumplir sus promesas hacia Israel. Sin embargo, el mismo acoso del cual Dios defiende a Israel es también el resultado de las dimensiones negativas del pacto.

Para poder tener un entendimiento pleno del Israel moderno, debemos mantener y caminar con la realidad de ambas tensiones. Debemos hablarle a Israel acerca de las consecuencias de su pecado *y* los detalles de su futura salvación. Podemos ver, tanto las señales de la disciplina de Dios, como las primicias de salvación en el remanente de creyentes mesiánicos que está creciendo en medio del pueblo judío. Dios está simultáneamente hablándole a Israel a través de su disciplina, preservándoles con su misericordia, y también llevándolos hacia el día de salvación.

Entender las realidades del pacto no significa que debamos estar de acuerdo con la maldad. Por ejemplo: En Habacuc capítulo 1, Dios le dice a Habacuc que usaría a Babilonia para hablarle a Israel, pero no quiso decir que estaba llamando a Habacuc a pasar por alto o estar de acuerdo con el pecado de Babilonia. Por lo tanto, en medio de nuestro apoyo hacia Israel no podemos pasar por alto la disciplina del pacto y el efecto que tiene sobre la nación.

UN CLAMOR POR LIBERACIÓN

El Salmo 120 resume el diseño de Dios por la disciplina del pacto:

> « *En mi angustia clamé al Señor, y Él me respondió* » *(v. 1).*

La presión o «angustia» de Israel, fue diseñada para hacerles clamar al Señor por salvación. Por esta razón, la presión de la disciplina de

Dios se intensificará hasta que la nación ceda ante los medios que Dios ha provisto para salvarles. Moisés resumió esto tanto en Levítico, como en Deuteronomio cuando predijo que Dios usaría la disciplina sobre Israel para quebrantar el orgullo:

« También quebrantaré el orgullo de vuestro poderío, y haré vuestros cielos como hierro y vuestra tierra como bronce » (Levítico 26:19).

« Porque el Señor vindicará a su pueblo y tendrá compasión de sus siervos, cuando vea que su fuerza se ha ido, y que nadie queda, ni siervo ni libre » (Deuteronomio 32:36).

Cuando la Biblia predice que Dios quebrantará el orgullo o el poderío de Israel, no significa que el objetivo de Dios sea destruirlos. *El objetivo de Dios no es destruir a Israel, sino destruir la confianza en su habilidad de asegurar las promesas y obtener la herencia por ellos mismos.* Dios va a romper el «poderío» de Israel para llevarla a un momento como el de Salmo 120:1. Entonces, la nación clamará al Señor pidiendo salvación.

Como vimos en la primera sección, la profecía de Zacarías 12:10-12 es una profecía clave del Nuevo Testamento. Jesús la mencionó, y también lo hicieron Juan y Pedro. Es prominente en las descripciones del Nuevo Testamento sobre los últimos tiempos, pues es el día que todos los profetas esperaban, el día en que la disciplina de Dios resulta en la salvación de toda la nación y el fin de las maldiciones del pacto.

« Y derramaré sobre la casa de David y sobre los habitantes de Jerusalén, el Espíritu de gracia y de súplica, y me mirarán a mí, a quien han traspasado. Y se lamentarán por El, como quien se lamenta por un hijo único, y llorarán por El, como se llora por un primogénito » (Zacarías 12:10).

La nación y su Mesías

La disciplina de Dios es un factor en los problemas de Israel, pero ellos también experimentan la ira de Satanás. El enemigo sabe que no puede quitarle el trono al Dios de los cielos, así que hacer guerra contra Dios en la región de Israel, es hacer guerra contra las promesas de Dios. *La ira del enemigo contra Israel a lo largo de toda la historia es una guerra por poder contra el Dios de Israel.*

El enemigo sabe que el pecado de Israel los hace vulnerables a la disciplina del pacto, y una de sus estrategias al final de los tiempos será seducir a Israel a pecar, para que su pecado los deje vulnerables a los juicios de Dios. A medida que los juicios de Dios se intensifiquen contra Israel, el enemigo tomará ventaja de la situación y desatará su ira contra Israel. El enemigo caerá bajo el delirio de creer que Dios no puede libertar a Israel debido al pecado de ellos y debido a los términos del pacto de Dios hacia ellos.

Lo que le ocurrió a Jesús, es sombra de lo que le pasará a Israel al final de la era. Cuando Jesús entró en sufrimiento, el enemigo vio que Dios depositó la culpa de nuestro pecado sobre Jesús.[105] Los «*gobernadores de este siglo*» (una referencia a los poderes espirituales de maldad), participaron en la crucifixión de Jesús porque no entendieron lo que estaba pasando. Vieron el juicio de Jesús como una oportunidad de desatar su ira contra él.

> « *...la sabiduría que ninguno de los gobernantes de este siglo ha entendido, porque si la hubieran entendido no habrían crucificado al Señor de gloria;* » *(1 Corintios 2:8).*

Los gobernantes no pudieron la manera en la que el Padre salvaría a Jesús porque su ira les impedía entender el misterio de la redención. Ya que no entendieron la misericordia, ávidamente crucificaron a Jesús. Sin embargo, el Jesús crucificado de repente se convirtió en el Jesús resucitado. Creyeron que habían vencido a Jesús, pero el evento que habían considerado como su más grande victoria, en realidad preparó el escenario para su más grande derrota.[106]

Pablo describió la muerte y resurrección de Jesús como la sabiduría de Dios que los gobernantes no pudieron comprender:

> « *Porque la palabra de la cruz es necedad para los que se pierden, pero para nosotros los salvos es poder de Dios. Porque está escrito: Destruiré la sabiduría de los sabios, y el entendimiento de los inteligentes desecharé* » *(1 Corintios 1:18–19).*

Primera de Corintios 1:18 es una cita de Isaías 29:14:

---

[105] 1 Pedro 2:24.

[106] Romanos 1:4; 1 Corintios 15:24–26; 2 Timoteo 1:10; Hebreos 2:14.

« *...por tanto, he aquí, volveré a hacer maravillas con este pueblo, prodigiosas maravillas; y perecerá la sabiduría de sus sabios, y se eclipsará el entendimiento de sus entendidos* »

En Isaías 29 Dios predijo lo que haría con *«este pueblo»*, refiriéndose a Israel. Es una profecía muy dramática; describe el asedio de Jerusalén con el propósito de ver a Israel *«postrada en el polvo»*, es decir, destruida.

« *¡Ay, Ariel, Ariel la ciudad donde acampó David! Añadid año sobre año, celebrad las fiestas a su tiempo. Y traeré angustias a Ariel, y será una ciudad de lamento y de duelo; será para mí como un Ariel. Acamparé contra ti rodeándote, pondré contra ti vallas de asedio, y levantaré contra ti baluartes. Entonces serás humillada, desde el suelo hablarás, y desde el polvo donde estás postrada saldrá tu habla. Tu voz será también como la de un espíritu de la tierra, y desde el polvo susurrará tu habla* » *(Isaías 29:1–4)*.

Dios describió su propia participación en el asedio de Israel en los versos 2 y 3. Sin embargo, en medio del asedio, algo inesperado sucede. Los enemigos de Israel fueron tan abatidos, que la situación parece ser completamente un sueño:

« *Pero la multitud de tus enemigos será como polvo fino, y la multitud de los crueles como paja que se va volando; sucederá en un instante, de repente. Serás castigada por el Señor de los ejércitos con truenos y terremotos y gran ruido, con torbellino y tempestad y con llama de fuego consumidor. Y será como un sueño, una visión nocturna, la multitud de todas las naciones que combaten contra Ariel, todos los que combaten contra ella y su fortaleza, y los que la afligen* » *(Isaías 29:5–7)*.

Isaías 29 profetiza sobre un día en el que Dios permite que los enemigos de Israel arremetan contra ellos. Sus enemigos aprovecharán la oportunidad enfurecidos, creyendo que pueden destruir las promesas de Dios e impedir sus juicios. Sin embargo, ese momento de intensa opresión provocará que Israel clame a su Dios, y su Dios les librará de manera repentina e impresionante.[107] Pablo conecta Isaías 29 con 1

---

[107] Isaías 34; Joel 3; Zacarías 12–14.

Corintios 1, ya que Jesús fue una figura profética de la sabiduría de Dios siendo mostrada a través de la salvación de Israel.

Viene un día en el que Israel será vulnerable a los juicios de Dios debido a su pecado y a los pactos. En ese momento, sus enemigos se ensañarán y tratarán de tomar ventaja de la disciplina de Israel sitiando la ciudad de Jerusalén. Sin embargo, Dios usará esta situación para provocar que Israel clame por salvación.

Cuando la condición de Israel parezca no tener esperanza, Dios de repente los salvará de la venganza de sus enemigos, y al contrario, desatará venganza sobre las naciones y sobre los que buscaron destruir a Israel en su momento de debilidad, flaqueza y vulnerabilidad.[108] La liberación sobrenatural que Dios efectuó sobre su Hijo es una figura de la liberación final de Israel. Jesús está tan profundamente ligado a Israel que, hasta en cierto sentido, él vivió la historia de Israel.

Israel o es salva y las naciones están llamadas a provocarla al arrepentimiento, tierno pero osado. Sin embargo, Israel sigue siendo llamada y Dios permanece comprometido con Israel de la misma manera que un padre permanece comprometido con un hijo, incluso cuando ese hijo es desobediente. Dado que no pueden comprender la misericordia, los gobernantes y las naciones están cegadas ante la certidumbre del plan de Dios, pero el acceso de Israel hacia su propio destino es tan seguro como el de Jesús.

LA HISTORIA DE ISRAEL ES NUESTRA HISTORIA

Estamos llamados a reconocer el trato de Dios con Israel para poder afirmar el destino de pacto que tienen, así como hablar proféticamente sobre lo que Dios pide para que puedan entrar a su destino.

Cuando entendemos la relación de Dios con Israel podemos comprender mejor también su relación con nosotros. La ley de Dios demanda que Israel sea justo, pero en el fondo Dios busca que todos los hombres sean justos. La ley de Dios trae juicio a Israel, pero al final, también su ley traerá juicio sobre toda la humanidad. Tanto Israel como las naciones experimentarán la misericordia y la bondad de Dios incluso cuando estén sujetas a juicio.

Lo que Dios está haciendo con Israel es lo mismo que hace con cada creyente. Nos lleva al punto en donde ya no tenemos ninguna

---

[108] Isaías 14:19; Daniel 7:11; Apocalipsis 19:20.

confianza en nuestra propia habilidad de manera que clamamos a Dios pidiendo salvación. Pablo expresó esto en Filipenses 3:3:

> « ... *porque nosotros somos la verdadera circuncisión, que adoramos en el Espíritu de Dios y nos gloriamos en Cristo Jesús, no poniendo la confianza en la carne* »

Los requerimientos de Dios sobre Israel y las naciones sirven como un glorioso mentor que nos guía hacia Jesús. La ley no solamente lleva a individuos a salvación, también llevará a una nación entera hacia su Mesías.

Parte 4: La promesa que Dios le hizo a las naciones

DIOS SIEMPRE TUVO EN MENTE A LAS NACIONES

Debido al particular lugar que tiene Israel en la historia de Dios, una parte significativa del drama de los últimos tiempos gira en torno a que Dios resuelva la situación de Israel y cumpla las promesas de Israel. Sin embargo, la historia de Israel es parte de la historia de Dios para las naciones. *Dios comenzó su plan con Abraham por su deseo de salvar a las naciones.* A causa del pacto con Abraham, el propósito de Dios para la crisis de Israel y el cumplimiento de las promesas debe proveer bendición a las naciones. Por lo tanto, debemos comprender la promesa que Dios hizo a las naciones, cómo la Biblia describe dicha promesa y cómo la promesa prepara el escenario para los eventos de los últimos tiempos.

Cuando Dios inició el plan de redención con Abraham, él deseaba traer salvación a las naciones:

> « *Y la Escritura, previendo que Dios justificaría a los gentiles por la fe, anunció de antemano las buenas nuevas a Abraham, diciendo: En ti serán benditas todas las naciones[109]* » *(Gálatas 3:8).*

Las naciones no fueron una ocurrencia tardía para Dios, y la salvación de los gentiles no fue una idea que surgió ya que Israel había fallado en su llamado y en su pacto. Dios hizo un pacto con Abraham para poder salvar a las naciones. El Nuevo Testamento no es el final de la historia de Israel, sino es el principio de la historia de las naciones. Pablo le recordó a la iglesia en Éfeso (compuesta primordialmente por gentiles), que Dios les tenía en su mente antes de la fundación del mundo:

---

[109] Génesis 12:3.

« Bendito sea el Dios y Padre de nuestro Señor Jesucristo, que nos ha bendecido con toda bendición espiritual en los lugares celestiales en Cristo, según nos escogió en Él antes de la fundación del mundo, para que fuéramos santos y sin mancha delante de Él. En amor nos predestinó para adopción como hijos para sí mediante Jesucristo, conforme al beneplácito de su voluntad » (Efesios 1:3–5).

Los versículos que describen a la Iglesia en los últimos tiempos, nos ayudan a comprender los propósitos de Dios para las naciones y lo que debe suceder antes de que Jesús regrese.

LAS TRES PROMESAS DE ABRAHAM ESTÁN ESTRECHAMENTE UNIDAS

A medida que la historia de redención se desarrolla, también las tres promesas se vuelven interdependientes. Las naciones no pueden recibir el conocimiento ni la salvación, separados de la obra de Dios a través de Israel.[110] Al mismo tiempo, la salvación de Israel depende de un testimonio que obtendrá a través de las naciones.[111] Dios nos ha hizo a *todos* interdependientes, para que *todos* aprendiéramos humildad.

Jesús vino a confirmar (podríamos decir *«a garantizar»*), las promesas hechas a través de los patriarcas judíos, para que los gentiles glorificaran a Dios por su misericordia:

« Pues os digo que Cristo se hizo servidor de la circuncisión para demostrar la verdad de Dios, para confirmar las promesas dadas a los padres, y para que los gentiles glorifiquen a Dios por su misericordia; como está escrito: Por tanto, te confesaré entre los gentiles, y a tu nombre cantaré » (Romanos 15:8–9).

Las promesas de Dios para Israel y las naciones están tan íntimamente conectadas que el plan redentor une a judíos y gentiles, para convertirlos en un solo cuerpo. Pablo llamó al plan de Dios para unir al judío y al gentil, *el misterio de Cristo*:

« Recordad que en ese tiempo estabais separados de Cristo, excluidos de la ciudadanía de Israel, extraños a los pactos de la promesa, sin tener

---

[110] Romanos 9:4–5.

[111] Romanos 10:19–21; 11:11–12, 25–26.

esperanza, y sin Dios en el mundo. Pero ahora en Cristo Jesús, vosotros, que en otro tiempo estabais lejos, habéis sido acercados por la sangre de Cristo. Porque Él mismo es nuestra paz, quien de ambos pueblos hizo uno, derribando la pared intermedia de separación, aboliendo en su carne la enemistad, la ley de los mandamientos expresados en ordenanzas, para crear en sí mismo de los dos un nuevo hombre, estableciendo así la paz, y para reconciliar con Dios a los dos en un cuerpo por medio de la cruz, habiendo dado muerte en ella a la enemistad » (Efesios 2:12–16).

« ...que por revelación me fue dado a conocer el misterio, tal como antes os escribí brevemente. En vista de lo cual, leyendo, podréis comprender mi discernimiento del misterio de Cristo, que en otras generaciones no se dio a conocer a los hijos de los hombres, como ahora ha sido revelado a sus santos apóstoles y profetas por el Espíritu; a saber, que los gentiles son coherederos y miembros del mismo cuerpo, participando igualmente de la promesa en Cristo Jesús mediante el evangelio » (3:3–6).

El plan de Dios para cumplir las promesas de Abraham incluye promesas específicas para Israel, pero también pretende unir al judío y al gentil en un solo cuerpo. Debido a que Israel y los gentiles son una familia en Jesús, significa que recibiremos las promesas que se nos hicieron juntos, como familia, al mismo tiempo.

EL DESEO DE DIOS POR LAS NACIONES

Si bien nadie sabía exactamente cómo Dios salvaría a las naciones, desde el principio la Biblia prometió que Dios tendría un pueblo en Israel y las naciones. Ya que las promesas en el Antiguo y en el Nuevo Testamento se cumplen en el contexto de la Iglesia, estas promesas revelan tanto el plan de Dios para Israel, como su plan para las naciones. *Por lo tanto, las predicciones que los profetas hicieron acerca de un pueblo en las naciones adorando al Dios de Israel, son descripciones de la madurez de la Iglesia en los últimos tiempos.* Al estudiar estas predicciones podemos obtener un esbozo de cómo se verá el cumplimiento de la tercera promesa de Abraham.

Cuando leemos el Antiguo Testamento, podemos percibir el deseo de Dios por las naciones:

« Pero yo mismo he consagrado a mi Rey sobre Sion, mi santo monte. Ciertamente anunciaré el decreto del Señor que me dijo: "Mi Hijo eres tú,

yo te he engendrado hoy. "Pídeme, y te daré las naciones como herencia tuya, y como posesión tuya los confines de la tierra » (Salmos 2: 6–8).

« Dios tenga piedad de nosotros y nos bendiga, y haga resplandecer su rostro sobre nosotros; (Selah) para que sea conocido en la tierra tu camino, entre todas las naciones tu salvación. Te den gracias los pueblos, oh Dios, todos los pueblos te den gracias. Alégrense y canten con júbilo las naciones, porque tú juzgarás a los pueblos con equidad, y guiarás a las naciones en la tierra. (Selah). Te den gracias los pueblos, oh Dios, todos los pueblos te den gracias » (67:1–5).

« Todas las naciones que tú has hecho vendrán y adorarán delante de ti, Señor, y glorificarán tu nombre » (86:9).

"Cantad al Señor un cántico nuevo; cantad al Señor, toda la tierra. Cantad al Señor, bendecid su nombre; proclamad de día en día las buenas nuevas de su salvación. Contad su gloria entre las naciones, sus maravillas entre todos los pueblos » (96:1–3).

« Ellos alzan sus voces, gritan de júbilo; desde el occidente dan voces por la majestad del Señor. Por tanto, glorificad al Señor en el oriente, el nombre del Señor, Dios de Israel, en las costas del mar. Desde los confines de la tierra oímos cánticos: Gloria al Justo » (Isaías 24:14–16).

« He aquí mi Siervo, a quien yo sostengo, mi escogido, en quien mi alma se complace. He puesto mi Espíritu sobre Él; Él traerá justicia a las naciones » (42:1).

« Yo soy el Señor, en justicia te he llamado; te sostendré por la mano y por ti velaré, y te pondré como pacto para el pueblo, como luz para las naciones » (42:6).

« Volveos a mí y sed salvos, todos los términos de la tierra; porque yo soy Dios, y no hay ningún otro » (45:22).

« ...dice Él: Poca cosa es que tú seas mi siervo, para levantar las tribus de Jacob y para restaurar a los que quedaron de Israel; también te haré luz de las naciones, para que mi salvación alcance hasta los confines de la tierra » (49:6).

« Canta de júbilo y alégrate, oh hija de Sion; porque he aquí, vengo, y habitaré en medio de ti —declara el Señor. Y se unirán muchas naciones al Señor aquel día, y serán mi pueblo. Entonces habitaré en medio de ti, y sabrás que el Señor de los ejércitos me ha enviado a ti » (Zacarías 2:10– 11).

« Porque desde la salida del sol hasta su puesta, mi nombre será grande entre las naciones, y en todo lugar se ofrecerá incienso a mi nombre, y ofrenda pura de cereal; pues grande será mi nombre entre las naciones — dice el Señor de los ejércitos » (Malaquías 1:11).

El libro de Jonás es un ejemplo del profundo deseo de Dios por las naciones. Dios envió a Jonás a predicarle a una nación que era perversa y enemiga de Israel, pero Jonás se frustró enormemente porque sabía que Dios deseaba mostrarle misericordia a Asiria :

« Y oró al Señor, y dijo: ¡Ah Señor! ¿No era esto lo que yo decía cuando aún estaba en mi tierra? Por eso me anticipé a huir a Tarsis, porque sabía yo que tú eres un Dios clemente y compasivo lento para la ira y rico en misericordia, y que te arrepientes del mal con que amenazas » (Jonás 4:2).

La última declaración que Dios hizo a Jonás, revela el gran corazón que Dios tiene para los gentiles, aun con los que son considerados como los más perversos:

« Y dijo el Señor: Tú te apiadaste de la planta por la que no trabajaste ni hiciste crecer, que nació en una noche y en una noche pereció, ¿y no he de apiadarme yo de Nínive, la gran ciudad, en la que hay más de ciento veinte mil personas que no saben distinguir entre su derecha y su izquierda, y también muchos animales? » (Jonás 4:10–11).

Aunque el Antiguo Testamento se enfoca primordialmente en la historia de Israel, también deja en claro que Dios tiene en mente a las naciones. Esto se vuelve todavía más claro en el Nuevo Testamento. Cada vez que Jesús comisionó a sus discípulos, él les envió a las naciones:

« Y este evangelio del reino se predicará en todo el mundo como testimonio a todas las naciones, y entonces vendrá el fin » (Mateo 24:14).

« Id, pues, y haced discípulos de todas las naciones, bautizándolos en el nombre del Padre y del Hijo y del Espíritu Santo… » (28:19).

« Pero recibiréis poder cuando el Espíritu Santo venga sobre vosotros; y me seréis testigos en Jerusalén, en toda Judea y Samaria, y hasta los confines de la tierra » (Hechos 1:8).

Pablo describió el gran plan de Dios para salvar a los gentiles y llevarlos a la plenitud:

« ¿O es Dios el Dios de los judíos solamente? ¿No es también el Dios de los gentiles? Sí, también de los gentiles, porque en verdad Dios es uno, el cual justificará en virtud de la fe a los circuncisos y por medio de la fe a los incircuncisos » (Romanos 3:29–30).

« Porque no quiero, hermanos, que ignoréis este misterio, para que no seáis sabios en vuestra propia opinión: que a Israel le ha acontecido un endurecimiento parcial hasta que haya entrado la plenitud de los gentiles » (11:25).

« Pues os digo que Cristo se hizo servidor de la circuncisión para demostrar la verdad de Dios, para confirmar las promesas dadas a los padres, y para que los gentiles glorifiquen a Dios por su misericordia; como está escrito: Por tanto, te confesaré entre los gentiles, y a tu nombre cantaré. Y vuelve a decir: Regocijaos, gentiles, con su pueblo. Y de nuevo: Alabad al Señor todos los gentiles, y alábenle todos los pueblos. Y a su vez, Isaías dice: Retoñará la raíz de Isaí, el que se levanta a regir a los gentiles; los gentiles pondrán en Él su esperanza » (15:8–12).

La Iglesia: Un testigo de otro reino

Ya que nuestra ciudadanía está en el cielo,[112] Pablo describió a la iglesia como *«embajadores».* La analogía que Pablo hace diciendo que la Iglesia está conformada por embajadores, es una de las mejores maneras de entender el reino de Dios en esta era.

Cada iglesia en las naciones es una embajada de otro reino. Vivimos en los reinos de este mundo, pero representamos un reino de otro mundo. De la misma manera en la que la embajada de un país no es la plenitud de

---

[112] 2 Corintios 5:20; Efesios 6:20; Filipenses 3:20.

ese país sino una representación del mismo, así también la Iglesia en este tiempo no es la plenitud del reino, pero apunta al reino venidero.

La Iglesia en este siglo no es la plenitud del reino, pero cada iglesia es una expresión válida del reino. Cuando las personas llegan a la iglesia, experimentan los valores y el poder del reino al que la Iglesia apunta. Nuestra tarea en este era es construir el mayor número de «embajadas» que podamos, que representen al reino venidero.

En esta era, la iglesia es el lugar donde las personas pueden probar el reino venidero. Es la provisión que Dios ha hecho para las naciones durante los últimos tiempos. A través de la Iglesia, las naciones experimentarán el poder del reino venidero, serán invitadas a resistir al Anticristo, y declarar su fidelidad al Rey que vendrá.

LA IGLESIA DE LOS ÚLTIMOS TIEMPOS SERÁ UNA IGLESIA MADURA

Pablo predijo que la actividad de Dios sobre las naciones produciría una Iglesia madura:

> « *Y Él dio a algunos el ser apóstoles, a otros profetas, a otros evangelistas, a otros pastores y maestros, a fin de capacitar a los santos para la obra del ministerio, para la edificación del cuerpo de Cristo; hasta que todos lleguemos a la unidad de la fe y del conocimiento pleno del Hijo de Dios, a la condición de un hombre maduro, a la medida de la estatura de la plenitud de Cristo* » (Efesios 4:11–13).

La predicción de Pablo es profunda: la Iglesia alcanzará el conocimiento de Dios, llegará a la madurez y a la medida de la estatura de la plenitud de Cristo. Esto es lo que debemos lograr antes de que Jesús regrese. Es la razón por la que Cristo murió:

> "*Maridos, amad a vuestras mujeres, así como Cristo amó a la iglesia y se dio a sí mismo por ella, para santificarla, habiéndola purificado por el lavamiento del agua con la palabra, a fin de presentársela a sí mismo, una iglesia en toda su gloria, sin que tenga mancha ni arruga ni cosa semejante, sino que fuera santa e inmaculada* » (Efesios 5:25–27).

Pablo identificó algunas cosas que el sufrimiento de Jesús le proveería a la Iglesia. La palabra *santificar* significa *apartar para un propósito especial* e incluye el concepto de santidad. La obra de Jesús limpia a la Iglesia. De la misma forma en que los Israelitas de antaño se lavaban ceremonialmente para poder acercarse a Dios, las palabras de Jesús limpian a la Iglesia. Jesús se compromete a presentar a la Iglesia vestida en esplendor, sin mancha, ni arruga ni imperfección alguna.

Pablo usó la analogía del matrimonio para describir la relación de Jesús y la Iglesia. Jesús llevará a la Iglesia a madurez porque murió para poder tener una Iglesia santa y sin mancha. Juan el bautista usó esta misma analogía cuando describió a Jesús como el novio y usó lenguaje nupcial para describir su ministerio de preparar al pueblo para Jesús:

« El que tiene la novia es el novio, pero el amigo del novio, que está allí y le oye, se alegra en gran manera con la voz del novio. Y por eso, este gozo mío se ha completado » (John 3:29).

Cuando pensamos en una novia y en una boda, pensamos en una mujer hermosa y madura que se ha esforzado en ser atractiva para su novio. Lo mismo se aplica para la Iglesia. Jesús murió para que la Iglesia pueda ser madura y hermosa, una compañera adecuada para él. Como resultado, la analogía del matrimonio es usada en todo el Nuevo Testamento para describir la condición final de la Iglesia:

"Según nos escogió en Él antes de la fundación del mundo, para que fuéramos santos y sin mancha delante de Él. En amor . . . » (Efesios 1:4).

« Porque celoso estoy de vosotros con celo de Dios; pues os desposé a un esposo para presentaros como virgen pura a Cristo » (2 Corintios 11:2).

« ...sin embargo, ahora El os ha reconciliado en su cuerpo de carne, mediante su muerte, a fin de presentaros santos, sin mancha e irreprensibles delante de Él, » (Colosenses 1:22).

« A Él nosotros proclamamos, amonestando a todos los hombres, y enseñando a todos los hombres con toda sabiduría, a fin de poder presentar a todo hombre perfecto en Cristo » (1:28).

« Regocijémonos y alegrémonos, y démosle a El la gloria,
porque las bodas del Cordero han llegado y su esposa se ha preparado.
Y a ella le fue concedido vestirse de lino fino, resplandeciente y limpio,
porque las acciones justas de los santos son el lino fino. Y el ángel me dijo:
Escribe: "Bienaventurados los que están invitados a la cena de las bodas

del Cordero." Y me dijo: Estas son palabras verdaderas de Dios » (Apocalipsis 19:7–9).

Como recompensa por su sufrimiento, el Padre desea darle a su Hijo una novia formada de gente de todas las naciones. Por esa razón, el Padre madurará a la Iglesia hasta que se vuelva una novia hermosa para su Hijo. El final de la era es un tiempo en el que la Iglesia alcanzará plena madurez y estará lista para unirse con Jesús por siempre. Y es por esto, que la Biblia compara el regreso de Jesús con la celebración de una gran boda.

No es causalidad que Jesús haya realizado su primer milagro en una boda, y la respuesta de la gente al milagro es una declaración profética para nosotros. Lo mejor de Dios aún está por venir:

« Y le dijo: Todo hombre sirve primero el vino bueno, y cuando ya han tomado bastante, entonces el inferior; pero tú has guardado hasta ahora el vino bueno » (Juan 2:10).

Jesús no regresará por una novia que esté en modo supervivencia. El regresará por una Iglesia madura a la cual los poderes del infierno no puedan detener:

« Yo también te digo que tú eres Pedro, y sobre esta roca edificaré mi iglesia; y las puertas del Hades no prevalecerán contra ella » (Mateo 16:18).

Todo esto es parte de lo que significa que las naciones serán bendecidas. Hemos desestimado la gloria que Dios pondrá sobre la Iglesia. La Biblia incluso promete que cuando veamos a Jesús seremos como él.

« ...el cual transformará el cuerpo de nuestro estado de humillación en conformidad al cuerpo de su gloria, por el ejercicio del poder que tiene aun para sujetar todas las cosas a sí mismo » (Filipenses 3:21).

« Y fue para esto que Él os llamó mediante nuestro evangelio, para que alcancéis la gloria de nuestro Señor Jesucristo » (2 Tesalonicenses 2:14).

"Amados, ahora somos hijos de Dios y aún no se ha manifestado lo que habremos de ser. Pero sabemos que cuando Él se manifieste, seremos semejantes a Él porque le veremos como Él es » (1 Juan 3:2).

No importa cuánta inmadurez veamos en la Iglesia el día de hoy, la Biblia promete que una Iglesia madura surgirá. La Iglesia va a volverse tan gloriosa que será vestida con una gloria similar a la misma gloria de Jesús y se volverá una compañera perfecta para él por toda la eternidad. La Iglesia está hecha de judíos y gentiles, así que esta es una promesa para todos los pueblos de la tierra, pero tiene implicaciones profundas para la Iglesia en las naciones.

El Antiguo Testamento predijo que vendría el día en el que todo Israel sería salvo y las naciones serían bendecidas, pero el Nuevo Testamento le da un nuevo enfoque a esa promesa. Israel será salva como nación, pero un remanente salvo también debe salir de todo pueblo y nación para que pueda venir el fin.[113] Este pueblo (tanto judío como gentil), será un pueblo maduro cuando Jesús regrese.

La Iglesia de los últimos tiempos será profundamente fiel a Jesús y vivirá con la enorme expectativa su regreso.

> *« Ellos lo vencieron por medio de la sangre del Cordero y por la palabra del testimonio de ellos, y no amaron sus vidas, llegando hasta sufrir la muerte »* (Apocalipsis 12:11).

> *« Vi también como un mar de cristal mezclado con fuego, y a los que habían salido victoriosos sobre la bestia, sobre su imagen y sobre el número de su nombre, en pie sobre el mar de cristal, con arpas de Dios. Y cantaban el cántico de Moisés, siervo de Dios, y el cántico del Cordero, diciendo: ¡Grandes y maravillosas son tus obras, oh Señor Dios, Todopoderoso! ¡Justos y verdaderos son tus caminos, oh Rey de las naciones! ¡Oh Señor! ¿Quién no temerá y glorificará tu nombre? Pues sólo tú eres santo; porque TODAS LAS NACIONES VENDRÁN Y ADORARÁN EN TU PRESENCIA, pues tus justos juicios han sido revelados »* (Apocalipsis 15:2–4).

Daniel también describió la madurez de la Iglesia de los últimos tiempos:

> *« Con halagos hará apostatar a los que obran inicuamente hacia el pacto, mas el pueblo que conoce a su Dios se mostrará fuerte y actuará. Y los entendidos entre el pueblo instruirán a muchos; sin embargo,*

---

[113] Apocalipsis 5:9; 7:9.

durante muchos días caerán a espada y a fuego, en cautiverio y despojo » (Daniel 11:32–33),

« *Los entendidos brillarán como el resplandor del firmamento, y los que guiaron a muchos a la justicia, como las estrellas, por siempre jamás »* (12:3).

La Iglesia al final de los días será un pueblo que conocerá a su Dios, se mantendrá firme ante el Anticristo, y tomará «acción». Instruirá a mucha gente y le hará entender la Palabra de Dios. Guiará «a muchos a la justicia». Aunque la Iglesia de los últimos tiempos será perseguida por el Anticristo, a Daniel se le dijo que sería una Iglesia misional, madura y que influenciaría a muchos para que se volvieran a la justicia.

Cuando resumimos lo que la Biblia dice acerca de la Iglesia en el fin de la era, vemos una figura vívida de lo que Dios va a hacer en las naciones. La Iglesia de los últimos tiempos será una novia madura, estará profundamente enamorada de Jesús, le adorará por sus obras portentosas aun en medio de gran tribulación; le será fiel a Jesús hasta la muerte, será una influencia activa en la tierra y seguirá llamando a otros a rectitud. Esta predicción no está limitada solamente a una parte del Cuerpo. Se nos dice que será la condición de la Iglesia en todo lugar de la tierra antes de que el Señor regrese:

« *Después de esto miré, y vi una gran multitud, que nadie podía contar, de todas las naciones, tribus, pueblos y lenguas, de pie delante del trono y delante del Cordero, vestidos con vestiduras blancas y con palmas en las manos. . . . Estos son los que vienen de la gran tribulación, y han lavado sus vestiduras y las han emblanquecido en la sangre del Cordero »* (Apocalipsis 7: 9, 14).

Ninguna de estas predicciones minimiza las grandes pruebas, la persecución, el sufrimiento, los conflictos y las dificultades que la Iglesia enfrentará. La Biblia predice que en los postreros días, muchos creyentes perderán sus vidas por causa de su fidelidad a Jesús. Sin embargo, el sufrimiento y la fidelidad hasta la muerte no son señales de una Iglesia débil; son indicadores de una Iglesia madura, apasionada, fuerte y capaz de permanecer firme ante el líder más perverso en la historia de la humanidad.

LA IGLESIA MADURARÁ EN TIEMPOS DE GLORIA Y CRISIS

Para nosotros resulta casi imposible saber todo lo que estaba en la mente y corazón de Dios al darle la promesa a Abraham, de bendecir a las naciones (Génesis 12:3). Esa bendición se ha descrito a través de la historia, y se terminará de cumplir antes de que llegue el fin. *Así como difícilmente podemos imaginar la gloria de la salvación de Israel, tampoco podemos imaginar la gloria que vendrá sobre la iglesia madura.*

Los últimos tiempos son tiempos de gloria en los que, a medida que la Iglesia madura, también se torna en un tiempo de crisis como nunca antes, ya que el Anticristo entrará a la escena de la historia humana. Para poder tener una mejor idea de los últimos tiempos, no podemos ignorar ninguno de estos temas.

Hemos subestimado la gloria de la Iglesia madura de los últimos tiempos. Cuando hacemos esto, perdemos de vista lo que la Biblia dice acerca de ello; el Anticristo empieza a dominar nuestra mente y el temor llena nuestro corazón haciendo que dejemos detener fe en lo que Dios hará en medio esos días. Esto explica la razón por la cual hemos examinado lo que la Biblia dice acerca de la Iglesia de los últimos tiempos.

Otras personas se enfocan solamente en la Iglesia y no consideran sobriamente lo que la Biblia dice acerca de la crisis final. Será un tiempo de angustia como nunca antes. Cuando pensamos en las crisis más grandes de la historia, ninguna se compara con lo que viene; la crisis final las superará en magnitud e intensidad. Los profetas utilizaron un lenguaje dramático para describir lo que sucedería y para que pudiéramos estar preparados para ese día. No podemos ignorar ni minimizar lo que la Biblia dice:

« …y se aterrarán; dolores y angustias se apoderarán de ellos, como mujer de parto se retorcerán; se mirarán el uno al otro con asombro, rostros en llamas serán sus rostros" (Isaías 13:8).

« Por esta razón mis lomos están llenos de angustia; dolores se han apoderado de mí como dolores de mujer de parto. Estoy tan confundido que no oigo, tan aterrado que no veo » (Isaías 21:3).

« Preguntad ahora, y ved si da a luz el varón. ¿Por qué veo a todos los hombres con las manos sobre sus lomos, como mujer de parto y se han puesto pálidos todos los rostros? "¡Ay! porque grande es aquel día, no hay

otro semejante a él; es tiempo de angustia para Jacob, mas de ella será librado » (Jeremías 30:6–7),

« En aquel tiempo se levantará Miguel, el gran príncipe que vela sobre los hijos de tu pueblo. Será un tiempo de angustia cual nunca hubo desde que existen las naciones hasta entonces; y en ese tiempo tu pueblo será librado, todos los que se encuentren inscritos en el libro » (Daniel 12:1).

"¡Ay de los que ansían el día del Señor! ¿De qué os servirá el día del Señor? Será tinieblas, y no luz » (Amós 5:18).

« Día de ira aquel día, día de congoja y de angustia, día de destrucción y desolación, día de tinieblas y lobreguez, día nublado y de densa oscuridad, día de trompeta y grito de guerra contra las ciudades fortificadas y contra los torreones de las esquinas » (Sofonías 1:15–16).

« ...porque habrá entonces una gran tribulación, tal como no ha acontecido desde el principio del mundo hasta ahora, ni acontecerá jamás » (Mateo 24:21).

« Por lo cual regocijaos, cielos y los que moráis en ellos. ¡Ay de la tierra y del mar!, porque el diablo ha descendido a vosotros con gran furor, sabiendo que tiene poco tiempo » (Apocalipsis 12:12).

No podemos suavizar lo impactante de estos versículos. Lo que vendrá está más allá de cualquier otra crisis que se haya experimentado hasta ahora en la historia de la humanidad. Será el conflicto final entre Dios y sus enemigos, debido la salvación y restauración de la tierra.

Sin embargo, en medio de la crisis, Dios contará con un pueblo. Estarán maduros y sin ofensa; conocerán a su Dios, tendrán entendimiento de la crisis de los últimos tiempos, permanecerán firmes y tomarán acción.

Los últimos tiempos estarán llenos de confusión sin precedentes, pero al mismo tiempo, será el momento perfecto para hacer misiones. La Iglesia no solamente estará resistiendo la actividad del enemigo; sino que la Iglesia estará activa haciendo la obra de Dios. *El evangelio se expandirá aún durante el reino del Anticristo.*

LA GRAN COSECHA FINAL EN LAS NACIONES

La promesa de Dios a las naciones se cumplirá con una gran cosecha que impactará a todos los pueblos. *La salvación de las naciones, así como la salvación de la nación de Israel son eventos claves asociado al regreso del Señor y predichos vez tras vez en el libro de Apocalipsis:*

> *« y cantaban un nuevo cántico, diciendo: Digno eres de tomar el libro y de abrir sus sellos; porque tú fuiste inmolado, y con tu sangre nos has redimido para Dios, de todo linaje y lengua y pueblo y nación; » (5:9).*

> *« Después de esto miré, y he aquí una gran multitud, la cual nadie podía contar, de todas naciones y tribus y pueblos y lenguas, que estaban delante del trono y en la presencia del Cordero, vestidos de ropas blancas, y con palmas en las manos » (7:9).*

> *« Vi volar por en medio del cielo a otro ángel, que tenía el evangelio eterno para predicarlo a los moradores de la tierra, a toda nación, tribu, lengua y pueblo » (14:6).*

> *« ¿Quién no te temerá, oh Señor, y glorificará tu nombre? pues sólo tú eres santo; por lo cual todas las naciones vendrán y te adorarán, porque tus juicios se han manifestado » (15:4).*

Estos versículos son evidencia de la gran cosecha que ocurrirá en las naciones antes de que Jesús regrese. Revelan que el evangelio será predicado a todas las naciones hasta el día en que el Señor regrese, aún durante los últimos tiempos. Esto significa que las misiones estarán activas aun durante el reinado del Anticristo.

EL ALCANCE DE LA COSECHA DE LOS ÚLTIMOS TIEMPOS

La Escritura anticipa múltiples veces una cosecha en las naciones, pero el libro de Apocalipsis es el único libro que nos muestra los resultados de esa cosecha, ya que la cosecha final vendrá durante los días finales.[114] Apocalipsis 7 describe el alcance del avivamiento final, el cual es parte de la promesa que Dios le hizo a las naciones:

> *« Después de esto miré, y he aquí una gran multitud, la cual nadie podía contar, de todas naciones y tribus y pueblos y lenguas, que estaban delante del trono y en la presencia del Cordero, vestidos de ropas blancas, y con palmas en las manos; y clamaban a gran voz, diciendo: La salvación pertenece a nuestro Dios que está sentado en el trono, y al Cordero . . . Entonces uno de los ancianos habló, diciéndome: Estos que están vestidos de ropas blancas, ¿quiénes son, y de dónde han venido? Yo le dije: Señor, tú lo sabes. Y él me dijo: Estos son los que han salido de la gran tribulación, y han lavado sus ropas, y las han emblanquecido en la sangre del Cordero »* (vv. 9–10, 13–14).

El anciano le hizo a Juan una pregunta: « ¿Quiénes son estas personas y de dónde vienen? », Para comunicarle a Juan que el momento del cumplimiento de esta visión era importante. Así es como se verá la Iglesia en la última generación, y los detalles de la visión fueron dados para que pudiéramos entender la condición de la Iglesia en los últimos tiempos. La mayoría de comentaristas bíblicos creen que estos son los mártires de la gran tribulación, pero, ya sea que los que Juan vio hayan sido los mártires de la gran tribulación o la Iglesia entera, el mensaje es profundo.

Juan vio un gran número de gente, una multitud que nadie podía contar. Muchas personas tienden a asumir que la Iglesia al final de los tiempos apenas y estará sobreviviendo, pero Juan vio algo completamente diferente. No podemos saber exactamente qué tan grande será la Iglesia en ese tiempo, ni si quiera el porcentaje total que representará con respecto a la población mundial, pero claramente se entiende que el número es sustancial. A modo de comparación, en Apocalipsis 9:16, Juan describió un ejército de doscientos millones, así que el hecho de que nadie puede contar esta multitud significa que se trata de un grupo increíblemente grande de personas.

Juan no solo vio una Iglesia enorme, también vio una Iglesia conformada por personas de toda tribu y lengua. Esto significa que

---

[114] Apocalipsis 5:9; 7:9.

habrá una Iglesia madura en todos los pueblos de la tierra. Cuando Dios cumpla su promesa a las naciones, cada pueblo y nación será representada.

Algo tremendo debe suceder para provocar la multitud que Juan vio. Este tipo de Iglesia debe ser el resultado de una gran cosecha; una cosecha que va más allá de lo que hayamos visto hasta ese entonces. Esta es una predicción de que un gran avivamiento se desatará en toda la tierra y tocará a todos los pueblos; resultando en una inmensa cosecha en las naciones.

También se nos dice que este avivamiento será tan significativo que hará que uno de los enemigos más grandes de Israel se vuelva completamente a Jesús y colabore con sus propósitos divinos. Por ejemplo, Isaías 19 predice una transformación dramática en naciones que históricamente han sido enemigas de Israel:

> « *En aquel tiempo Israel será tercero con Egipto y con Asiria para bendición en medio de la tierra; porque Jehová de los ejércitos los bendecirá diciendo: Bendito el pueblo mío Egipto, y el asirio obra de mis manos, e Israel mi heredad* » *(vv. 24–25).*

Resulta todavía más impresionante el hecho de que esta cosecha ocurrirá durante el reino del Anticristo.

El lenguaje que apunta a una cosecha está plasmado en todo el Nuevo Testamento. Reconocer este lenguaje y cómo los autores del Nuevo Testamento lo usaron, es clave para entender la predicción que la Biblia hace sobre una cosecha final.

Juan el bautista describió a Jesús como Aquel que recogería la cosecha del mundo:[115]

> « *Su aventador está en su mano, y limpiará su era; y recogerá su trigo en el granero, y quemará la paja en fuego que nunca se apagará* » *(Mateo 3:12).*

Jesús describió su segunda venida como el tiempo de la cosecha:[116]

---

115 Ver también Lucas 3:17.

116 Ver también Marcos 4:26–29.

« *Les refirió otra parábola, diciendo: El reino de los cielos es semejante a un hombre que sembró buena semilla en su campo; pero mientras dormían los hombres, vino su enemigo y sembró cizaña entre el trigo, y se fue. Y cuando salió la hierba y dio fruto, entonces apareció también la cizaña. Vinieron entonces los siervos del padre de familia y le dijeron: Señor, ¿no sembraste buena semilla en tu campo? ¿De dónde, pues, tiene cizaña? Él les dijo: Un enemigo ha hecho esto. Y los siervos le dijeron: ¿Quieres, pues, que vayamos y la arranquemos? Él les dijo: No, no sea que al arrancar la cizaña, arranquéis también con ella el trigo. Dejad crecer juntamente lo uno y lo otro hasta la siega; y al tiempo de la siega yo diré a los segadores: Recoged primero la cizaña, y atadla en manojos para quemarla; pero recoged el trigo en mi granero* » (Mateo 13:24–30).

Jesús también uso una analogía de pesca para describir el fin de la era. Él describió el final de los días como el tiempo en que las redes estarían llenas y los peces de *«la cosecha»* serían atrapados, tanto los buenos como los malos:

"*Asimismo el reino de los cielos es semejante a una red, que echada en el mar, recoge de toda clase de peces; y una vez llena, la sacan a la orilla; y sentados, recogen lo bueno en cestas, y lo malo echan fuera. Así será al fin del siglo: saldrán los ángeles, y apartarán a los malos de entre los justos* » (Mateo 13:47–49).

El libro de Apocalipsis también utiliza el mismo lenguaje de cosecha:

« *Y miré, y he aquí una nube blanca, y sentado en la nube estaba uno semejante a hijo de hombre, que tenía en la cabeza una corona de oro, y en la mano una hoz afilada. Entonces salió del templo otro ángel clamando a gran voz al que estaba sentado en la nube: Mete tu hoz y siega, porque la hora de segar ha llegado, pues la mies de la tierra está madura. Y el que estaba sentado en la nube blandió su hoz sobre la tierra, y la tierra fue segada. Salió otro ángel del templo que está en el cielo, que también tenía una hoz afilada. Y otro ángel, el que tiene poder sobre el fuego, salió del altar; y llamó a gran voz al que tenía la hoz afilada, diciéndole: Mete tu hoz afilada y vendimia los racimos de la vid de la tierra, porque sus uvas están maduras. El ángel blandió su hoz sobre la tierra, y vendimió los racimos de la vid de la tierra y los echó en el gran lagar del furor de*

Dios. ²*Y el lagar fue pisado fuera de la ciudad, y del lagar salió sangre que subió hasta los frenos de los caballos por una distancia como de trescientos veinte kilómetros »* (14:14–20).

En estas analogías, el final de la era es la gran cosecha para ambos: justos y malvados. Cuando descuidamos cualquiera de las cosechas, terminamos con un panorama incompleto de los últimos tiempos. En la misma generación, la iglesia llegará a la plenitud y la maldad alcanzará su clímax. Esto hará de los últimos tiempos un momento como ningún otro en la historia.

EL CICLO AGRÍCOLA DE ISRAEL: UNA PREDICCIÓN DE LA COSECHA FINAL

Cuando los autores de la Biblia usaron lenguaje de cosecha, tenían en mente el ciclo agrícola de Israel. Conocer dicho ciclo nos ayuda a entender por qué esperaban una cosecha grande para el fin de los tiempos. Este ciclo empezaba en el otoño, lo llamaban *lluvias tempranas*. Estas lluvias acababan con la sequía del verano y producían una cosecha de nueces y frutas. La primera cosecha servía para sustentar al pueblo, mientras que las lluvias tempranas suavizaban la tierra, de manera que pudiera ser trabajada para producir una segunda cosecha. Después de las lluvias tempranas, los granjeros labraban la tierra y la preparaban para una segunda temporada de lluvias y un segundo tiempo de cosecha.

En la primavera, esta segunda ola de lluvias, conocidas como *lluvias tardías*[117] regaban el suelo. Eran lluvias más intensas que las primeras y eran muy importantes porque preparaban los principales campos para la cosecha. Este era el momento en que se cosechaban los alimentos básicos como el trigo y la cebada.

Las dos lluvias y las dos cosechas estaban conectadas. Sin las lluvias tempranas no había alimento para sustentar al pueblo y el suelo no podía prepararse para el trabajo subsecuente. Sin las lluvias tempranas las lluvias tardías caían en terreno duro y seco; así que lo destruían todo. Las lluvias tardías dependían de las lluvias tempranas, pero las lluvias tardías eran mucho más fuertes y producían una cosecha más

---

[117] De aquí es donde obtenemos el término *lluvia tardía*.

grande. La cosecha más grande marcaba el final de la temporada de crecimiento.

La frase bíblica *primicias de los frutos* se usa para referirse a la primera parte de la cosecha después de las lluvias tempranas. Pablo usó esta metáfora para describir el don del Espíritu que en la actualidad disfrutamos, comparado con lo que disfrutaremos cuando tengamos cuerpos resucitados y recibamos todos los beneficios de la salvación. Pablo describió lo que actualmente tenemos como *primicias* o *la primera cosecha*, y él esperaba que viniera una subsecuente y más grande cosecha llamada *cosecha tardía* en el momento de la resurrección, lo cual ocurrirá cuando regrese el Señor.[118]

> « *Y no sólo ella, sino que también nosotros mismos, que tenemos las primicias del Espíritu, aun nosotros mismos gemimos en nuestro interior, aguardando ansiosamente la adopción como hijos, la redención de nuestro cuerpo* » *(Romanos 8:23).*

Los apóstoles usaron el ciclo de cosecha de Israel para describir lo que Dios estaba haciendo en su generación, esto revela la expectativa de una gran cosecha futura que ocurriría al final de la era, cuando la Iglesia llegara a su completa madurez. Por ejemplo, tanto Pablo como Santiago hicieron referencia a la Iglesia primitiva como *primicias* de la cosecha que vendría:

> « *Pero nosotros siempre tenemos que dar gracias a Dios por vosotros, hermanos amados por el Señor, porque Dios os ha escogido desde el principio para salvación mediante la santificación por el Espíritu y la fe en la verdad* » *(2 Tesalonicenses 2:13).*

> « *En el ejercicio de su voluntad, Él nos hizo nacer por la palabra de verdad, para que fuéramos las primicias de sus criaturas* » *(Santiago 1:18).*

La Iglesia primitiva entendía que la lluvia del Espíritu en su generación era una *«lluvia temprana»* que había producido una *«primera cosecha»* (primicias) y que la lluvia tardía traería una segunda (y más grande) cosecha. La idea de una primera cosecha sin una más grande

---

[118] 1 Corintios 15:23; 1 Tesalonicenses 4:16–18.

segunda cosecha, o una lluvia temprana sin una lluvia tardía más fuerte, hubiera sido muy confusa para la Iglesia primitiva.

Su entendimiento del plan de Dios era simple: el derramamiento del Espíritu Santo en Hechos 2 fue una lluvia temprana para ablandar el terreno y permitir que la Iglesia trabajara la tierra. Sin embargo, esa lluvia no fue la lluvia final. La labor de la Iglesia era preparar a las naciones para una gran lluvia venidera que resultaría en una gran cosecha en la tierra, misma que sucedería al final de los tiempos.

LA EXPECTATIVA DE COSECHA DE LOS APÓSTOLES

Para poder interpretar correctamente lo que los apóstoles creían acerca de los últimos tiempos, es muy importante entender el ciclo agrícola de Israel. Este ciclo de cosecha es la llave que abre el entendimiento del libro de Hechos, y sus implicaciones para el movimiento de Dios en los últimos tiempos.

La perspectiva que Pedro tenía acerca de la cosecha hizo que describiera el derramamiento del Espíritu como una manifestación de la profecía de Joel:

« *...sino que esto es lo que fue dicho por medio del profeta Joel: Y sucederá en los últimos días —dice Dios—que derramaré de mi Espíritu sobre toda carne; y vuestros hijos y vuestras hijas profetizarán, vuestros jóvenes verán visiones, y vuestros ancianos soñarán sueños* » (Hechos 2:16–17).

Joel predijo un derramamiento del Espíritu Santo acompañado por la liberación de Israel y dramáticas señales del fin. Ninguna de estas cosas ocurrió durante la generación de Pedro, y aun así Pedro vio una conexión entre Hechos 2 y la profecía de Joel 2:23 :

« *Hijos de Sion, regocijaos y alegraos en el Señor vuestro Dios; porque Él os ha dado la lluvia temprana para vuestra vindicación, y ha hecho descender para vosotros la lluvia, la lluvia temprana y la tardía como en el principio* ».

En Joel 2:23, el profeta recordó a sus lectores que el Señor envió lluvia abundante en forma de *lluvia temprana* y *lluvia tardía*, ambas con sus respectivas cosechas. Pedro reconoció lo que sucedió en Hechos 2 como una lluvia temprana y una primera cosecha de lo que vendría. Lo que pasó en el libro de Hechos estaba directamente relacionado al cumplimiento de la profecía de Joel, ya que inició con el derramamiento del Espíritu Santo y produjo una cosecha tanto en Israel como en los gentiles.

Sin embargo, queda claro que los eventos en el libro de Hechos no fueron el cumplimiento de todo lo que Joel profetizó. Justo como Joel profetizó, debe haber una lluvia temprana y una lluvia tardía. La clave para entender cómo Pedro conectó el día de Pentecostés con la profecía de Joel, es darse cuenta de que Pedro entendió Pentecostés como una lluvia temprana que apuntaba a una lluvia tardía mucho más fuerte.

El libro de Joel y el libro de Hechos se interpretan el uno al otro. El libro de Joel habla de la *lluvia temprana*, pero se enfoca esencialmente en el derramamiento del Espíritu Santo que sucederá durante los juicios de Dios en los últimos tiempos. Por otro lado, el libro de los Hechos es lo opuesto. Habla del derramamiento del Espíritu Santo durante los juicios de los últimos tiempos, pero se enfoca esencialmente en las *lluvias tempranas* y la primera cosecha de la Iglesia.

Así como las lluvias tempranas producen una cosecha más pequeña y preparan la tierra para recibir la lluvia tardía; de la misma manera la obra que Dios inició en el libro de Hechos, ha producido una cosecha en las naciones y las ha preparado para recibir las lluvias tardías más grandes. Sin embargo, la cosecha de Dios en las naciones esta incompleta hasta que la lluvia postrera, —que será más grande que la de Hechos 2— caiga, y produzca una cosecha mucho mayor a lo que experimentó la Iglesia del primer siglo.

Usando el calendario agrícola de Israel como una analogía, podemos decir que la obra de Dios en el Antiguo Testamento fue como el verano árido de Israel. Ese verano seco terminó cuando llegaron las lluvias tempranas del Espíritu, las cuales produjeron una primera cosecha. Esto es lo que inició en el día de Pentecostés. Se inauguró una temporada de siembra y cosecha (de manera general Pedro se refirió a esto como *los últimos días*), temporada que guiaría al momento en que Dios desatará las *lluvias tardías y* traerá la gran cosecha para madurarla.

Para resumir la obra de Dios en el periodo de tiempo entre la primera y la segunda venida de Jesús, Santiago utilizó la ilustración de *lluvias tempranas y tardías, y primera y segunda cosecha.*

« Por tanto, hermanos, sed pacientes hasta la venida del Señor. Mirad cómo el labrador espera el fruto precioso de la tierra, siendo paciente en ello hasta que recibe la lluvia temprana y la tardía » (Santiago 5:7).

En este momento vivimos después de la lluvia temprana, pero antes de la lluvia tardía. Somos llamados a trabajar en las naciones para prepararlas para la lluvia tardía y la gran cosecha. El libro de Hechos describe la lluvia temprana y la cosecha, también da una figura de lo que será la cosecha final. El libro de Hechos describe un derramamiento del Espíritu sobre una región, pero el derramamiento del Espíritu Santo durante los últimos tiempos, será global. El libro de Hechos describe una cosecha local de judíos y gentiles en el imperio romano, pero el avivamiento final producirá una cosecha mundial de toda tribu y legua.

El libro de Hechos es un patrón que podemos usar para entender lo que la Biblia predice acerca del avivamiento final. Las lluvias tempranas durante el Pentecostés no cumplieron la profecía de Joel en su totalidad, sin embargo, sí son parte de la profecía de Joel sobre la lluvia temprana. Hechos 2 es una pequeña sombra del futuro derramamiento del Espíritu Santo que cumplirá Joel 2.

El derramamiento del Espíritu fue garantía de que las lluvias tardías vendrían. Si la ascensión de Jesús al cielo produjo lluvias tempranas y una primera cosecha, cuánto más serán provocadas las lluvias tardías y la gran cosecha por su regreso a la tierra. La labor de la Iglesia durante dos mil años puede compararse a la labor de un agricultor preparando la tierra para la cosecha. Así como la lluvia temprana en el antiguo Israel permitía que los campesinos trabajaran para la gran cosecha, también el derramamiento del Espíritu Santo que disfrutamos ahora nos habilita para trabajar para la gran cosecha venidera.

En repetidas ocasiones la Biblia describe los últimos tiempos como como la temporada para recoger la cosecha de la tierra.Gracias a la reciente explosión demográfica, fácilmente un avivamiento global podría producir más cristianos en la tierra de los que hay en el cielo. Eso hace que los pasajes que describen a Dios recogiendo una cosecha final de su pueblo, tengan sentido. *Desafortunadamente, algunas personas en la Iglesia han percibido los últimos tiempos, como un tiempo de dificultad insuperable, pero bíblicamente también es un tiempo de cosecha.*

Ni siquiera la salvación total de Israel vendrá antes de que la plenitud (cosecha) de los gentiles (las naciones) sea alcanzada:

« Porque no quiero, hermanos, que ignoréis este misterio, para que no seáis sabios en vuestra propia opinión: que a Israel le ha acontecido un endurecimiento parcial hasta que haya entrado la plenitud de los gentiles » (Romanos 11:25).

Para comprender correctamente los últimos tiempos, debemos entender que se trata de un tiempo de cosecha. En este tiempo no solo Israel vendrá a salvación, sino que también se recogerá la cosecha de todas las naciones.

SEÑALES Y PRODIGIOS EN LOS ÚLTIMOS TIEMPOS

Como vimos antes, la Biblia predice un segundo Éxodo, un tiempo en el que Dios libera poderosamente a su pueblo y hace algo tan dramático que provoca que las personas ya no se refiera a Él como el Dios del Éxodo.[119] Si Dios va a desatar su poder sobre las naciones para defender a Israel de una forma que excederá lo que hizo en el éxodo, significa que existen implicaciones muy importantes sobre la forma en la que entendemos lo que Dios hará por y a través de su pueblo.

Jesús ha reunido a judíos y gentiles en un solo cuerpo e injertado a los gentiles en Israel.[120] Por lo tanto, cuando Dios desate su poder en los últimos tiempos, esto impactará a cada parte del Cuerpo de Cristo. La promesa de un segundo éxodo da a entender que todo el pueblo de Dios, (tanto judío como gentil), experimentará una manifestación sin precedentes del poder de Dios.

En el éxodo, Dios mostró su control absoluto sobre la creación, y en el proceso, destruyó al imperio más poderoso de la tierra. Es difícil para nosotros imaginarnos los eventos del éxodo, pero la Biblia nos dice que la actividad de Dios en los últimos días será tan grande que ya no se podrá comparar al éxodo. *En el antiguo éxodo, Dios desató su poder a favor de su pueblo, él también desatará su poder en los últimos tiempos a favor de su pueblo.* En el libro de Hechos, a medida que la oposición se incrementaba contra el evangelio, Dios desataba su poder sobrenatural

---

[119] Isaías 4:5; 11:11–12, 16; 64:1–3; Jeremías 16:14; 23:6–7.

[120] Romanos 11:17; Efesios 2:12–13.

para hacer avanzar el evangelio. Este es un patrón que nos ayuda a entender a la Iglesia de los últimos tiempos. *Si Dios desató un poder anormal para establecer a la Iglesia en medio de la posición romana, ¿cuánto más desatará su poder sobre la Iglesia para resistir a la ira de satanás y al hombre más perverso en la historia de la humanidad?*

Apocalipsis 11 nos da una pequeña muestra del poder que Dios desatará durante este tiempo en la historia:

> « *Y otorgaré autoridad a mis dos testigos, y ellos profetizarán por mil doscientos sesenta días, vestidos de silicio. Estos son los dos olivos y los dos candelabros que están delante del Señor de la tierra. Y si alguno quiere hacerles daño, de su boca sale fuego y devora a sus enemigos; así debe morir cualquiera que quisiera hacerles daño. Estos tienen poder para cerrar el cielo a fin de que no llueva durante los días en que ellos profeticen; y tienen poder sobre las aguas para convertirlas en sangre, y para herir la tierra con toda suerte de plagas todas las veces que quieran* » *(vv. 3–6).*

Aunque los dos testigos en Apocalipsis 11 son extraños, el mensaje es claro: *Para lograr sus propósitos, Dios desatará un poder dramático sobre su pueblo durante los últimos tiempos.* Como una declaración del compromiso de Dios hacia Israel, estos dos testigos estarán en Jerusalén. Ellos «profetizarán» con gran poder. De la misma forma, la Iglesia de los últimos tiempos proclamará el evangelio con señales y prodigios inusuales. Esto nos muestra por qué Jesús predijo que «obras más grandes» estarían al alcance de la Iglesia:

> « *En verdad, en verdad os digo: el que cree en mí, las obras que yo hago, él las hará también; y aun mayores que éstas hará, porque yo voy al Padre* » *(Juan 14:12).*

Apocalipsis 12 también describe la intensidad de los últimos tiempos:

> « *Y oí una gran voz en el cielo, que decía: Ahora ha venido la salvación, el poder y el reino de nuestro Dios y la autoridad de su Cristo, porque el acusador de nuestros hermanos, el que los acusa delante de nuestro Dios día y noche, ha sido arrojado. Ellos lo vencieron por medio de la sangre del Cordero y por la palabra del testimonio de ellos, y no amaron sus vidas, llegando hasta sufrir la muerte. Por lo cual regocijaos, cielos y los*

que moráis en ellos. ¡Ay de la tierra y del mar!, porque el diablo ha descendido a vosotros con gran furor, sabiendo que tiene poco tiempo » (vv. 10–12).

La Iglesia de los últimos tiempos será caracterizada por el martirio, habrá personas que *«no amarán sus vidas, llegando a sufrir la muerte».* Esta es una declaración de madurez. La situación en la tierra será muy severa debido a que el diablo tendrá gran ira por saber que le queda poco tiempo. Sin embargo, al mismo tiempo que la tierra sufre los efectos de la ira final de Satanás, el cielo se regocija debido a la salvación y al poder de Dios que están siendo desatados. Dios desatará poder y gloria que contrarrestará la ira satánica.

Isaías nos dice que la gloria de Dios reposará sobre su pueblo en medio de la dificultad de los últimos tiempos:

« Porque he aquí, tinieblas cubrirán la tierra y densa oscuridad los pueblos; pero sobre ti amanecerá el Señor, y sobre ti aparecerá su gloria » (Isaías 60:2).

Todas estas promesas tienen enormes implicaciones por la manera en la que pensamos acerca de la Iglesia de los últimos tiempos. Dicha Iglesia nunca es descrita como un pequeño remanente que apenas y puede sobrevivir. Los últimos tiempos son el clímax de las dinámicas tanto negativas, como positivas. Al examinar todo lo que la Biblia dice acerca de la Iglesia en este período, podemos concluir fácilmente que, es ahí cuando Dios desatará las señales y los prodigios más poderosos.

CARACTERÍSTICAS CLAVE EN LA IGLESIA DE LOS ÚLTIMOS TIEMPOS

Cuando consideramos las descripciones hechas acerca de la iglesia de los últimos tiempos, podemos identificar tres características clave:

1. Será una Iglesia madura

2. Su tamaño será considerablemente grande

3. Será una Iglesia global, es decir, será una Iglesia victoriosa conformada por todo pueblo y nación

Existe otra característica que debemos examinar acerca de la Iglesia de los últimos tiempos: En numerosas ocasiones, la Biblia predice que en los últimos tiempos la Iglesia será caracterizada por su extravagante adoración e intercesión. Este es otro indicador bíblico sobre la madurez y el tamaño de la Iglesia en los últimos tiempos. Solamente una cosecha del tamaño que Apocalipsis 7:9-17 da a entender, puede producir la adoración e intercesión tan extravagante que la Biblia predice.

La adoración y la intercesión son comunes en la Iglesia, pero la adoración y la intercesión de la Iglesia de los últimos tiempos será aun más intensa, se dará a una escala inusual y tendrá un alcance mundial; serán tan profundos que desafiarán al Anticristo.

ADORACIÓN Y ORACIÓN EXTRAVAGANTES

La adoración puede describirse como *estar de acuerdo con quien es Dios,* mientras que *la oración* puede definirse como, *estar de acuerdo con lo que Dios quiere hacer.* Cuando examinamos las canciones y las oraciones de la Iglesia; contienen ambos elementos. Algunos versos resaltan la adoración mientras otros resaltan la oración, pero al combinarse estos pasajes, nos dan un panorama de lo que es la Iglesia de los últimos tiempos.

Durante las últimas décadas la adoración y la intercesión, se han unido cada vez más y más en la Iglesia, y se han vuelto una sola expresión que celebra quién es Dios, y al mismo tiempo, está de acuerdo con todo lo que él quiere hacer sobre la tierra. Esto es una muestra de lo que los profetas han predicho.

Una de las predicciones más sorprendentes de la Iglesia de los últimos tiempos en Apocalipsis 22:17, es que llegará el día cuando el Espíritu y la novia dirán «ven». Esa sola frase, *ven*, resume el clamor global por el regreso de Jesús. Ese clamor no sólo lo encontramos en el libro de Apocalipsis, en múltiples ocasiones, la Biblia describe un clamor global que surgirá en la tierra antes de que Jesús regrese.[121] Este clamor global será una de las expresiones más vívidas del triunfo de Dios sobre Satanás.

En el jardín del Edén, Satanás convenció al hombre para que éste rechazara a Dios. A pesar de ello, un gran clamor estallará en la tierra. Será el clamor de una invitación para que Dios regrese a la tierra; un clamor lleno de deseo por que el Hijo de Dios vuelva.

La iglesia tomará su lugar en las naciones como una sola voz, para pedir que el Hijo de Dios tome el control de la tierra. Lo que hace que este clamor sea todavía más majestuoso, es que ocurrirá durante el momento más oscuro de la historia de la humanidad. Llegará a su clímax durante el reinado del Anticristo, y será una hermosa expresión global de amor y devoción a Jesús. Será el clamor de una novia que ya no quiere estar separada de su amado. El clamor de la Iglesia en los últimos tiempos, es uno de los regalos más grandes del Padre para su Hijo y Jesús responderá ese clamor con su majestuoso regreso.[122]

El salmista ordenó a las naciones que cantaran a la luz del regreso del Señor porque el Padre quiere que su Hijo sea recibido con cantos

---

[121] La Biblia repetidamente les manda a las naciones a adorar a Dios, describe y predice que habrá adoración y oración extravagante en las naciones. Ver Salmos: 96:1, 9, 13; 98:1–9; 102:15–22; 122:6; 149:6–9; Isaías 19:20–22; 24:14–16; 25:9; 26:1, 8–9; 27:2–5, 13; 30:18–19, 29, 32; 35:2, 10; 42:10–15; 43:26; 51:11; 52:8; 62:6–7; Jeremías 31:7; Joel 2:12–17, 32; Sofonías 2:1–3; Zacarías 8:20–23; 10:1; 12:10; 13:9; Mateo 21:13; Lucas 18:7–8; Romanos 15:8–11; Apocalipsis 5:8; 8:3–5; 16:7; 22:17.

[122] Isaías 42:10–14.

de gozo extravagante. Estos salmos son instrucciones que deben ser obedecidas, pero también son más que eso; son profecías de una Iglesia mundial que cantará acerca del regreso del Señor.[123]

> *« Tributad al Señor, oh familias de los pueblos, tributad al Señor gloria y poder. Tributad al Señor la gloria debida a su nombre; traed ofrenda y entrad en sus atrios. Adorad al Señor en vestiduras santas; temblad ante su presencia, toda la tierra. Decid entre las naciones: El Señor reina; ciertamente el mundo está bien afirmado, será inconmovible; Él juzgará a los pueblos con equidad. Alégrense los cielos y regocíjese la tierra; ruja el mar y cuánto contiene; gócese el campo y todo lo que en él hay. Entonces todos los árboles del bosque cantarán con gozo delante del Señor, porque Él viene; porque Él viene a juzgar la tierra: juzgará al mundo con justicia y a los pueblos con su fidelidad »* (Salmo 96:7–13).

> *QCantad al Señor un cántico nuevo, porque ha hecho maravillas, su diestra y su santo brazo le han dado la victoria. El Señor ha dado a conocer su salvación; a la vista de las naciones ha revelado su justicia. Se ha acordado de su misericordia y de su fidelidad para con la casa de Israel; todos los términos de la tierra han visto la salvación de nuestro Dios. Aclamad con júbilo al Señor, toda la tierra; prorrumpid y cantad con gozo, cantad alabanzas. Cantad alabanzas al Señor con la lira, con la lira y al son de la melodía. Con trompetas y sonido de cuerno, dad voces ante el Rey, el Señor. Ruja el mar y cuanto contiene, el mundo y los que en él habitan. Batan palmas los ríos; a una canten jubilosos los montes delante del Señor, pues viene a juzgar la tierra; Él juzgará al mundo con justicia, y a los pueblos con equidad »* (Salmo 98).

Isaías profetizó el cumplimiento del Salmo 93 y 96 cuando predijo que durante los últimos tiempos habría adoración e intercesión extravagante:

> *« De duelo y marchitada está la tierra, el mundo languidece y se marchita, languidecen los grandes del pueblo de la tierra . . . Por eso, una maldición devora la tierra, y son tenidos por culpables los que habitan en ella. Por eso, son consumidos los habitantes de la tierra, y pocos hombres quedan en ella. . . . Él mosto está de duelo, languidece la vid, suspiran*

---

[123] Estos salmos frecuentemente son tratados como profecía en el Nuevo Testamento.

todos los de alegre corazón. Cesa el júbilo de los panderos, se acaba el alboroto de los que se divierten, cesa el júbilo de la lira. No beben vino con canción; el licor es amargo a los que lo beben. . . . Desolación queda en la ciudad, y la puerta está hecha pedazos, en ruinas. Porque así será en medio de la tierra, entre los pueblos, como cuando se varea el olivo, como en los rebuscos cuando se acaba la vendimia. Ellos alzan sus voces, gritan de júbilo; desde el occidente dan voces por la majestad del Señor. Por tanto, glorificad al Señor en el oriente, el nombre del Señor, Dios de Israel, en las costas del mar. Desde los confines de la tierra oímos cánticos: Gloria al Justo » (Isaías 24:4, 6, 7–9, 12–16).

La descripción que hace Isaías sobre los últimos tiempos, es extraordinaria. En primer lugar, Isaías explica la profunda oscuridad que cubrirá la tierra durante el reinado del Anticristo. Las canciones cesarán, la celebración se acabará; aun los pueblos poderosos de la tierra sufrirán. En medio de este increíble tiempo de angustia y de gran oscuridad,[124] Isaías predice que en la hora más oscura de la historia de la humanidad, se alzarán cánticos desde todos los confines de la tierra, para declarar la gloria de Dios.

Estas profecías se cumplirán a través de la Iglesia de los últimos tiempos, y por lo tanto, son una profunda declaración de la madurez de dicha Iglesia. El Anticristo no podrá vencer a esta Iglesia, sino al contrario, al declarar sus cantos, la Iglesia lo desafiará. Dios usará el canto de los últimos tiempos para desatar ánimo en todas las naciones. El hecho de que estas canciones son escuchadas en toda la tierra, significa que la Iglesia de esos días tendrá un impacto y una fuerza muy importante en la tierra. Esta es la gran multitud que Juan no pudo contar en Apocalipsis 7:9. Cuando todos hayan perdido la esperanza, la Iglesia tendrá esperanza. Cuando nadie más esté cantando, la Iglesia cantará de la belleza de Dios.

Isaías profetizó de nuevo esta expresión final de extravagante adoración en Isaías 42:

« Cantad al Señor un cántico nuevo, cantad su alabanza desde los confines de la tierra, los que descendéis al mar y cuanto hay en él, las islas y sus moradores. Levanten la voz el desierto y sus ciudades, las aldeas donde habita Cedar. Canten de júbilo los habitantes de Sela, desde

---

[124] Jeremías 30:7; Daniel 12:1; Joel 2:2; Mateo 24:21.

*las cimas de los montes griten de alegría. Den gloria al Señor, y proclamen
en las costas su alabanza. El Señor como guerrero saldrá, como hombre
de guerra despertará su celo; gritará, sí, lanzará un grito de guerra, contra
sus enemigos prevalecerá. Por mucho tiempo he guardado silencio, he estado
callado y me he contenido. Pero ahora grito como mujer de parto, resuello y
jadeo a la vez. Asolaré montes y collados, y secaré toda su vegetación;
convertiré los ríos en islas, y las lagunas secaré » (vv. 10–15).*

Isaías 42 nos dice que el regreso de Jesús es una respuesta al clamor
de la adoración e intercesión en la tierra. El capítulo inicia con la
profecía de la belleza del Siervo de Dios (Jesús). Debido a la belleza del
Siervo de Dios, Isaías ordena a las naciones que canten desde todos los
confines de la tierra y asocia este canto extravagante con el regreso del
Señor. En respuesta, Jesús dará su propio clamor, el cual es comparado
al grito de *«una mujer en labor de parto»*. La fuerza de la respuesta de Jesús
nos dice mucho acerca de la fuerza del clamor de la Iglesia. *Debido a que
la iglesia clamó al Señor con todas sus fuerzas, Dios clamará en las suyas.*

En Isaías 24 e Isaías 42, el profeta predijo que la adoración y la
intercesión extravagante están conectadas al regreso de Jesús y llegarán
a su máxima expresión durante el reinado del Anticristo. Esta Iglesia de
los últimos tiempos, no sólo será testimonio a las naciones, sino que
también será de ánimo para Israel. Isaías lo resume en el capítulo 62:

*« Por amor de Sion no callaré, y por amor de Jerusalén no me estaré
quieto, hasta que salga su justicia como resplandor, y su salvación se
encienda como antorcha. Entonces verán las naciones tu justicia, y todos
los reyes tu gloria, y te llamarán con un nombre nuevo, que la boca
del Señor determinará . . . Sobre tus murallas, oh Jerusalén, he puesto
centinelas; en todo el día y en toda la noche jamás callarán. Los que
hacéis que el Señor recuerde, no os deis descanso, ni le concedáis descanso
hasta que lo restablezca, hasta que haga de Jerusalén una alabanza en la
tierra. . . . He aquí, el Señor ha proclamado hasta los confines de la
tierra: Decid a la hija de Sion: "He aquí, tu salvación viene; he aquí, su
galardón está con Él, y delante de Él su recompensa. Y los llamarán:
Pueblo Santo, redimidos del Señor. Y a ti te llamarán: Buscada, ciudad
no abandonada » (vv. 62:1–2, 6–7, 11–12).*

Este es un mensaje para la Iglesia de los últimos tiempos. Dios no
guardará silencio respecto al futuro de Jerusalén, puesto que las

naciones verán la gloria y el milagro de su salvación en Israel. Cuando Dios dice que no guardará silencio, él nos está invitando a tampoco quedarnos callados. Debemos ser como los centinelas. Los centinelas están atentos a lo que viene. Sabemos lo que está por venir porque las Escrituras nos lo dicen. Dichas Escrituras nos mandan a clamar y a no darle *«descanso»* al Señor hasta que él cumpla lo que ha prometido.

En Isaías 62:11–12, Dios ordena a las naciones que declaren sus promesas a Israel. Dios no guardará silencio, así que nosotros tampoco debemos hacerlo. Él no puede descansar hasta que sus propósitos sean cumplidos, y él nos invita a que levantemos un sonido que no le permita descansar. Esta es una invitación a la intercesión. *Dios está invitando a la Iglesia para que levante intercesión incesable, para que él termine todo lo que desea hacer.*

Esta es una invitación para que nosotros juguemos un papel muy importante en el cumplimiento de las promesas de Dios. Dios no da este tipo de invitación a menos que sepa que su pueblo va a responder. Por lo tanto, la invitación de Isaías 62 al final es una profecía acerca de una Iglesia madura. Vendrá el día en que la tierra será llena de intercesión incesante hasta que Dios ejecute todas sus promesas, y Dios desatará su liberación final en respuesta a nuestras oraciones.

LA IGLESIA: UN PUEBLO SACERDOTAL EN LAS NACIONES

Malaquías también predijo que Dios recibiría adoración extravagante por parte de las naciones:

> *« Porque desde la salida del sol hasta su puesta, mi nombre será grande entre las naciones, y en todo lugar se ofrecerá incienso a mi nombre, y ofrenda pura de cereal; pues grande será mi nombre entre las naciones — dice el Señor de los ejércitos » (1:11).*

Malaquías predijo que la adoración llenaría las naciones, de manera que el nombre de Dios sería engrandecido *en todo lugar*. Dios no está dispuesto a ceder ninguna parte de la tierra, la adoración llenará cada rincón. Él tampoco está dispuesto a ceder ninguna parte del día. La adoración estará levantándose desde que salga el sol. *Malaquías predijo que la adoración llenaría a las naciones de una forma extravagante, algo que va mucho más allá de una reunión semanal o una hora de vez en cuando.*

El contexto de Malaquías 1 hace que esta profecía sea aun más profunda. Malaquías describió el fracaso de Israel para operar como un pueblo de sacerdotes. En este capítulo Dios provocó a Israel con la profecía de que él iba a establecer adoración y el ministerio sacerdotal en todas las naciones.

Esta profecía revela dos puntos clave acerca de la iglesia de los últimos tiempos. *La primera es que la adoración de las naciones está conectada a Israel y el restablecimiento del llamado sacerdotal.* Al operar como un pueblo sacerdotal en las naciones, la Iglesia jugará una parte importante en el plan de Dios al llevarlos de regreso a su llamado sacerdotal. Esto es parte de lo que Pablo se refiere cuando dice que Dios tiene un plan de provocar a Israel a través de los gentiles.[125]

La segunda clave es que el ministerio sacerdotal de Israel es un prototipo de lo que Dios va a levantar en las naciones. El ministerio de adoración que Dios estableció en Israel era extravagante. Ocurría de día y de noche. Era la función central de la nación. De la misma manera, el ministerio de adoración e intercesión se volverá central en la Iglesia; será extravagante. Sucederá de día y de noche, justo como ocurrió en Israel. El llamado que primero se le dio a Israel, también le has dado ahora a las naciones. *El Jesús resucitado no es menos digno de adoración de lo que fue en el Antiguo Testamento.*

La nación entera de Israel era sacerdotal,[126] así como la Iglesia entera es sacerdotal,[127] pero había individuos específicos en Israel que mantenían la adoración día y noche como una ocupación de tiempo completo, como una vocación principal. De la misma forma, habrá un pueblo en la Iglesia que mantendrá la adoración y la intercesión durante el día y la noche como su vocación de tiempo completo. Hemos tenido empleados cristianos de tiempo completo en todas las generaciones, pero se requerirá músicos y cantores de tiempo completo para que se cumpla lo que los profetas han predicho.

EL DESEO EXTRAVAGANTE DE JESÚS POR ADORACIÓN E INTERCESIÓN

Cuando Jesús respondió las dudas acerca de su retorno en Lucas 17:22–37, describió lo dramático que ese día sería:

---

[125] Romanos 11:11.

[126] Exodo 19:6.

[127] 1 Pedro 2:9; Apocalipsis 1:6; 5:10; 20:6.

« Porque como el relámpago al fulgurar resplandece desde un extremo del cielo hasta el otro extremo del cielo, así será el Hijo del Hombre en su día » (v. 24).

Luego dio una parábola con instrucciones de cómo prepararnos para su regreso:

« Y les refería Jesús una parábola para enseñarles que ellos debían orar en todo tiempo, y no desfallecer, diciendo: Había en cierta ciudad un juez que ni temía a Dios ni respetaba a hombre alguno. Y había en aquella ciudad una viuda, la cual venía a él constantemente, diciendo: "Hazme justicia de mi adversario." Por algún tiempo él no quiso, pero después dijo para sí: "Aunque ni temo a Dios, ni respeto a hombre alguno, sin embargo, porque esta viuda me molesta, le haré justicia; no sea que por venir continuamente me agote la paciencia." Y el Señor dijo: Escuchad lo que dijo el juez injusto. ¿Y no hará Dios justicia a sus escogidos, que claman a Él día y noche? ¿Se tardará mucho en responderles? Os digo que pronto les hará justicia. No obstante, cuando el Hijo del Hombre venga, ¿hallará fe en la tierra? » (Lucas 18:1–8).

En la parábola, Jesús resaltó la constante intercesión de una viuda que buscaba justicia. La viuda no se detenía, sino que continuó insistiendo a un juez reacio por lo que quería, hasta lograr conseguirlo. Jesús terminó la parábola preguntando: *«Cuando el Hijo del Hombre venga, ¿hallará fe en la tierra?»* Fe, en este contexto, es la intercesión incesante de la viuda. Lucas nos muestra que el punto central de la parábola era que oremos sin perder el ánimo. A la luz del contexto, la parábola enfatizó la intercesión extravagante como parte de la preparación para el regreso de Jesús.

La escena en la parábola comunica dos aspectos importantes de lo que significa tener fe. Primero, que pidamos y seguimos pidiendo. La parábola es una invitación a que la Iglesia esté constantemente intercediendo. En la parábola, Jesús utiliza el ejemplo de una viuda porque una viuda no tiene otra opción, no cuenta con otros recursos de los cuales pueda depender si sus peticiones no son contestadas. El mensaje para nosotros es claro: *nuestra única y real solución se encuentra en los recursos que Dios nos provee en el lugar de oración.*

El segundo punto es que tenemos lo que pedimos, cuando pedimos confiadamente. Jesús sabe que en ocasiones pareciera que Dios no está escuchando o contestando. Él sabe que la Iglesia en los últimos tiempos se enfrentará a esta tentación cuando vea que el Anticristo obtenga más y más poder. Sin embargo, el mensaje de Dios hacia la Iglesia es que siga pidiendo confiadamente, sabiendo que Dios responderá. Jesús termina la parábola con una invitación para la Iglesia de los últimos tiempos. Él está buscando una Iglesia madura que opere en fe. La parábola da instrucciones a la Iglesia sobre cómo llegar a ser la Iglesia que Jesús desea encontrar cuando regrese.

Jesús también nos invito a orar para que en la tierra fuera como en el cielo:

« *Vosotros, pues, orad de esta manera: "Padre nuestro que estás en los cielos, santificado sea tu nombre. "Venga tu reino. Hágase tu voluntad, así en la tierra como en el cielo."* » *(Mateo 6:9–10).*

En Apocalipsis del 4 al 5, cuando Juan fue llevado al cielo nos dio una idea de cómo la voluntad de Dios es establecida en el cielo. En medio de una expresión extravagante de adoración e intercesión, Juan vio la gloria de Dios. Miró seres vivientes que clamaban debido a la gloria de Dios, ancianos con arpas (música) y copas llenas de las oraciones de los santos (intercesión). El vislumbre del cielo en Apocalipsis 4 y 5 nos da un imagen de lo que Jesús deseaba que nosotros pidiéramos en oración. Cuando la voluntad del Padre se cumpla en la tierra como en el cielo, la tierra será llena con el ministerio de adoración que ya existe en el cielo.

LA MISIÓN DE PABLO: ESTABLECER ADORACIÓN Y ORACIÓN

Pablo trabajó entre los gentiles para provocar una enorme expresión de adoración en las naciones. En Romanos 15, citó pasajes del Antiguo Testamento[128] que describían el ministerio de adoración de Israel, y aplicó estos versículos a los gentiles, pues entendió que el centro de la adoración en el antiguo Israel debía ser tomada como un patrón para la Iglesia. La expresión del ministerio sacerdotal en el tabernáculo y del templo del Antiguo Testamento apuntan hacia una expresión aun más grande en la Iglesia.

---

[128] 2 Samuel 22:50; Deuteronomio 32:43; Salmos 18:49; 117:1.

> « *Pues os digo que Cristo se hizo servidor de la circuncisión para demostrar la verdad de Dios, para confirmar las promesas dadas a los padres, y para que los gentiles glorifiquen a Dios por su misericordia; como está escrito: POR TANTO, TE CONFESARÉ ENTRE LOS GENTILES, Y A TU NOMBRE CANTARÉ. Y vuelve a decir: REGOCIJAOS, GENTILES, CON SU PUEBLO. Y de nuevo: ALABAD AL SEÑOR TODOS LOS GENTILES, Y ALÁBENLE TODOS LOS PUEBLOS. Y a su vez, Isaías dice: RETOÑARÁ LA RAÍZ DE ISAÍ, EL QUE SE LEVANTA A REGIR A LOS GENTILES; LOS GENTILES PONDRÁN EN ÉL SU ESPERANZA* » (Romanos 15:8–12).*

La iglesia de Antioquía fue la primera iglesia importante en las naciones, la descripción de Lucas sobre esta iglesia resalta su fundamento:

> « *En la iglesia que estaba en Antioquía había profetas y maestros: Bernabé, Simón llamado Niger, Lucio de Cirene, Manaén, que se había criado con Herodes el tetrarca, y Saulo. Mientras ministraban al Señor y ayunaban, el Espíritu Santo dijo: Apartadme a Bernabé y a Saulo para la obra a la que los he llamado* » (Hechos 13:1–2).

La palabra *ministraban* en Hechos 13:2, es la misma palabra que fue usada para referirse al ministerio del templo. David Peterson escribe lo siguiente acerca de Hechos 13:

> « *Ya que es al Señor a quien se está ministrando, Lucas pudiera estar sugiriendo que la oración en grupo o en comunidad es la actividad "de culto" que reemplaza el acercarse a Dios con sacrificios, lo cual estaba en el centro del judaísmo* ».[129]

Hasta este punto, Jerusalén había sido el centro de la adoración al Dios de Israel, pero el templo iba a ser destruido algunas décadas después. Por lo tanto, Antioquía fue representada por Lucas como el modelo de cómo luciría la Iglesia en las naciones. A medida que el evangelio se esparció por las naciones, el ministerio sacerdotal no fue

---

[129] David G. Peterson, *The Acts of the Apostles*, The Pillar New Testament Commentary (Grand Rapids, MI; Nottingham, England: William B. Eerdmans Publishing Company, 2009), 375.

eliminado, sino que también se expandió. Cada congregación es un pequeño «templo» en donde el pueblo de Dios funge como sacerdotes y ministra a Dios. El apóstol Pablo fue enviado a las naciones a reproducir este tipo de Iglesia entre el pueblo gentil.

En su libro acerca de las misiones, John Piper resumió la misión de la iglesia con su conocida declaración:

> *« El objetivo final de la Iglesia no son las misiones. Es la adoración. Las misiones existen porque la adoración no existe. La adoración es lo más importante, no las misiones, ya que Dios es lo más importante, no el hombre. Cuando se acabe este siglo, y los incontables millones de redimidos se postren ante el trono de Dios, las misiones dejarán de existir. Es una necesidad temporal. Pero la adoración permanecerá para siempre.*[130]

Este es el objetivo más importante de las misiones mundiales. Estamos llamados a algo más allá de evangelizar y plantar iglesias. Estamos llamados a trabajar arduamente para que exista adoración extravagante en las naciones.

LA INTERCESIÓN DE LA IGLESIA MADURA DE LOS ÚLTIMOS TIEMPOS

Los profetas profetizaron acerca de la adoración en las naciones, Jesús murió por ella y los apóstoles trabajaron para ello. Por lo tanto, podemos estar seguros de que la historia va en un crescendo que llevará a un momento en el que se desatarán cantos extravagantes de adoración. Cuando el libro de Apocalipsis narra sobre todo pueblo, lengua y nación, los describe justo en el lugar de adoración e intercesión:

> *« Y cantaban un cántico nuevo, diciendo: Digno eres de tomar el libro y de abrir sus sellos, porque tú fuiste inmolado, y con tu sangre compraste para Dios a gente de toda tribu, lengua, pueblo y nación. Y los has hecho un reino y sacerdotes para nuestro Dios; y reinarán sobre la tierra » (5:9–10).*

> *« Después de esto miré, y vi una gran multitud, que nadie podía contar, de todas las naciones, tribus, pueblos y lenguas, de pie delante del trono y*

---

[130] John Piper, *¡Alégrense las naciones! La Supremacía de Dios en las misiones* (Grand Rapids: Baker, 1993/2003), 17.

delante del Cordero, vestidos con vestiduras blancas y con palmas en las
manos. Y clamaban a gran voz, diciendo: La salvación pertenece a
nuestro Dios que está sentado en el trono, y al Cordero » (7:9–10).

El mensaje es claro. La Iglesia madura de toda tribu y lengua, surgirá en los últimos tiempos y cuando esto suceda, desatará un clamor profundo. Ese clamor será un clamor mundial, vendrá de cada grupo étnico. La Iglesia declarará la belleza y majestad de Jesús y ocupará su identidad sacerdotal delante del Señor.

El libro de Apocalipsis también nos dice que la intercesión de la Iglesia activará el movimiento de Dios en los últimos tiempos:

« Otro ángel vino y se paró ante el altar con un incensario de oro, y se le
dio mucho incienso para que lo añadiera a las oraciones de todos los
santos sobre el altar de oro que estaba delante del trono. Y de la mano del
ángel subió ante Dios el humo del incienso con las oraciones de los
santos. Y el ángel tomó el incensario, lo llenó con el fuego del altar y lo
arrojó a la tierra, y hubo truenos, ruidos, relámpagos y un
terremoto » (8:3–5).

« Y cantaban el cántico de Moisés, siervo de Dios, y el cántico del
Cordero, diciendo: ¡Grandes y maravillosas son tus obras, oh Señor Dios,
Todopoderoso! ¡Justos y verdaderos son tus caminos, oh Rey de las
naciones! » (15:3).

La intercesión extravagante se recibe en el cielo y se combina con la actividad de Dios para activar su plan final. A Juan se le dio esta visión para inspirarnos y darnos valentía para obedecer lo que Lucas 18 nos manda a hacer. Aun cuando parezca que nuestras oraciones no están siendo contestadas, Dios las está recibiendo; nuestras oraciones jugarán una parte importante para desatar la actividad divina. La Iglesia de los últimos tiempos se sentirá segura cantando e intercediendo por los propósitos de Dios. Estos pasajes nos dan una idea de cómo será la Iglesia de los últimos tiempos y tienen el propósito de provocarnos a interceder confiadamente.

La adoración y la Iglesia: El patrón bíblico

Las canciones y las oraciones se dan naturalmente en los seres humanos, así que cuando la Biblia profetiza sobre adoración y oración extravagantes, está hablando de algo que va más allá de lo que actualmente consideramos «normal». Los profetas predijeron algo con un impacto mundial durante el reino del Anticristo.

Ellos profetizaron que cuando todas las canciones humanas hayan cesado, habría un sonido que no podría ser silenciado. Ellos escucharon canciones que le darían esperanza a las naciones, describirían la gloria de Dios y fortalecerían a Israel durante la crisis de los últimos tiempos. Los profetas vieron algo extravagante, mundial, maduro e imposible de ignorar. Ellos escucharon y predijeron un clamor mundial, algo que todavía no hemos visto ni escuchado. Para poder provocar a las naciones, esa iglesia tendrá que ser de un tamaño considerable.

Cuando Adán fue puesto en el jardín del Edén, debía vivir como sacerdote delante de Dios. La adoración era parte de su asignación diaria. Dios nombró al hombre *sacerdote*, para extender las fronteras del del jardín hacia el resto de la tierra. Dios mismo pudo haber expandido el jardín, pero eligió hacerlo en colaboración con el hombre. Aunque Adán falló en su llamado sacerdotal, el Señor rescatará el llamado de la humanidad. El hombre jugará un lugar importante en el plan redentor de Dios de llenar la tierra con adoración y con el conocimiento de Dios.

Cuando Dios inició el plan de redención con Israel, lo primero que hizo (incluso antes de darle la tierra por posesión), fue establecer un ministerio de adoración que estuviera en el centro de las actividades de la nación. El puso a sacerdotes, no solamente para manejar los sacrificios, sino para mantener adoración día y la noche.[131] El llamó a la nación entera, no solamente a los sacerdotes por vocación, para que fueran todos una nación de sacerdotal.[132] Este énfasis en la adoración es una figura de la intención máxima que Dios tenía en mente para la Iglesia.

El Rey David fue el rey más grande de Israel y uno de los principales prototipos del Mesías. Dios se complació tanto con el corazón de David que hizo la promesa de que el Mesías sería Hijo de David.[133] La carga que tenía David por la adoración incesante y la

---

[131] Simbolizado por el diario encendido de incienso, de lámparas y el Pan de la Presencia. Ver Éxodo 25:30, 37; 30:1.

[132] Éxodo 19:6.

[133] 2 Samuel 7:8–17.

presencia de Dios entre su pueblo, es una de las razones por las que es visto como un hombre conforme al corazón de Dios.[134]

Antes de ser rey, David fue un pastor de ovejas que pasaba mucho tiempo a solas. David usaba este tiempo para ministrar a Dios y escribir canciones. *Aunque David fue pastor y rey, en lo más profundo de su corazón él era un sacerdote; eso fue lo que lo calificó para ser el rey de Israel.*

Cuando David se convirtió en rey, su motivación era construir *«un lugar de descanso»* en la tierra para la presencia del Señor:

> *« Acuérdate, Señor, de David, de toda su aflicción; de cómo juró al Señor, y prometió al Poderoso de Jacob: Ciertamente no entraré en mi casa, ni en mi lecho me acostaré; no daré sueño a mis ojos, ni a mis párpados adormecimiento, hasta que halle un lugar para el Señor, una morada para el Poderoso de Jacob » (Salmo 132:1–5).*

> *« Y David halló gracia delante de Dios, y pidió el favor de hallar una morada para el Dios de Jacob » (Hechos 7:46).*

Como iglesia anhelamos el regreso de Jesús a la tierra y el tiempo en el que Dios habitará físicamente entre su pueblo. Hasta que ese día llegue, Dios habita entre su pueblo en el contexto de la adoración que ocurre día y noche.[135] David entendió esto, y esa es la razón por la que la característica más particular y única del reinado de David fue lo que ahora llamamos *el tabernáculo de David.* Era un santuario de adoración a donde David llevó el Arca del Pacto, la cual representaba la presencia de Dios entre su pueblo. Él la puso en el tabernáculo y puso también a músicos y cantores para que cantaran día y noche acerca de la gloria de Dios.

Lo que debemos entender acerca del tabernáculo de David es que se trataba de una expresión de las intenciones de Dios. David estaba mostrando algo que sucedería en el futuro. No había sacrificios en el tabernáculo de David, sólo había adoración durante el día y la noche. Era una expresión de una nueva realidad que vendría después, y esa nueva realidad tiene una manifestación en el Nuevo Testamento.

---

[134] 1 Samuel 13:14; Hechos 13:22.

[135] Salmos 9:11; 22:3; 65:1; 102:21; 147:12.

Los reformadores de Israel que vinieron después de David entendieron la importancia de este ministerio de adoración y lo restablecieron como parte de sus reformas.[136] Juan el Bautista enseñó a a sus discípulos a orar, debido a lo central que la oración era para Jesús.[137]

Cuando la Iglesia empezó, había adoración día y noche, y la iglesia primitiva en Jerusalén valoraba el ministerio que sucedía en el templo.[138] El libro de Hechos nos muestra que la Iglesia primitiva le dio un lugar principal a la adoración y la oración colectiva colectiva.[139] Pablo instruyó a las iglesias para que se cantaran cantos espirituales entre ellas y trabajó para que existiera una Iglesia expresiva, que cantara.[140] Todos estos fueron prototipos de lo que está por venir, y los últimos tiempos es el momento en donde Dios traerá el cumplimiento final de todo lo que fue sombra en el Antiguo Testamento.

---

[136] 2 Crónicas 8:14–15; 20:19–22, 28; 23:1; 24:27; 29:1–36; 30:21; 35:1–27; Esdras 3:10–11; Nehemías 12:24–47.

[137] Lucas 11:1.

[138] Hechos 3:11; 5:12.

[139] Hechos 1:14; 4:24–31; 6:4; 12:12; 13:1–3; 16:25; 20:36.

[140] Romanos 15:8–11; Efesios 5:19; Colosenses 3:16.

Parte 5: Guerra por las promesas

EL CONFLICTO DE LOS ÚLTIMOS TIEMPOS

Anteriormente observamos las promesas de Dios y cómo preparan el escenario para los últimos tiempos. Luego, examinamos la crisis de los pactos que Israel enfrenta y el plan de Dios para resolverla. Continuamos viendo las descripciones de la Iglesia de los últimos tiempos, con la finalidad de poder comprender cómo se verá el cumplimiento de la promesa de Dios para las naciones. Cada una de estas secciones nos ayudan a comprender el drama final, pues los últimos tiempos son la conclusión lógica del plan redentor de Dios de este lado de la eternidad.

En esta sección final, examinaremos la principal razón del conflicto de los últimos tiempos, la cual será una guerra que girará en torno a las promesas de Dios. Cuando vemos pasajes en la Biblia que describen los eventos de los últimos tiempos muchos de ellos parecen hablar entorno a la ciudad de Jerusalén, sobre un gran conflicto alrededor del pueblo judío, y de la dramática manera en que Dios salvará a su pueblo. Para entender este conflicto, debemos conocer por qué Israel es tan central en los eventos finales, así como el rol que la Iglesia conformada por los gentiles jugará durante ese momento.

A través de Jesús, Dios ha injertado a los gentiles en la historia de Israel. Como resultado, la Iglesia en todo el mundo tiene un papel específico (entorno a Israel), que llevará a cabo durante la crisis de los últimos tiempos.[141] La historia de Israel y las naciones siempre ha sido una sola historia. Nuestra salvación está conectada a la salvación de ellos, nuestro futuro está conectado al de ellos. Por lo tanto, la angustia de Israel también es la nuestra. Esto es cierto ahora mismo, pero será especialmente verdadero justo al final de la era.

---

[141] Efesios 2:12–13; Romanos 11:17.

Dios va a reunir a su familia de Israel y de las naciones. Él llevará a Israel al punto en que amen y deseen servirle a las naciones. Él también hará que la Iglesia gentil se identifique con Israel y con el Rey Judío de Israel.

LA IGLESIA ESTÁ LIGADA A LA HISTORIA DE ISRAEL

El libro de Hebreos habla de cómo el Cuerpo de Jesús debe funcionar como un solo cuerpo. Cuando nos convertimos realmente en un solo cuerpo, naturalmente nos alegramos con los que se alegran y lloramos con los que lloran, sean o no parte de nuestra familia natural: [142]

> *« Acordaos de los presos, como si estuvierais presos con ellos, y de los maltratados, puesto que también vosotros estáis en el cuerpo » (13:3).*

Hebreos 13:3 es una instrucción para el cuerpo de Jesús, pero también representa un principio acerca de cómo la Iglesia se relaciona en torno a Israel.[143] Aunque es verdad que solamente somos familia de aquellos que aceptan a Jesús, también es cierto que hemos sido unidos a la historia de Israel. Es más, como hemos visto, la ira del enemigo en contra de Israel es al final de todo, una expresión de su ira contra Jesús.

Por lo tanto, cuando Israel sufre, en cierto sentido la Iglesia gentil participa de ese sufrimiento cuando está de acuerdo con los pactos que Dios hizo. Hemos visto esto en pequeñas escalas durante el Holocausto. Los creyentes gentiles fieles a Dios sufrieron por proteger al pueblo judío, pero una tormenta aun mucho más grande está por venir.

¿POR QUÉ ES TAN IMPORTANTE ISRAEL EN LOS EVENTOS DE LOS ÚLTIMOS TIEMPOS?

Israel es crucial en los eventos de los últimos tiempos debido a las promesas específicas que Dios les ha hecho, las cuales deben ser cumplidas para que él permanezca fiel a su Palabra. Revisemos algunos pasajes clave.

---

[142] Ver también Romanos 12:15; 1 Corintios 12:26.

[143] Romanos 11:18–24.

Dios prometió preservar a la nación de Israel para siempre, declaró fuertemente que si él no podía preservarla, entonces él no podía preservar la creación:[144]

> *« Así dice el Señor, el que da el sol para luz del día, y las leyes de la luna y de las estrellas para luz de la noche, el que agita el mar para que bramen sus olas; el Señor de los ejércitos es su nombre: Si se apartan estas leyes de mi presencia —declara el Señor— también la descendencia de Israel dejará de ser nación en mi presencia para siempre. Así dice el Señor: Si los cielos arriba pueden medirse, y explorarse abajo los cimientos de la tierra, también yo desecharé toda la descendencia de Israel por todo lo que hicieron —declara el Señor »* (Jeremías 31:35–37).

> *« Y vino palabra del Señor a Jeremías, diciendo: Así dice el Señor: "Si pudierais romper mi pacto con el día y mi pacto con la noche, de modo que el día y la noche no vinieran a su tiempo, entonces también se podría romper mi pacto con mi siervo David, y él no tendría hijo para reinar sobre su trono con los sacerdotes levitas, mis ministros. "Como no se puede contar el ejército del cielo, ni se puede medir la arena del mar, así multiplicaré la descendencia[a] de mi siervo David y de los levitas que me sirven." Y vino palabra del Señor a Jeremías, diciendo: ¿No has observado lo que este pueblo ha hablado, diciendo: "Las dos familias que el Señor escogió, las ha desechado"? Desprecian a mi pueblo, ya no son una nación ante sus ojos. Así dice el Señor: "Si no permanece mi pacto con el día y con la noche, y si no he establecido las leyes del cielo y de la tierra, entonces desecharé la descendencia de Jacob y de mi siervo David, para no tomar de su descendencia quien gobierne sobre la descendencia de Abraham, de Isaac y de Jacob. Pero yo restauraré su bienestar y tendré de ellos misericordia." »* (33:19–26).

Además, Jesús predijo que no regresaría a gobernar y reinar sin salvar a Israel. En Mateo 23:39, Jesús les dijo a los gobernadores de Jerusalén que no reinaría sobre ellos hasta que le dijeran *«Bendito el que viene en el nombre del Señor»:*

> *« ¡Jerusalén, Jerusalén, la que mata a los profetas y apedrea a los que son enviados a ella! ¡Cuántas veces quise juntar a tus hijos, como la gallina*

---

[144] Ver también Isaías 66:22–23; 65:17–19.

junta sus pollitos debajo de sus alas, y no quisiste! . . . Porque os digo que desde ahora en adelante no me veréis más hasta que digáis: "Bendito el que viene en el nombre del Señor." » (Mateo 23:37, 39).

En Mateo 24:30 Jesús citó Zacarías 12:10–12 para predecir que su segunda venida sería un tiempo en el que los ojos de Israel serían abiertos y le recibirían como su Mesías. Hechos 1:6–8 deja en claro que Jesús le prometió a los apóstoles que salvaría y restauraría a Israel. Pedro predijo que Jesús regresaría a salvar y restaurar a Israel.[145]

El regreso de Jesús pone en marcha sus juicios contra las naciones y contra el reino de Satanás. Por lo tanto, la estrategia principal del enemigo es hacer todo lo posible para impedir que Cristo regrese a desatar sus juicios. El regreso de Jesús está asociado al cumplimiento de las promesas de Israel; por lo tanto, el enemigo hará todo lo posible para impedir el cumplimiento de estas promesas y el regreso de Jesús. *Durante los últimos tiempos, los poderes de maldad no solo estarán persiguiendo al pueblo de Dios; estarán luchando por sobrevivir.*

UN RESUMEN DEL CONFLICTO DE LOS ÚLTIMOS TIEMPOS

Apocalipsis 12 nos da una de las descripciones más concisas y claras acerca del conflicto venidero. El capítulo inicia con la descripción de una mujer dando a luz a un hijo:

« Y una gran señal apareció en el cielo: una mujer vestida del sol, con la luna debajo de sus pies, y una corona de doce estrellas sobre su cabeza; estaba encinta, y gritaba, estando de parto y con dolores de alumbramiento » (12:1–2).

La mujer con la corona de doce estrellas simboliza a Israel y la lucha que ha habido a lo largo de su historia. Juan la mira lista para dar a luz, cuando de repente ve algo espantoso:

« Entonces apareció otra señal en el cielo: he aquí, un gran dragón rojo que tenía siete cabezas y diez cuernos, y sobre sus cabezas había siete diademas. Su cola arrastró la tercera parte de las estrellas del cielo y las arrojó sobre la tierra. Y el dragón se paró delante de la mujer que estaba

---

145 Hechos 3:20–21.

para dar a luz, a fin de devorar a su hijo cuando ella diera a luz » *(Apocalipsis 12:3–4).*

Un enorme dragón rojo apareció delante de la mujer para devorar a su hijo. Debido al hijo, el dragón estaba concentrado en la mujer.

« *Y ella dio a luz un hijo varón, que ha de regir a todas las naciones con vara de hierro; y su hijo fue arrebatado hasta Dios y hasta su trono* » *(v. 5).*

Aunque el dragón trató de destruir a la mujer, ella dio a luz a un hijo varón. Es el hijo —el Mesías— que reinará a las naciones con vara de hierro.[146] De repente, el Mesías es llevado al trono en lo alto. El simbolismo hasta esta parte está claro. La mujer con las doce estrellas representa a Israel, a quien el Señor escogió para que *«diera a luz»* al Mesías. El Mesías es el hijo varón que ha nacido y ha sido llevado al trono de Dios en la ascensión. La ira del dragón contra la mujer es debido a ese hijo.

El dragón, es decir Satanás,[147] no puede hacerle la guerra a Jesús porque Jesús ha sido llevado a los cielos y está sentado a la diestra del trono de Dios.[148] Ya que no puede desafiar el trono de Dios, escoge hacer guerra en la tierra. En estos momentos él hace la guerra al engañar y seducir a las naciones,[149] pero algo más grande está por venir.

---

[146] Salmos 2:9; Apocalipsis 2:27; 19:15.

[147] Apocalipsis 12:9.

[148] Salmos 110:1; Mateo 22:44; Hechos 2:33; 7:55–56; Romanos 8:34; Efesios 1:20; Colosenses 3:1; Hebreos 1:3; 8:1; 10:12; 12:2; 1 Pedro 3:22; Apocalipsis 3:21.

[149] 1 Pedro 5:8; Apocalipsis 12:9.

Apocalipsis 12 nos dice que viene el día en que Satanás será echado a la tierra y se llenará de ira debido a que su tiempo es corto:[150]

> « *Y fue arrojado el gran dragón, la serpiente antigua que se llama el diablo y Satanás, el cual engaña al mundo entero; fue arrojado a la tierra y sus ángeles fueron arrojados con él . . . Por lo cual regocijaos, cielos y los que moráis en ellos. ¡Ay de la tierra y del mar!, porque el diablo ha descendido a vosotros con gran furor, sabiendo que tiene poco tiempo. Cuando el dragón vio que había sido arrojado a la tierra, persiguió a la mujer que había dado a luz al hijo varón* » (vv. 9, 12–13).

Apocalipsis 12:13 predice que, cuando el dragón haya sido echado a la tierra y su tiempo sea corto, lo primero que hará es perseguir a la mujer que dio a luz al hijo varón. Esto es una advertencia de que en los últimos tiempos, Israel será el enfoque de la ira de Satanás.

> « *Y la serpiente arrojó de su boca, tras la mujer, agua como un río, para hacer que fuera arrastrada por la corriente. Pero la tierra ayudó a la mujer, y la tierra abrió su boca y tragó el río que el dragón había arrojado de su boca* » (vv. 15–16).

Para destruir a la mujer, el dragón desatará un «diluvio», pero la mujer será ayudada por la tierra. Cuando la mujer sea protegida sobrenaturalmente, el dragón se enfurecerá y hará la guerra *«al resto de su descendencia»* aquellos que tienen *«el testimonio de Jesucristo». El mensaje es fácil de entender: la ira del dragón contra los seguidores de Jesús está conectada a su incapacidad para destruir a Israel.*

---

[150] Queda claro cuando leemos Apocalipsis 12 que este acto de arrojar afuera es un evento que sucederá en el futuro. Algunas razones de ello: Satanás es echado fuera de su lugar en donde acusa a los hermanos día y noche (Apocalipsis 12:10), indicando que esto no es una caída antigua sino la remoción a un lugar que él ocupa actualmente. Su remoción está asociada a un período llamado *tiempo, tiempos y medio tiempo.* Esta frase que está en Daniel se refiere al período final de la gran tribulación (Daniel 7:25; 12:7). Cuando el dragón es echado fuera y se pone ante las orillas del mar (Apocalipsis 12:17), la bestia de Apocalipsis 13 emerge en forma humana con todo el poder y la autoridad del dragón (Apocalipsis 13:2–4). Este terrible personaje es el Anticristo y también es asociado con el período final de la gran tribulación (Apocalipsis 13:5).

« Entonces el dragón se enfureció contra la mujer, y salió para hacer guerra contra el resto de la descendencia de ella, los que guardan los mandamientos de Dios y tienen el testimonio de Jesús » (Apocalipsis 12:17).

Apocalipsis 12 nos brinda un resumen conciso de la estrategia final del enemigo. Hay varios puntos clave que nos ayudan a entender lo que pasará durante los últimos tiempos:

- La ira de Satanás (el dragón) durante los últimos tiempos estará dirigida contra Israel, y desatará un «diluvio» contra ellos para destruirlos. Esto nos muestra que Israel es el objeto de la ira de Satanás. Otros pasajes también predicen esta ira contra Israel, pero Apocalipsis 12 nos ayuda a entenderla.

- La ira de Satanás contra Israel es una expresión de la furia contra Jesús (el hijo varón). Debemos comprender que la ira de las naciones contra Israel es una expresión de su furia contra Jesús. Él es el motivo de la controversia final, no Israel. El rol de Israel en el plan de Dios para darle el trono sobre las naciones a Jesús, pone a Israel en el centro del conflicto final.

- La «tierra» ayudará a salvar y preservar a la mujer. Esto nos dice que el ataque de Satanás no tendrá éxito. Algo ocurrirá en la tierra que jugará un papel importante para mantener con vida a Israel (la mujer).

- Satanás estará furioso cuando no pueda destruir a Israel. Esto nos recuerda que la destrucción de la mujer es su objetivo primordial.[151]

- Cuando no pueda destruir a Israel, Satanás dirigirá su ira contra los seguidores de Jesús. Esto nos dice que los seguidores de Jesús jugarán un rol en el plan que Dios tiene para la preservación del pueblo de Israel en los últimos tiempos.

---

[151] Este ataque es tan severo que hay campos de concentración, cautividad y la subsecuente liberación de estos campos descritos y frecuentemente mencionados por los profetas. Esto da a entender lo sistemático del asalto y la escala del mismo. Ver Isaías 11:11–16; 27:12–13; 42:6–24; 49:5–25; 61:1–2; Jeremías 30:3–24; 31:1–23; Ezequiel 20:33–44; 39:25–29; Oseas 11:10–11; Amós 9:8–15; Joel 3:1–2; Sofonías 3:19–20; Zacarías 9:10–14.

Apocalipsis 12 nos dice que la mujer es llevada al desierto. El desierto probablemente representa las naciones y cómo ellas servirán a Israel. Todo esto es parte de cómo la tierra preservará a la mujer.

- Apocalipsis 12 predice algo que no ha pasado nunca antes en la historia: una Iglesia madura que sirve a Israel durante la hora más difícil en la historia de la humanidad. Durante los últimos tiempos, la iglesia jugará un papel importante para prevenir que Satanás destruya a Israel a medida que desata su ira en contra de las promesas de Dios.

Hay que notar que Israel en este contexto, se refiere al pueblo de Israel, no necesariamente a la nación política. Dios prometió a Jeremías que aunque Babilonia había conquistado a la nación política de Israel, él preservaría a Israel para siempre como un pueblo. Apocalipsis 12 no se enfoca en la preservación de la nación de Israel (aunque los profetas nos dicen que el Anticristo no podrá conquistar completamente Jerusalén[152]), sino en la preservación del pueblo de Israel. Esto explica por qué la visión utiliza a una mujer para representar a Israel. El énfasis es la gente.

Apocalipsis 12 nos da una escalofriante advertencia: *El intento final de Satanás de impedir el plan redentor de Dios será un ataque al pueblo judío, un ataque enfocado en romper las promesas de Dios.* Como creyentes, somos llamados a reconocer las estrategias de Satanás y prepararnos para la hora más oscura de la historia. Parte de eso es prepararnos para servir al pueblo judío, incluso al costo de nuestras propias vidas.

LA IRA DEL ENEMIGO EN CONTRA DE ISRAEL DURANTE LOS ÚLTIMOS TIEMPOS

La mayoría de cristianos asumen que la Iglesia es el objetivo principal de la ira de Satanás durante los últimos momentos de la historia, pero eso no es correcto. El enemigo perseguirá severamente a la Iglesia, y el martirio será parte de la gran tribulación,[153] pero necesitamos entender cómo y por qué él enfocará su furia de esta manera.

---

[152] Zacarías 14:2; Apocalipsis 11.

[153] Apocalipsis 6:9; 7:14; 12:11.

Apocalipsis 12 predice lo que los profetas también predijeron: Israel será el centro de la ira de Satanás en los últimos días. (Esto explica las repetidas predicciones de la Biblia sobre que en nombre de Israel, Dios desatará su ira en los últimos tiempos sobre las naciones[154]). La lógica de Satanás es fría, cruel y calculadora debido a que su principal objetivo es romper las promesas de Dios y evitar el regreso de Jesús para que su propio juicio no sea posible.

Aun si Satanás pudiera matar a cada seguidor de Jesús (se estima que somos dos billones de personas), no afectaría las promesas de Dios o el regreso de Jesús de ninguna forma. De hecho, Jesús nos advirtió que seríamos odiados y sufriríamos persecución,[155] la Biblia predice que muchos creyentes perderán sus vidas durante los últimos tiempos y heredarán grandes recompensas debido a ello.[156]

Sin embargo, Israel es algo completamente diferente. *Si Satanás logra eliminar los estimados catorce o quince millones de judíos en la tierra[157], entonces las promesas de Dios, incluyendo el regreso de Jesús, se desmoronan.* Por lo tanto, el asalto final del enemigo en contra de las promesas de Dios, el más espantoso, incluirá el intento de eliminar al pueblo judío para poder prevenir el regreso de Jesús y su subsecuente juicio.

En los últimos tiempos, el enemigo arremeterá contra Israel al punto de buscar la aniquilación, pues es la forma más eficiente de atacar el plan redentor de Dios. Eso significaría que no existiría un pueblo de Israel salvo ni ningún remanente que recibiera a Jesús y cumpliera este papel cuando el Señor regrese. Significaría que Dios no pudo ser capaz de preservar a este pueblo como lo prometió. La salvación final de Dios sobre Israel pone en marcha el juicio sobre las naciones, así que también significaría que la maldad en las naciones quedaría sin ser juzgada. *Si el pueblo judío deja*

---

[154] Isaías 34:1–3, 8; 49:26; 61:2–3; 63:1–9; Joel 3:9–14; Sofonías 1:14–15; 3:8, 14–15, 17, 19–20; Zacarías 12:2–4; 14:1–5, 9.

[155] Mateo 10:16–25; Marcos 13:9–13; Juan 16:2, 33.

[156] Apocalipsis 6:9–10; 7:9–14; 12:11.

[157] DellaPergola, Sergio. "World Jewish Population, 2015," en *The American Jewish Year Book, 2015, Volume 115* (2015). Eds. Arnold Dashefsky e Ira M. Sheskin (Dordrecht: Springer) pp. 273–364. *Disponible en inglés.*

de existir, y si no se salvan tal y como lo predice la Biblia, entonces las promesas de Abraham no pueden ser cumplidas y todas las promesas de Dios colapsan.[158]

Esta es la raíz del antisemitismo. El antisemitismo es mucho más que simple racismo; es la acusación de que los judíos son la razón principal de los problemas del mundo. Esta es la posición que Satanás ha tomado en toda la historia, y la volverá a tomar al final de la era ya que, para él, esta es una declaración verdadera. La redención de ellos es juicio para él; por lo tanto, siempre y cuando existan los judíos, ellos son un recordatorio de la fidelidad de Dios y una parte clave de la estrategia de Dios para traer redención.

Dado que el pueblo judío prepara las condiciones para el regreso de Jesús y sus juicios, los islamistas, los fascistas, los humanistas y muchos otros pueden estar en desacuerdo acerca de casi todos los temas habidos y por haber, pero están de acuerdo en que los judíos son la fuente de todos los problemas del mundo.

UNA ADVERTENCIA SOBRIA Y GRÁFICA

La sobria predicción que hace la Biblia acerca del conflicto final sobre Israel, es una advertencia hacia nosotros para que tomemos los eventos del siglo veinte de forma muy seria, más seria de lo que los hemos tomado hasta ahora. El pueblo judío ha sobrevivido persecución (trágica, a veces, aun por parte de gente que dice ser cristiana), calamidad, y más de un intento de aniquilación. Sin embargo, el Holocausto es un evento único en la historia. La magnitud de lo que sucedió en el Holocausto fue diferente si la comparamos a las calamidades antiguas de Israel por parte de Babilonia, Roma y Antíoco.

Tanto Babilonia como Roma estuvieron dispuestas a permitir que el pueblo judío existiera con una medida limitada de auto-gobierno, siempre y cuando se sometieran al dominio del imperio. Destruyeron Jerusalén solamente después de que Jerusalén se rehusó a someterse a su gobierno. Aun Antíoco —quien fue indescriptiblemente salvaje — fue impulsado por sus objetivos religiosos y políticos. Aunque se volvió uno de los prototipos del Anticristo más infames de la historia, recompensó a los judíos que estuvieran dispuestos a ceder y jurarle lealtad adoptando su religión. Babilonia, Roma y Antíoco, buscaron destruir a Israel cuando Israel se volvió un obstáculo para sus planes.

---

[158] Jeremías 31:35–37; 33:25–26.

Sin embargo, ninguno de los anteriores vio la eliminación total de Israel como parte crucial para alcanzar sus objetivos.

El Holocausto fue completamente distinto. No se trataba de un conflicto político por la toma de algún territorio, tampoco del sometimiento a una agenda política. Cuando Hitler asumió el poder pudo haber utilizado al pueblo judío como un recurso para la nación Alemana. Muchos judíos eran profesionales comprometidos con el éxito alemán. A diferencia de Antíoco, Hitler no le dio al pueblo judío la oportunidad de declararle su lealtad. La única opción era ejecutarlos por el simple hecho de ser judíos. Aun cuando la maquinaria bélica empezó a fallar, Hitler mandó a quitar recursos de la línea de combate para acelerar el trabajo en los campos de muerte. Él sabía que su malvada agenda sólo podía tener éxito si los judíos eran eliminados.

El derecho que Dios tiene de soberanía absoluta y su plan redentor se desmoronarían si él no es capaz de preservar a este pequeño grupo étnico y llevarlo a su destino. El enfoque de Hitler y su espantosa tenacidad nos proveen una horrorosa vista previa del Anticristo, pues él sabe que si logra eliminar al pueblo judío, pueden romperse las promesas del Dios de Israel.

Aunque han existido muchos anticristos y muchos prototipos del Anticristo a lo largo de la historia,[159] posiblemente Hitler es la mejor ilustración de cómo será el Anticristo final. Esto se debe a muchas razones:

- Nadie imaginó que partiendo de inicios relativamente desconocidos, Hitler repentinamente adquiriría tanta importancia y poder nacional. La Biblia nos narra que el al principio, el Anticristo será considerado como un líder insignificante y no se le dará el honor que se le otorga a la realeza.[160]

- Hitler fue conocido por su poderosa oratoria y sus hipnóticos discursos. Algunas de las principales características del

---

[159] 1 Juan 2:18.

[160] Daniel 7:8; 8:9; 11:21.

Anticristo en la Biblia son sus discursos inspiradores y sus palabras osadas y poderosas.[161]

- Hitler promovió la visión de un imperio de mil años. Esto fue una falsificación del gobierno de mil años de Jesús[162] y un intento de subvertir a Jesús como Mesías.

- Hitler hizo que la exterminación del pueblo judío fuera una de sus metas principales; él creía que la exterminación del pueblo judío era necesaria para lograr su deseo de construir un imperio malvado. El Anticristo también buscará la exterminación de los judíos para que sus objetivos puedan ser cumplidos.

- El Holocausto de Hitler tomó por sorpresa a una nación entera. Aún al final de la guerra, muchos alemanes fueron incapaces de comprender el alcance de lo sucedido. De la misma forma, la intensidad del conflicto durante los últimos tiempos en torno a Israel tomará por sorpresa a todas las naciones.

- El Holocausto fue una prueba seria para la Iglesia. La ira de los últimos tiempos en contra de Israel será nuevamente una prueba para la Iglesia.

- La parte más escalofriante del Holocausto —conocida como *la solución final*— duró casi el mismo periodo de tiempo que durará la parte más intensa de la gran tribulación. Durante este período, los Nazis aceleraron el genocidio del pueblo judío. (El primer centro de muerte de *la solución final* inició el 8 de diciembre de 1941, y el Holocausto se acabó con la derrota de los Nazis el 8 de mayo de 1945.[163] Esto significa que la parte más intensa del Holocausto se acabó un mes antes de cumplir exactamente tres años y medio. En repetidas ocasiones, la

---

[161] Daniel 7:8, 20, 25; 11:36; 2 Tesalonicenses 2:4; Apocalipsis 13:5–6.

[162] Apocalipsis 20:3.

[163] Museo del Holocausto de los Estados Unidos. "La Solución Final.'" Holocaust Encyclopedia. Accesado el 14 de marzo de 2017. https://www.ushmm.org/outreach/en/article.php?ModuleId=10007704.

Biblia se refiere al período de tres años y medio como la duración de la tribulación venidera,[164] no es casualidad que estos dos períodos de tiempo sean tan similares. Esto tiene la intención de que prestemos atención a la Segunda Guerra Mundial).

En distintas maneras, el Holocausto nos da una horrenda imagen de lo que el Anticristo intentará hacer. Así como Hitler, el futuro Anticristo tratará de romper las promesas de Dios al tratar de aniquilar al pueblo judío. Esto consumirá la atención del Anticristo. Él desatará una destrucción global buscando este objetivo, ya que al eliminar al pueblo de Israel, se lograría lo que nada más puede lograr: acabar con las promesas de Dios haciendo a Dios quedar como un mentiroso que no pudo cumplir lo que prometió.

El hecho de que este horrible evento haya ocurrido en nuestra generación al mismo tiempo que Israel resurgió como una nación soberana debería de hacer que tomemos todo esto muy en serio. *Si el enemigo se enfureció tanto en torno al nacimiento del estado moderno de Israel, ¿cuánto más lo hará en torno a la salvación de la nación?*

A lo largo de los últimos dos mil años Israel ha soportado pruebas, pero debemos preguntarnos por qué una prueba de tal intensidad resurgió de manera repentina en nuestra generación al mismo tiempo que Dios ponía en marcha una reunificación histórica de Israel para demostrar su compromiso con ellos. *Debemos entender las implicaciones de la intensidad que está creciendo en torno a la salvación de Israel y hablar osadamente y con claridad acerca de ello.*

La Segunda Guerra Mundial sirve como una advertencia como una seria advertencia para la Iglesia. Demuestra cómo la crisis que se centró en Israel también es una prueba para la Iglesia. Una de las grandes tragedias de la Segunda Guerra Mundial fue que una gran parte de la iglesia no aprobó la prueba del Holocausto.

La Segunda Guerra Mundial ilustra la predicción de Apocalipsis 12 de que la ira de Satanás contra Israel se volverá una ira contra la Iglesia que se mantenga fiel a lo que Dios ha dicho. Aunque el enemigo desatará su ira contra Israel, de repente, la Iglesia conformada por los gentiles, también se volverá en el objeto de esta ira.

---

[164] Daniel 7:25; 9:27; 12:7; Apocalipsis 11:2–3; Apocalipsis 13:5.

Honestamente, ¿consideramos que la Iglesia mundial está mejor equipada ahora de lo que estuvo el siglo pasado para pasar esta prueba? *¿Estamos activamente preparando a la Iglesia para un evento similar al Holocausto, pero que lo sobrepasará en maneras que no podemos imaginar?*

ALGO INCONCEBIBLE SE APROXIMA

El Holocausto es un prototipo escalofriante de lo que el enemigo intentará hacer justo antes de que Jesús regrese. A medida que perciba la cercanía del regreso de Jesús y el cumplimiento de las promesas, él no se quedará callado, ni estará pasivo, pues el cumplimiento de las promesas pone en marcha los juicios.

Satanás responderá a Dios por su compromiso público y atrevido a sus promesas y poner en curso su plan redentor para Israel. Simplemente no podemos ignorar o asumir que el problema no existe. *Dios y su enemigo pelearán sobre la salvación de Israel una vez más. Esta vez será un conflicto final y sin precedentes en torno al futuro de las promesas de Dios y el juicio de su enemigo.*

Dios desatará un poder sobrenatural y preservará al pueblo judío, pero habrá un sufrimiento increíble en todas las naciones; tanto para judíos como para gentiles. La tierra entera sentirá los efectos de esta ira. La Iglesia carece de entendimiento y preparación respecto a esto.

No podemos concebir lo que pasará en la tierra cuando Satanás decida pelear su última batalla y desatar su ira contra las promesas de Dios. La Segunda Guerra Mundial no fue el conflicto final entre el bien y el mal. Algo mucho más grande está por venir. *La tierra aun no ha sentido la ira del enemigo en contra de las promesas de Dios.* Se nos ha advertido que este será un día como nunca antes:

> « *¡Ay! porque grande es aquel día, no hay otro semejante a él; es tiempo de angustia para Jacob, mas de ella será librado* » (Jeremías 30:7).

> « *Será un tiempo de angustia cual nunca hubo desde que existen las naciones hasta entonces* » (Daniel 12:1).

> « *...día de tinieblas y lobreguez, día nublado y de densa oscuridad. Como la aurora sobre los montes, se extiende un pueblo grande y poderoso; nunca ha habido nada semejante a él, ni tampoco lo habrá después por años de muchas generaciones* » (Joel 2:2).

« *Porque habrá entonces una gran tribulación, tal como no ha acontecido desde el principio del mundo hasta ahora, ni acontecerá jamás* » *(Mateo 24:21).*

Aunque es cierto que Israel es parte central en los eventos de los últimos tiempos, Israel no es el objetivo final; es Jesús. El enemigo desatará su ira contra Israel porque al final de todo, él no está luchando contra Israel, está haciendo guerra contra Jesús y contra el plan redentor de Dios usando los medios que tiene a su mano.

El regreso de Jesús como Rey es un evento que no podemos imaginar. Reformará radicalmente todas las cosas. Cuando él regrese, juzgará a las naciones, recompensará a los justos, castigará la maldad y acabará con la habilidad de Satanás de influenciar y engañar a las naciones.[165] *La furia del enemigo contra Israel durante los últimos tiempos, será una expresión de lo lejos que el enemigo intentará hacer para prevenir que Jesús ejecute el juicio sobre él.* El poder de Satanás quedó roto en la cruz,[166] y él no puede destronar a Jesús en los cielos, así que la tierra se volverá el campo de batalla final en donde él se resistirá al reinado de Jesús por todos los medios posibles.

Mientras más nos acercamos al final, más desesperado estará nuestro enemigo. Su desesperación tendrá que ver con el compromiso de Jesús de salvar a Israel antes de asumir su trono. No solamente tratará de impedir que Israel reciba el evangelio, también tratará de eliminarlos como pueblo para prevenir cualquier posibilidad de que se arrepientan e inicie el reinado de Jesús.

---

[165] Apocalipsis 19:11–20:3.

[166] Colosenses 2:15; Hebreos 2:14–15.

JESÚS Y EL JUICIO DE LAS NACIONES

En los capítulos del 24 al 25 de Mateo, Jesús dio su enseñanza más larga sobre de los últimos tiempos. Este sermón es llamado *el discurso de los olivo*, dado que Jesús lo realizó en el monte de los Olivos. Esta enseñanza afecta profundamente la manera en la que percibimos el regreso de Jesús. Ella enfatiza lo importante que es que comprendamos los temas principales.

La enseñanza puede ser resumida de manera general de la siguiente forma:

1. Mateo 24:3–14: Asuntos en las naciones que precederán a los últimos tiempos.

2. Mateo 24:15–3: Eventos clave en los últimos tiempos.

3. Mateo 24:36–44: Instrucciones acerca de las temporadas y la necesidad de estar preparados para el regreso de Jesús.

4. Mateo 24:45–25:30: Parábolas sobre cómo prepararnos para el regreso de Jesús.

5. Mateo 25:31–46: El juicio de Jesús sobre las naciones.

Hay tres claves para entender esta enseñanza:

1. Entender el pasaje entero como un solo sermón.

2. Identificar el amplio uso que Jesús hizo de las profecías del Antiguo Testamento.

3. Entender el fluir de Jesús como maestro.

UN SÓLO SERMÓN PARA RESPONDER A UNA PREGUNTA

Mateo 24 y 25 son la respuesta a los discípulos que preguntaban a Jesús cómo iba a cumplir las profecías de los profetas e iniciar su reinado sobre Jerusalén:

> « Y estando Él sentado en el monte de los Olivos, se le acercaron los discípulos en privado, diciendo: Dinos, ¿cuándo sucederá esto, y cuál será la señal de tu venida y de la consumación de este siglo? » (Mateo 24:3).

En ese momento, los discípulos no esperaban que Jesús se fuera para luego regresar en el futuro, así que no estaban preguntando específicamente acerca de una segunda venida. Los discípulos hicieron esta pregunta porque Jesús había entrado a Jerusalén de la misma forma en la que el profeta Zacarías había dicho que vendría el Mesías,[167] pero en lugar de iniciar su reinado, Jesús reprendió ásperamente a los líderes religiosos y advirtió que no tomaría su lugar como Rey hasta que ellos le recibieran.[168] Los discípulos estaban completamente confundidos por esta serie de eventos. Mateo 21 parecía ser el principio del cumplimiento de lo que los profetas habían dicho, pero después todo cambió.

Ya que los discípulos estaban perplejos (con mucha razón), Jesús citó varios pasajes del Antiguo Testamento para demostrar que permanecía comprometido a cumplir lo que los profetas del Antiguo Testamento habían profetizado. *Estas profecías serán cumplidas de una forma completamente inesperada, es decir, en dos venidas en lugar de una; pero todas serán cumplidas.*

También necesitamos reconocer el desarrollo de Jesús como maestro. Mateo 24 es el principio de su respuesta a la pregunta de los discípulos, mientras que Mateo 25 es la conclusión de su respuesta. Como todo buen maestro, la respuesta de Jesús lleva a una conclusión y una aplicación que espera que sus oyentes reciban y tomen en serio. Para poder ver la conclusión de Jesús en su contexto, necesitamos tratar los capítulos de Mateo 24 y 25 como un todo.

---

[167] Mateo 21:4–5.

[168] Mateo 23:39.

LA APLICACIÓN DE JESÚS EN LAS PROFECÍAS DEL ANTIGUO TESTAMENTO

En este sermón, Jesús presentó muy poca información nueva. Principalmente resumió lo que los profetas ya habían dicho. Aquí están algunas de las referencias que Jesús hizo acerca del Antiguo Testamento:

- En Mateo 24:15, Jesús citó Daniel 8:13, 9:27, 12:11, y 11:31, por lo tanto, instruyó a sus oyentes a que estudiaran y entendieran la profecía de Daniel para poder comprender lo que estaba enseñándoles.

- En Mateo 24:21, citó Daniel 12:1 de manera directa y en transcurso también hizo referencia a Jeremías 30:7 y Joel 2:2.

- En Mateo 24:22, Jesús aludió a Zacarías 13:8 y 14:2 sobre de cómo se acortarían los días.

- En Mateo 24:7, hizo referencia de nuevo a Zacarías, específicamente Zacarías 9:14, haciendo un símil y comparando su venida con el relámpago.

- En Mateo 24:29, Jesús citó Isaías 13:9–10 y Joel 2:31 y 3:15. En el mismo verso, también aludió a Isaías 14:12, Isaías 34:4, Amós 5:20 y 8:9, y Sofonías 1:14–15.

- En Mateo 24:30, Jesús citó Zacarías 12:10–12 y Daniel 7:13–14.

Ya que Jesús usó profecías del Antiguo Testamento como la fuente de sus enseñanzas, debemos interpretar sus enseñanzas de acuerdo a las promesas del Antiguo Testamento. Jesús no estaba reinterpretando las expectativas del Antiguo Testamento; las estaba afirmando. El proceso que cumplirá con estas expectativas será completamente distinto a lo que cualquiera pudiera esperarse, pero las profecías llegarán a su cumplimiento.

JESÚS RESUME SU REGRESO

En estos dos capítulos existe un fluir general en la enseñanza de Jesús. Él inició resumiendo los eventos de los últimos tiempos basado en lo que los profetas habían profetizado. Jesús afirmó sus profecías e indicó su dedicación al cumplimiento de lo que los profetas ya habían dicho.

Jesús continuó con varias parábolas para ilustrar cómo vivir mientras esperamos el cumplimiento de estas profecías. Después de estas parábolas, Jesús da su conclusión al mensaje entero de Mateo 25:31–46.

La conclusión de Jesús en Mateo 25:31 al 46 es una de sus profecías más dramáticas:

> « Pero cuando el Hijo del Hombre venga en su gloria, y todos los ángeles con Él, entonces se sentará en el trono de su gloria; y serán reunidas delante de Él todas las naciones; y separará a unos de otros, como el pastor separa las ovejas de los cabritos. Y pondrá las ovejas a su derecha y los cabritos a su izquierda. Entonces el Rey dirá a los de su derecha: "Venid, benditos de mi Padre, heredad el reino preparado para vosotros desde la fundación del mundo. "Porque tuve hambre, y me disteis de comer; tuve sed, y me disteis de beber; fui forastero, y me recibisteis; estaba desnudo, y me vestisteis; enfermo, y me visitasteis; en la cárcel, y vinisteis a mí." Entonces los justos le responderán, diciendo: "Señor, ¿cuándo te vimos hambriento, y te dimos de comer, o sediento, y te dimos de beber? "¿Y cuándo te vimos como forastero, y te recibimos, o desnudo, y te vestimos? "¿Y cuándo te vimos enfermo, o en la cárcel, y vinimos a ti?" Respondiendo el Rey, les dirá: "En verdad os digo que en cuanto lo hicisteis a uno de estos hermanos míos, aun a los más pequeños, a mí lo hicisteis." Entonces dirá también a los de su izquierda: "Apartaos de mí, malditos, al fuego eterno que ha sido preparado para el diablo y sus ángeles. "Porque tuve hambre, y no me disteis de comer, tuve sed, y no me disteis de beber; fui forastero, y no me recibisteis; estaba desnudo, y no me vestisteis; enfermo, y en la cárcel, y no me visitasteis." Entonces ellos también responderán, diciendo: "Señor, ¿cuándo te vimos hambriento, o sediento, o como forastero, o desnudo, o enfermo, o en la cárcel, y no te servimos?" Él entonces les responderá, diciendo: "En verdad os digo que en cuanto no lo hicisteis a uno de los más pequeños de éstos, tampoco a mí lo hicisteis." Y éstos irán al castigo eterno, pero los justos a la vida eterna. »

Jesús empieza identificándose como el glorioso «Hijo del Hombre» de la visión de Daniel 7.[169] Esta referencia hace que esta sección sea más dramática, ya que Daniel 7 describe a Dios viniendo en su gloria y poniendo al «Hijo de Hombre» a juzgar a las naciones:

---

[169] El uso que Jesús hizo de la frase Hijo de Hombre durante su ministerio fue muy controversial ya que es una referencia del Hombre exaltado que juzga en lugar de Dios.

« Seguí mirando en las visiones nocturnas, y he aquí, con las nubes del cielo venía uno como un Hijo de Hombre, que se dirigió al Anciano de Días y fue presentado ante Él. Y le fue dado dominio, gloria y reino, para que todos los pueblos, naciones y lenguas le sirvieran. Su dominio es un dominio eterno que nunca pasará, y su reino uno que no será destruido » (vv. 13–14).

Considerando que esta es una conclusión dramática de la enseñanza más larga de Jesús acerca de los últimos tiempos, necesitamos prestarle mucha atención. Diferentes interpretaciones del pasaje a lo largo de la historia de la Iglesia han dejado a muchos creyentes con la idea de que este pasaje es difícil de entender. En realidad, esta sección final de las enseñanzas de Jesús es relativamente sencilla.

JESÚS REPITIÓ LO QUE LOS PROFETAS PREDIJERON

Las tres claves que identificamos antes: tomar el sermón como un sólo tema, reconocer las referencias del Antiguo Testamento y reconocer el orden de la enseñanza de Jesús, son las que hacen que el final del sermón sea relativamente fácil de entender. Ya que a este pasaje le siguen varias parábolas, muchos piensan que esta sección final también es una parábola. Sin embargo, no lo es. Es una conclusión literal de la enseñanza entera que describe el juicio de Jesús sobre las naciones en su regreso.

Jesús describió este juicio porque él esperaba que los discípulos recordaran esta parte de su enseñanza y le enseñaran a la Iglesia a responder apropiadamente. Es un pasaje de la escritura increíblemente serio, Jesús no tenía la intención de que fuera difícil de entender. Este pasaje no es una nueva profecía. Jesús repitió algo conocido del Antiguo Testamento que se encuentra en Joel 3:

« Porque he aquí que en aquellos días y en aquel tiempo, cuando yo restaure el bienestar de Judá y Jerusalén, reuniré a todas las naciones, y las haré bajar al valle de Josafat. Y allí entraré en juicio con ellas a favor de mi pueblo y mi heredad, Israel, a quien ellas esparcieron entre las naciones, y repartieron mi tierra. También echaron suertes sobre mi pueblo, cambiaron un niño por una ramera, y vendieron una niña por vino para poder beber » (vv. 1–3).

Jesús no solamente señaló el lenguaje de Joel 3, también actuó el pasaje. El valle de Josafat[170] está en la parte este de Jerusalén. Es lo que separa al Monte de los Olivos del templo y la parte este de Jerusalén. Al estar enseñando, Jesús se sentó en el Monte de los Olivos, vio hacia el valle de Josafat y hacia la ciudad de Jerusalén y predijo el día en que reuniría a las naciones en ese valle justo como Joel ha dicho.

Jesús dio una ilustración visual

Mientras Jesús enseñaba, resultaba más sencillo imaginar sus gestos y los movimientos con su mano derecha y mano izquierda al estar apuntando hacia Gehena.[171] Gehena es un valle al sur de Jerusalén que inicia en la esquina sureste de la ciudad (recordemos que Jesús estaba al este de la ciudad, en el Monte de los Olivos). Ese valle era el basurero de Jerusalén en donde se quemaba el desperdicio. En los días de Jesús, ardía durante todo el día y la noche. En las traducciones de la Biblia al inglés, cada vez que Jesús usa la palabra *infierno*, la palabra literalmente se usaba era *Gehena*. Gehena fue el punto de referencia que utilizó Jesús para el castigo, y cuando predijo que arrojaría a personas hacia el lado izquierdo, los discípulos entendieron inmediatamente lo que quiso decir.

Mientras que los discípulos escuchaban a Jesús, no se sintieron confundidos por el significado del pasaje, sin embargo, se sorprendieron por algo totalmente distinto. En Joel 3, YHWH era el que juzgaba a las naciones. En Mateo 25:31, Jesús es el que juzga a las naciones. La referencia de Jesús de Joel 3 tiene una revelación profunda: *él es el Juez divino de Joel 3*.[172] Cuando empezó su enseñanza, los apóstoles se quedaron en completo asombro, tratando de comprender que el Juez divino de Joel 3 estaba en carne y hueso, sentado delante de ellos.

---

[170] El nombre *Josafat* significa literalmente, "YHWH juzga," así que la frase *Valle de Josafat* literalmente lo describe como el lugar en donde Dios juzga. También se le conoce como el Valle de Cedrón.

[171] También conocido como el valle de Hinnom.

[172] Ver también Daniel 7:13–14; Mateo 16:27; 28:18; Juan 5:22; 17:2; Hechos 10:42; 17:31; Romanos 2:16; 2 Corintios 5:10; 2 Tesalonicenses 1:7–10; 2 Timoteo 4:1; 1 Pedro 4:5; Apocalipsis 20:11–12.

La frase confusa

En este pasaje ¿Qué puede resultar confuso en el uso que Jesús hace de la frase *mis hermanos?* ¿Está Jesús refiriéndose a sus discípulos, o a sus hermanos físicos, los de sangre judía? En cierto sentido, todos los creyentes son hermanos de Jesús,[173] así que es ciertamente un concepto bíblico el que los discípulos y todos los creyentes pueden ser considerados hermanos de Jesús. Al mismo tiempo, existe un precedente en el Antiguo Testamento acerca de Dios identificándose con el pueblo judío, particularmente en su sufrimiento y aflicción.[174]

La frase *mis hermanos* debe ser interpretada en contexto, y en este caso, el contexto se vuelve claro cuando vemos los puntos clave acerca de los juicios de Jesús:

- El período de este pasaje es el regreso de Jesús. Describe el juicio que Jesús ejecuta sobre las naciones al momento de su regreso.

- Jesús juzga a las naciones basado en la respuesta práctica que las naciones exhiben a favor de sus hermanos.

- Jesús recompensa a aquellos que estuvieron dispuestos a servir a sus hermanos en medio de la crisis.

- Jesús se refiere a sus hermanos como a *los más pequeños*.

Al observar Joel 3, vemos que la base de la evaluación de Dios es simple, eso explica por qué los discípulos no se confundieron con respecto al significado de este pasaje:

« Reuniré a todas las naciones, y las haré bajar al valle de Josafat. Y allí entraré en juicio con ellas a favor de mi pueblo y mi heredad, Israel, a quien ellas esparcieron entre las naciones, y repartieron mi tierra. También echaron suertes sobre mi pueblo, cambiaron un niño por una ramera, y vendieron una niña por vino para poder beber » (vv. 2–3).

Joel predijo que vendría un tiempo en que Dios juzgaría a las naciones en nombre de Su pueblo y Su herencia: Israel. La descripción de Joel acerca de lo que precedía a ese juicio tiene sentido en la frase *los*

---

[173] Salmos 89:27; Mateo 12:50; Hebreos 2:10–12; Romanos 8:29.

[174] Deuteronomio 32:10; Isaías 63:9; Miqueas 5:3; Zacarías 2:8.

más pequeños de éstos. Las naciones se volverán en contra del pueblo judío como nunca antes, tratando de oprimir, marginar y aun eliminarlos. Hemos resumido ira que viene en contra de Israel, eso explica la profecía de Joel de que Dios reunirá a las naciones en el valle de Josafat (al cual él le llama *el valle de la decisión*) y desatará su ira sobre ellos:

> « *Proclamad esto entre las naciones: Preparaos para la guerra, despertad a los valientes; acérquense, suban todos los soldados. Forjad espadas de vuestras rejas de arado y lanzas de vuestras podaderas; diga el débil: Fuerte soy. Apresuraos y venid, naciones todas de alrededor, y reuníos allí. Haz descender, oh Señor, a tus valientes. Despiértense y suban las naciones al valle de Josafat, porque allí me sentaré a juzgar a todas las naciones de alrededor. Meted la hoz, que la mies está madura; venid, pisad, que el lagar está lleno; las tinajas rebosan, porque grande es su maldad. Multitudes, multitudes en el valle de la decisión. Porque cerca está el día del Señor en el valle de la decisión* » (Joel 3: 9–14).

Una predicción consistente

Joel 3 no es una predicción aislada. Es consistente con otros pasajes que predicen que habrá un día que iniciará con las naciones peleando en contra de Israel y terminará con el repentino y dramático juicio de Dios sobre las naciones a favor de Israel.

Zacarías predijo el mismo evento:

> « *He aquí, yo haré de Jerusalén una copa de vértigo para todos los pueblos de alrededor, y cuando haya asedio contra Jerusalén, también lo habrá contra Judá. Y sucederá aquel día que haré de Jerusalén una piedra pesada para todos los pueblos; todos los que la levanten serán severamente desgarrados. Y contra ella se congregarán todas las naciones de la tierra. Aquel día —declara el Señor— heriré a todo caballo de espanto, y a su jinete, de locura. Pero sobre la casa de Judá abriré mis ojos, mientras hiero de ceguera a todo caballo de los pueblos* » (Zacarías 12:2–4).

> « *He aquí, viene el día del Señor cuando serán repartidos tus despojos en medio de ti. Y yo reuniré a todas las naciones en batalla contra Jerusalén; y será tomada la ciudad y serán saqueadas las casas y violadas las mujeres; la mitad de la ciudad será desterrada, pero el resto del pueblo no será cortado de la ciudad. Entonces saldrá el Señor y peleará contra aquellas naciones, como cuando Él peleó el día de la batalla. Sus pies se*

posarán aquel día en el monte de los Olivos, que está frente a Jerusalén, al oriente; y el monte de los Olivos se hendirá por el medio, de oriente a occidente, formando un enorme valle, y una mitad del monte se apartará hacia el norte y la otra mitad hacia el sur. Y huiréis al valle de mis montes, porque el valle de los montes llegará hasta Azal; huiréis tal como huisteis a causa del terremoto en los días de Uzías, rey de Judá. Y vendrá el Señor mi Dios, y todos los santos con Él. . . Y el Señor será rey sobre toda la tierra; aquel día el Señor será uno, y uno su nombre » (14:1–5, 9).

Isaías también predijo el mismo evento pero con un lenguaje todavía más fuerte:

« Ruido de tumulto en los montes, como de mucha gente. Ruido de estruendo de reinos, de naciones reunidas. El Señor de los ejércitos pasa revista al ejército para la batalla. Vienen de una tierra lejana, de los más lejanos horizontes, el Señor y los instrumentos de su indignación, para destruir toda la tierra. Gemid, porque cerca está el día del Señor; vendrá como destrucción del Todopoderoso » (Isaías 13:4–6).

« Acercaos, naciones, para oír, y escuchad, pueblos; oiga la tierra y cuanto hay en ella, el mundo y todo lo que de él brota. Porque el enojo del Señor es contra todas las naciones, y su furor contra todos sus ejércitos; las ha destruido por completo, las ha entregado a la matanza. Sus muertos serán arrojados, y de sus cadáveres subirá el hedor, y las montañas serán empapadas con su sangre . . . Porque es día de venganza del Señor, año de retribución para la causa de Sion » (34:1–3, 8).

También Sofonías usó un lenguaje intenso para describir este día:

« Cercano está el gran día del Señor, cercano y muy próximo. El clamor del día del Señor es amargo; allí gritará el guerrero. Día de ira aquel día, día de congoja y de angustia, día de destrucción y desolación, día de tinieblas y lobreguez, día nublado y de densa oscuridad » (Sofonías 1:14– 15).

« Por tanto, esperadme —declara el Señor— hasta el día en que me levante como testigo, porque mi decisión es reunir a las naciones, juntar a los reinos, para derramar sobre ellos mi indignación, todo el ardor de mi ira; porque por el fuego de mi celo toda la tierra será consumida. . . Canta

jubilosa, hija de Sion. Lanza gritos de alegría, Israel. Alégrate y regocíjate de todo corazón, hija de Jerusalén. El Señor ha retirado sus juicios contra ti, ha expulsado a tus enemigos. El Rey de Israel, el Señor, está en medio de ti; ya no temerás mal alguno . . . El Señor tu Dios está en medio de ti, guerrero victorioso; se gozará en ti con alegría, en su amor guardará silencio, se regocijará por ti con cantos de júbilo . . . He aquí, en aquel tiempo me ocuparé de todos tus opresores; salvaré a la coja y recogeré a la desterrada, y convertiré su vergüenza en alabanza y renombre en toda la tierra. En aquel tiempo os traeré, en aquel tiempo os reuniré; ciertamente, os daré renombre y alabanza entre todos los pueblos de la tierra, cuando yo haga volver a vuestros cautivos ante vuestros ojos—dice el Señor » (3:8, 14–15, 17, 19–20).

A lo largo de todos los profetas podemos encontrar repetidamente este evento de forma resumida,[175] estas profecías nunca se han cumplido. Jerusalén ha soportado múltiples invasiones pero nunca la invasión de una multitud de naciones, para luego ser interrumpida por Dios desatando su ira sobre las naciones invasoras. Todos los antiguos sitios sobre la ciudad de Jerusalén han terminado en el sufrimiento de Israel a manos de las naciones, pero los profetas predicen que será sitiada de nuevo mas dicho evento culminará con la salvación de Israel y el juicio de Dios contra las naciones debido a su trato con los judíos. *Este es el evento al que Mateo 25 se refiere.*

Jesús no se está refiriendo al juicio de los justos. Los justos son reunidos con Jesús tan pronto como aparezca en las nubes antes de que llegue a Jerusalén.[176] No es el juicio sobre cada individuo en la historia de la humanidad; este es un evento que ocurrirá al regreso de Jesús. En ese día, Jesús juzgará a las naciones basado en sus respuestas a Jerusalén, ya que el conflicto que explotará en los últimos tiempos en torno a Israel será una expresión de furia contra Jesús.

LAS IMPLICACIONES DEL JUICIO DE JESÚS EN EL DÍA FINAL

La predicción de Jesús acerca de los juicios que desataría en su regreso fueron consistentes con lo que los profetas habían predicho. Dado que

---

[175] Ver también Jeremías 30:7–11; Daniel 12:1.

[176] 1 Corintios 15:23, 52; 1 Tesalonicenses 4:16–17.

esta es la conclusión que Jesús da en su enseñanza más larga acerca del tema de los últimos tiempos. Él esperaba que nosotros lucháramos con las profundas implicaciones que esto tiene para la Iglesia y las naciones.

Cuando consideramos de manera cuidadosa y sobria Mateo 25 y todo lo que la Biblia dice acerca del regreso de Jesús y su juicio sobre las naciones, nos quedamos con una profecía abrumadora: *antes del regreso de Jesús, las dinámicas en la tierra van a cambiar de tal manera que Jesús podrá evaluar a las naciones basado en una pregunta: ¿cómo respondieron las naciones ante el pueblo de Israel en medio de la crisis de los últimos tiempos?*

Este no será el único problema de los últimos tiempos. La Biblia describe muchas otras señales que serán prominentes. Sin embargo, las dinámicas únicas que surgirán alrededor de Israel harán que ésta sea la prueba de fuego que Jesús pueda usar en sus juicios. Vimos un pequeño ejemplo de esto durante el Holocausto nazi, pero el conflicto final en torno al futuro de Israel será mucho más intenso. *El juicio de Jesús sobre las naciones durante los últimos tiempos revela que Dios va a hacer responsable a las naciones con respecto a su pacto con Israel.* Como veremos, las naciones recibirán testimonio de ese pacto a través de la Escritura y a través del testimonio de la Iglesia.

La predicción de que Jesús puede juzgar a las naciones evaluando su respuesta hacia el pueblo judío durante la furia del Anticristo es simplemente impresionante. Nos revela tres cosas acerca de la crisis final que se avecina:

- Indica la magnitud de la crisis final. Algo está por venir que será mucho más grande de lo que podemos imaginarnos.

- La Iglesia debe entender lo que la Biblia dice acerca de esa crisis y el juicio de Jesús sobre las naciones. Estos versículos fueron dados para que podamos preparar a la Iglesia y a las naciones para lo que viene antes de que suceda.[177]

- La crisis venidera en torno a Israel estará directamente relacionada a la controversia mundial contra Jesús, justificando el juicio que Dios ejecuta contra las naciones. El mayor conflicto en la tierra no es en contra de Israel; es en contra de Jesús. Debemos comprender esta conexión para poder dar un testimonio claro a las naciones.

---

[177] Este es parte del testimonio «del reino» requerido para cumplir Mateo 24:14.

Ninguno de los conflictos previos en contra de Israel ha desatado los juicios de Dios sobre las naciones. Algo mucho más allá de lo que podemos imaginar está por venir, algo que justificará que Dios suelte sus juicios durante el fin. Existen dos desafíos que enfrentamos que pueden impedir que apreciemos en su totalidad la magnitud de lo que ocurrirá. Un desafío es asumir que todo esto es no es más que lenguaje exagerado. Sin embargo, cuando vemos de cerca, podemos observar que ninguna de estas predicciones fue cumplida en la historia. Cuando consideramos los detalles tan específicos de la profecía que se cumplió con la primera venida de Jesús, deberíamos de sentirnos alertados a tomar pasajes que se refieren a su segunda venida seriamente.

El otro desafío es no poder entender completamente la magnitud de los conflictos previos y las batallas por Jerusalén. Tendemos a leer rápidamente las historias de la invasión de Babilonia y la caída de Jerusalén en el año 70 d. C. con muy poca emoción y muy poca consideración de lo que realmente involucraron esos eventos. Jeremías narra que el asedio babilónico fue tan horrendo que las madres estuvieron dispuestas a comerse a sus hijos. De acuerdo a Josefo, los romanos mataron a más de un millón de personas[178] cuando sitiaron Jerusalén en el primer siglo y se quedaron sin árboles para hacer cruces por haber crucificado a tanta gente.[179] La tragedia fue tan intensa que el conquistador romano Tito se rehusó a usar la corona de la victoria diciendo «no hay mérito derrotar a un pueblo abandonado por su propio Dios».[180]

Somos tan ajenos a lo que realmente ocurrió en el mundo antiguo que difícilmente nos parece real. Sin embargo, para entender lo que los profetas están tratando de decirnos, debemos entender sobriamente lo que ha ocurrido en el pasado. Cuando verdaderamente sentimos el peso de la historia, las predicciones de los profetas se vuelven más reales e inquietantes. Si la Biblia es para ser tomada de manera literal, y la primera venida de Jesús nos reafirma que debe de ser así, se avecinan días para los cuales no estamos preparados en lo absoluto.

---

[178] Josefo, *Las guerras de los judíos*, 6:420.

[179] Josefo, *Las guerras de los judíos*, 5:449–41.

[180] Filóstrato, *La vida de Apolonio de Tiana*, 6.29.

Algunos eruditos tratan el lenguaje apasionado de los profetas como si fuera simplemente una hipérbole lingüística describiendo un conflicto más que nada espiritual. Sin embargo, su lenguaje no es meramente hiperbólico. Es el lenguaje de hombres limitados para describir las profecías que les fueron dadas acerca de los últimos tiempos de esta era, donde tanto la justicia como la maldad alcanzarán su madurez y se encontrarán en un conflicto sin precedentes. *Dios pretende que tomemos las palabras de los profetas con seriedad.*

RESPONDIENDO A LAS PALABRAS DE JESÚS

La Biblia no dice que las naciones de cada generación son juzgadas de acuerdo a su entendimiento de los planes y propósitos de Dios para Israel, sin embargo, la Biblia sí predice un momento justo antes del regreso del Señor, cuando el Señor requerirá que las naciones estén de acuerdo con sus propósitos para Israel o de lo contrario enfrentarán su ira. No obstante, la mayoría de la Iglesia no entiende lo que está por suceder y muy pocos están preparando a la Iglesia para esta crisis.

Estas predicciones se nos fueron dadas por dos razones:

1. Para darnos esperanza y valentía acerca del futuro, al entender que al final Dios tendrá victoria sobre la oposición de Satanás.

2. Para hacernos conscientes de lo que vendrá y que podamos colaborar con Dios y su misión como un pueblo con entendimiento.

Debemos estudiar lo que las Escrituras dicen acerca de la crisis venidera para que podamos instruir a nuestros hijos, iglesias, y aun nuestra naciones. Cuando Jesús predijo que juzgaría a las naciones de acuerdo a su respuesta a la crisis de Israel, no estaba diciendo que Israel se convertiría en el asunto final y central de la tierra. Estaba diciendo que Israel, en la última generación, se volvería una prueba de fuego que podría ser usada para evaluar a las naciones. Esto significa que la crisis en torno a la salvación de Israel será tan severa que se volverá una medida confiable de la respuesta de las naciones al Mesías de Israel.

Cuando las naciones se reúnan para sitiar por última vez a Jerusalén, habrá una expresión visible de la furia contra la Jerusalén celestial y contra el Rey que habita dicha ciudad. Será la máxima expresión de odio contra el Dios de Israel, contra su escogido método de salvación y su contra su escogido Rey. *Debemos ser capaces de comunicar a otros que la crisis que parece estar centrada en Israel en realidad está centrada en el Rey de Jerusalén.*

LA MISIÓN ANTES DEL FIN

A través de la Biblia podemos observar que antes de que Dios enviará juicios él advertía a las naciones. Antes de que sucediera el diluvio, Noé fue enviado como predicador.[181] Antes de que Dios sacara a Israel de Egipto, Moisés fue enviado para advertir al Faraón. Moisés dejó en claro lo que Dios deseaba hacer y el Faraón fue desafiado a dar una respuesta. Aunque el Faraón rechazó la advertencia y luego sufrió los juicios de Dios, la realidad es que, la advertencia fue dada. Antes de que los juicios vinieran sobre Israel, Dios envió profetas. De hecho, Dios advirtió a las naciones paganas: Asiria era una nación malvada, una nación gentil, sin embargo, Dios envió a Jonás para que se arrepintieran antes de que sus juicios cayeran.

Independientemente de si los pueblos o las naciones responden a la apelación de Dios, él es fiel en enviar a un testigo antes de desatar sus juicios. En el Nuevo Testamento los apóstoles vieron la predicación del evangelio y la Gran Comisión como una continuación a este patrón. De modo que ellos hicieron algo más que evangelizar; hablaron acerca de los juicios de Dios durante los últimos tiempos y llamaron a las personas al arrepentimiento.

LAS MISIONES DEL NUEVO TESTAMENTO A LA LUZ DE LOS ÚLTIMOS TIEMPOS

Al considerar algunos pasajes podemos observar cómo los apóstoles en el Nuevo Testamento sirvieron de forma similar a los profetas del Antiguo Testamento.

Los apóstoles advirtieron a las naciones acerca de los futuros juicios durante los últimos tiempos y sobre el regreso de Jesús:

---

[181] 2 Pedro 2:5.

« Y nos mandó predicar al pueblo, y testificar con toda solemnidad que este Jesús es el que Dios ha designado como Juez de los vivos y de los muertos » (Hechos 10:42).

« Por tanto, habiendo pasado por alto los tiempos de ignorancia, Dios declara ahora a todos los hombres, en todas partes, que se arrepientan, porque Él ha establecido un día en el cual juzgará al mundo en justicia, por medio de un Hombre a quien ha designado, habiendo presentado pruebas a todos los hombres al resucitarle de entre los muertos » (17:30–31).

« Mas por causa de tu terquedad y de tu corazón no arrepentido, estás acumulando ira para ti en el día de la ira y de la revelación del justo juicio de Dios, el cual PAGARÁ A CADA UNO CONFORME A SUS OBRAS *»* (Romanos 2:5–6).

« Pero ellos darán cuenta a aquel que está preparado para juzgar a los vivos y a los muertos » (1 Pedro 4:5).

« Mas el fin de todas las cosas se acerca; sed pues prudentes y de espíritu sobrio para la oración » (v. 7).

« Pero los cielos y la tierra actuales están reservados por su palabra para el fuego, guardados para el día del juicio y de la destrucción de los impíos » (2 Pedro 3:7).

« De éstos también profetizó Enoc, en la séptima generación desde Adán, diciendo: He aquí, el Señor vino con muchos millares de sus santos, para ejecutar juicio sobre todos, y para condenar a todos los impíos de todas sus obras de impiedad, que han hecho impíamente, y de todas las cosas ofensivas que pecadores impíos dijeron contra Él » (Judas 14–15).

Los apóstoles prepararon a la Iglesia para enfrentar los juicios de Dios:

« En el día en que, según mi evangelio, Dios juzgará los secretos de los hombres mediante Cristo Jesús » (Romanos 2:16).

« Porque para esto Cristo murió y resucitó, para ser Señor tanto de los muertos como de los vivos. Pero tú, ¿por qué juzgas a tu hermano? O también, tú, ¿por qué menosprecias a tu hermano? Porque todos compareceremos ante el tribunal de Dios » (Romanos 14:9–10).

« Ahora bien, si sobre este fundamento alguno edifica con oro, plata, piedras preciosas, madera, heno, paja, la obra de cada uno se hará evidente; porque el día la dará a conocer, pues con fuego será revelada; el fuego mismo probará la calidad de la obra de cada uno » (1 Corintios 3:12–13).

« Porque todos nosotros debemos comparecer ante el tribunal de Cristo, para que cada uno sea recompensado por sus hechos estando en el cuerpo, de acuerdo con lo que hizo, sea bueno o sea malo » (2 Corintios 5:10).

« En el futuro me está reservada la corona de justicia que el Señor, el Juez justo, me entregará en aquel día; y no sólo a mí, sino también a todos los que aman su venida » (2 Timoteo 4:8).

« El Señor, entonces, sabe rescatar de tentación a los piadosos, y reservar a los injustos bajo castigo para el día del juicio » (2 Pedro 2:9).

« En esto se perfecciona el amor en nosotros, para que tengamos confianza en el día del juicio, pues como El es, así somos también nosotros en este mundo » (1 Juan 4:17).

El ministerio de Pablo en Tesalónica es un claro ejemplo de cómo los apóstoles comunicaron el evangelio. En Tesalónica, Pablo fue acusado de declarar que había otro Rey superior al César:

« Al no encontrarlos, arrastraron a Jasón y a algunos de los hermanos ante las autoridades de la ciudad, gritando: Esos que han trastornado al mundo han venido acá también; y Jasón los ha recibido, y todos ellos actúan contra los decretos del César, diciendo que hay otro rey, Jesús. Y alborotaron a la multitud y a las autoridades de la ciudad que oían esto » (Hechos 17:6–8).

Las autoridades de la ciudad estaban turbadas debido a que el mensaje que Pablo predicaba fue mucho más allá de las prácticas religiosas privadas. Pablo predicó a Jesús como el Rey que vendría con sus juicios y además, advirtió a las naciones a que se arrepintieran y se sometieran a Jesús antes de él viniera a juzgarlos. La enseñanza de Pablo en las iglesias fue muy similar. Pablo sólo estuvo en Tesalónica por un periodo corto de tiempo, pero mientras estuvo en esta iglesia nueva, dio profundas enseñanzas acerca del regreso de Jesús:

« Pues vosotros mismos sabéis perfectamente que el día del Señor vendrá así como un ladrón en la noche . . . Mas vosotros, hermanos, no estáis en tinieblas, para que el día os sorprenda como ladrón; porque todos vosotros sois hijos de la luz e hijos del día. No somos de la noche ni de las tinieblas. Por tanto, no durmamos como los demás, sino estemos alerta y seamos sobrios » (1 Tesalonicenses 5:2, 4–6).

La prioridad de Pablo fue advertir a las naciones y preparar a la Iglesia para los juicios finales de Jesús. Al mismo tiempo, Pablo advirtió a las naciones *y* preparó a las iglesias para el regreso de Jesús. Pablo miró esto como parte del llamado misionero.

La primera carta de Juan revela cómo los apóstoles enseñaron acerca del regreso de Jesús y algunos detalles concernientes a su regreso:

« Hijitos, es la última hora, y así como oísteis que el anticristo viene, también ahora han surgido muchos anticristos; por eso sabemos que es la última hora » (2:18).

« En esto conocéis el Espíritu de Dios: todo espíritu que confiesa que Jesucristo ha venido en carne, es de Dios; y todo espíritu que no confiesa a Jesús, no es de Dios; y este es el espíritu del anticristo, del cual habéis oído que viene, y que ahora ya está en el mundo » (4:2–3).

Juan le recordó al pueblo que ya habían sido enseñados acerca del surgimiento del Anticristo. Esto revela que los apóstoles valoraban suficientemente enseñar acerca del regreso de Jesús como para darle a la Iglesia el conocimiento y entendimiento acerca de lo que vendría. Juan también relacionó su enseñanza acerca del Anticristo con los *«muchos anticristos»* que habría sobre la tierra. Juan le recordó a la Iglesia que la crisis de los últimos tiempos sería en esencia similar a las pruebas que la Iglesia ha enfrentado a lo largo de la historia.

Aunque el fin en su magnitud será único, a lo largo de la historia habrá muchos anticristos y muchos períodos de tribulación. No sabemos si estaremos vivos o no durante el reinado del Anticristo, sin embargo, sí es muy probable que vivamos durante el reinado de al menos un tipo de anticristo. *Esta es una de las claves para enseñar correctamente sobre los últimos tiempos: Cuando preparamos a la Iglesia para la crisis de los últimos tiempos, también estamos preparando a la Iglesia para que pueda responder apropiadamente a la crisis de cada generación; aun si no llegamos a vivir durante la crisis final.*

VIVIENDO A LA LUZ DEL REGRESO DE JESÚS

Aunque la Iglesia del primer siglo no vivió para ver el regreso de Jesús, sí vivieron a la luz y expectativa de su regreso. La expectativa del regreso de Jesús y su preparación para ello fue de mucho beneficio para la Iglesia en general. La iglesia fue habilitada para sobrevivir en un ambiente hostil y para perseverar en medio de temporadas de sufrimiento.

Pablo continúo estableciendo este fundamento durante todo su ministerio. En 2 Timoteo (probablemente la última carta de Pablo), Pablo dio a Timoteo instrucciones específicas:

> « *Te encargo solemnemente, en la presencia de Dios y de Cristo Jesús, que ha de juzgar a los vivos y a los muertos, por su manifestación y por su reino: Predica la palabra; insiste a tiempo y fuera de tiempo; redarguye, reprende, exhorta con mucha paciencia e instrucción. Porque vendrá tiempo cuando no soportarán la sana doctrina, sino que teniendo comezón de oídos, acumularán para sí maestros conforme a sus propios deseos; y apartarán sus oídos de la verdad, y se volverán a mitos. Pero tú, sé sobrio en todas las cosas, sufre penalidades, haz el trabajo de un evangelista, cumple tu ministerio* » (4:1–5).

Pablo le encargó a Timoteo predicar a la luz del regreso de Jesús y los juicios que vendrían con el mismo. La frase *los vivos y los muertos* fue usada por los primeros cristianos para describir los juicios de Jesús y su regreso.[182] George Knight resume bien la motivación de Pablo:

> « *De la misma manera en que la idea del juicio de Cristo sobre toda persona era de motivación para Pablo, así Pablo deseaba motivar a su discípulo Timoteo* ».[183]

---

[182] Thomas D. Lea and Hayne P. Griffin, *1, 2 Timothy, Titus*, vol. 34, The New American Commentary (Nashville: Broadman & Holman Publishers, 1992), 242.

[183] George W. Knight, *The Pastoral Epistles: A Commentary on the Greek Text*, New International Greek Testament Commentary (Grand Rapids, MI; Carlisle, England: W.B. Eerdmans; Paternoster Press, 1992), 452. – *Bibliografías en inglés-*

Pablo advirtió a Timoteo acerca de los tiempos difíciles que estaban por venir, esa fue la razón por la que debía permanecer fiel a su llamado. Podemos resumir los versículos del uno al cuatro de la siguiente forma: *Al comprender los juicios venideros de parte del Señor y el engaño que llenará la tierra, el pueblo de Dios será preparado fielmente para lo que viene.* Pablo le dio a Timoteo una visión del ministerio pastoral, mismo que incluía, preparar a la gente para los eventos de los últimos tiempos. Pablo exhortó a Timoteo a que fuera fiel y se mantuviera firme en su ministerio, independientemente de las temporadas que tendría que atravesar.

En el verso 5, Pablo ordenó a Timoteo que *«hiciera obra de evangelista»*. En la actualidad, definimos evangelismo como hablar del evangelio con los no creyentes para que hagan una confesión de fe y experimenten en nuevo nacimiento. Sin embargo, no podemos tomar esta definición moderna y asumir que Pablo usaba el término de la misma forma que nosotros. El entendimiento que Pablo tenía sobre el evangelismo (proclamar las buenas nuevas), incluía la encomienda completa que Pablo le hizo a Timoteo.

La Gran Comisión es más que evangelismo

Pablo sabía que el evangelismo era más que una conversión. Definitivamente la proclamación del evangelio estaba incluida para que la gente experimentara una conversión, pero también incluía advertir a las personas sobre el juicio venidero y preparar a la Iglesia para el regreso de Jesús y sus particulares dinámicas. Esto para nada minimiza el ministerio de evangelismo que busca llevar individuos a la conversación, simplemente significa que Pablo miró la preparación para el regreso del Señor como parte del trabajo de evangelismo.

Pablo entendió que la Gran Comisión era más que evangelismo. Era un mandato a discipular a las naciones para que obedecieran todo lo que Jesús había mandado:

> *« Y acercándose Jesús, les habló, diciendo: Toda autoridad me ha sido dada en el cielo y en la tierra. Id, pues, y haced discípulos de todas las naciones, bautizándolos en el nombre del Padre y del Hijo y del Espíritu Santo, enseñándoles a guardar todo lo que os he mandado; y he aquí, yo estoy con vosotros todos los días, hasta el fin del mundo »* (Mateo 28:18–20).

Tenemos una tendencia a reducir la Gran Comisión a evangelismo, sin embargo, Jesús nos mandó a ir a todas las naciones y hacer discípulos para *«guardar todo»* lo que él ha mandado. Esto explica por qué los pasajes como Mateo 24 y 25 son tan críticos. Estos pasajes son parte de lo que Jesús ordenó, nosotros debemos discipular a las naciones para que obedezcan estos pasajes.

Además, ya que Jesús es la Palabra divina de Dios,[184] toda la Escritura puede ser considerada como Sus palabras. Por lo tanto, el mandato de discipular a las naciones para que obedezcan todo lo que Jesús enseñó, incluye enseñarle a las naciones a estudiar y obedecer todo lo que él ha dicho en la Escritura. Esto incluye pasajes como Joel 3 y muchos otros que describen el juicio venidero y los eventos al rededor del regreso de Jesús.

LAS MISIONES SON MÁS QUE EVANGELISMO

En nuestra generación, la Iglesia está movilizando obreros para terminar la tarea de evangelizar a toda tribu y lengua. Esto es extremadamente importante, pero la evangelización de las naciones sólo es un paso en las misiones. Para cumplir la tarea que Jesús nos dejó, debemos discipular también a las naciones para que obedezcan *todo* lo que Jesús ha mandado. *El Holocausto es una gran advertencia de lo que puede pasarle a una Iglesia y a una nación sin preparación, cuando no han sido discipulados para obedecer todo lo que Jesús mandó.* A la luz de lo que dice la Escritura, no podemos darnos el lujo de estar sin preparación para la crisis final.

Algunos han hecho que la preparación para el regreso del Señor primordialmente se trate sobre descifrar la fecha del regreso del Señor o adivinar la identidad del Anticristo, pero la Iglesia primitiva nunca hizo tal cosa. Al leer el Nuevo Testamento, notamos el fuerte énfasis en el regreso de Jesús, pero los escritores nunca interpretaron las políticas romanas de acuerdo a sus propias expectativas de los últimos tiempos. Simplemente proclamaron lo que la Biblia decía y vivieron de acuerdo a ello.

La principal razón de preparar a la Iglesia para el regreso de Jesús no es interpretar eventos políticos; es la madurez de la Iglesia. Preparar a la Iglesia

---

[184] Juan 1:1; Apocalipsis 19:10.

para el regreso del Señor de una forma bíblica es fortalecer a la Iglesia para resistir al Anticristo que vendrá, pero también para resistir a los muchos anticristos que ya están sobre la tierra.[185] Esto es parte de la obra misionera.

Al hacer un estudio sobre el ministerio de la Iglesia en el Nuevo Testamento, nos quedamos con una profunda conclusión: las misiones son más que evangelismo.

Cuando pensamos en preparar a las personas para el regreso de Jesús, pensamos más que todo en discipular a personas para que vivan en santidad y en devoción personal. Esto es increíblemente importante, pero al mismo tiempo, es solo el principio. Los apóstoles estudiaron lo que las Escrituras decían acerca de las dinámicas que acompañarían el regreso del Señor, enseñaron osadamente acerca de estas cosas y prepararon a las personas para ese gran día.

Nosotros necesitamos comprender y enseñar los temas bíblicos acerca del regreso del Señor para que la Iglesia esté preparada, para que las naciones sean advertidas y para que puedan arrepentirse antes de que el gran y terrible día del Señor venga. Cuando hablamos acerca del juicio, tendemos a hacerlo en términos generales, sin embargo, la Escritura nos proporciona numerosos y específicos detalles acerca del juicio. Estamos llamados a estudiar y conocer estos detalles.

LAS MISIONES EXISTEN PARA PREPARAR A LAS NACIONES PARA EL REGRESO DE JESÚS

Para muchos en la iglesia, Mateo 24:14 se ha convertido en el grito de guerra de las misiones:

> *«Y este evangelio del reino se predicará en todo el mundo como testimonio a todas las naciones, y entonces vendrá el fin».*

Este versículo es uno de los fundamentos de las misiones en nuestros tiempos, pero debemos verlo en contexto para poder comprender las implicaciones que tiene. Este versículo está dentro de un contexto más amplio (Mateo 24 y 25), capítulos que examinamos previamente. Ese contexto debe influenciar nuestro entendimiento sobre aquello que se requiere para que lo que dice el pasaje se cumpla. Previamente pudimos ver que la Iglesia primitiva interpretó las misiones como la tarea de preparar a las naciones para el regreso de

---

[185] 1 Juan 2:18

Jesús. Ese paradigma debe afectar la forma en la que vemos Mateo 24:14.

La actividad de la Iglesia primitiva demostró que la información acerca del regreso de Jesús debe tener una aplicación misional, debido a que Jesús desea que preparemos a las naciones para sus juicios. La estructura general del sermón de Jesús en Mateo 24 y 25 enfatiza la naturaleza misional del sermón. Aquí está la estructura del sermón desde una perspectiva enfocada en las misiones:

- Mateo 24:4–14: Introducción.

- Mateo 24:15–35: Eventos clave sobre los últimos tiempos.

- Mateo 24:36–25:30: Parábolas e instrucciones sobre cómo prepararnos para los eventos de los últimos tiempos.

- Mateo 25:31–46: Los juicios que Jesús ejecutará durante los últimos tiempos.

En la introducción, Jesús da señales específicas de los tiempos que la Iglesia enfrentaría a lo largo de la historia. Estas señales escalarán en gran magnitud a medida que se aproximen los últimos tiempos. Esta sección nos enseña que la preparación en cada generación es muy importante, dado que cada generación experimentará una porción de las dificultades de los últimos tiempos; a esto se refería el apóstol Juan cuando dijo que habrían *«muchos anticristos»*.[186]

Jesús concluyó su introducción con Mateo 24:14 y predijo que el final de la era no vendría hasta que el testimonio del evangelio del reino fuera predicado en todo lugar de la tierra. El evangelio del reino es una declaración de los últimos tiempos. Cuando hablamos de Jesús como Rey, no solamente estamos diciendo que Jesús es un líder espiritual. Estamos diciendo que él es el Soberano legítimo de la tierra, quien vendrá a sentarse en un trono real en Jerusalén, a cumplir todo lo que Dios ha prometido y a destruir todo lo que se opone a sus propósitos.

No solo se debe proclamar el evangelio de Jesús como Rey, también se debe proclamar como testimonio, el cual es una referencia a la función de un antiguo heraldo. En la antigüedad, el heraldo entraba a la ciudad antes de que viniera el rey y preparaba la ciudad para su llegada. Los discípulos entendieron lo que Jesús estaba diciendo. La

---

[186] 1 Juan 2:18.

Iglesia debe ser este «*heraldo*» en las naciones, anunciando su venida e instruyendo a la tierra para prepararse para su regreso. Esta era la tarea de un heraldo; Jesús ha comisionado a su pueblo para que funcione como heraldo en nombre de él. (Pablo describió a los apóstoles como «*embajadores*» por razones similares.[187])

Para cumplir Mateo 24:14, debemos preparar a las naciones para la profecía de Mateo 24:15:

> « *Por tanto, cuando veáis la ABOMINACIÓN DE LA DESOLACIÓN, de que se habló por medio del profeta Daniel, colocada en el lugar santo (el que lea, que entienda)...* ».

En algunas traducciones este versículo inicia diciendo *por tanto*[188] y en otras dice *así que*. La frase *así que* o *por tanto* son frases que se usan para conectar, haciendo de Mateo 24:15 el resultado de Mateo 24:14. Para decirlo de otra manera, Mateo 24:14 prepara al mundo para Mateo 24:15 y los eventos que siguen. *Él no permitirá que el Anticristo surja, ni tampoco que el drama final inicie hasta que las naciones estén preparadas para dar testimonio a través de la Iglesia.*

La Iglesia del primer siglo entendió esto. Ellos prepararon a la Iglesia para el regreso de Jesús y advirtieron a las naciones que Jesús venía con sus juicios. Necesitamos entender los temas principales del resumen que Jesús hizo acerca de los eventos de los últimos tiempos en Mateo 24:15–35 y su juicio a las naciones en Mateo 25:31–46, ya que parte de la labor misionera es preparar a las naciones para estos eventos. *Dios es demasiado bueno como para permitir que los eventos finales inicien antes de que las naciones reciban advertencia y estén preparadas.*

Esta es una de las razones por la que los juicios de Jesús en los últimos tiempos son tan severos. Antes de que el fin comience, la Iglesia dará a las naciones una advertencia poderosa de lo que está por venir. Así como Moisés le dejó claro a Faraón lo que Dios demandaba antes de que Dios desatara sus juicios sobre Egipto, la Iglesia declarará la belleza de Jesús y sus juicios venideros de forma que las naciones no podrán tener excusa cuando él aparezca. La furia de las naciones en los

---

[187] 2 Corintios 5:20; Efesios 6:20.

[188] La New American Standard y la New King James son dos ejemplos de estas traducciones (al inglés).

últimos tiempos no es meramente una manifestación de pecado; es un rechazo total y completo del evangelio del reino el cual habrá sido declarado en toda nación.

LA PREOCUPACIÓN DE PABLO POR LAS IGLESIAS GENTILES

El ministerio de Pablo nos muestra que trabajó para preparar a las iglesias gentiles para el juicio de Jesús (Mateo 25: 31-46) al conectar las iglesias gentiles a Jerusalén de una manera práctica. Antes de su primer viaje misionero, Pablo viajó desde Antioquía hasta Jerusalén para llevar una ofrenda económica a los creyentes de Judea de parte de una iglesia predominantemente gentil:

> « *Los discípulos, conforme a lo que cada uno tenía, determinaron enviar una contribución para el socorro de los hermanos que habitaban en Judea* » *(Hechos 11:29).*

En su carta a los Gálatas, Pablo describió su gratitud al llamar a las iglesias gentiles para que donaran dinero a los creyentes en Jerusalén:

> « *Y al reconocer la gracia que se me había dado, Jacobo, Pedro y Juan, que eran considerados como columnas, nos dieron a mí y a Bernabé la diestra de compañerismo, para que nosotros fuéramos a los gentiles y ellos a los de la circuncisión. Sólo nos pidieron que nos acordáramos de los pobres, lo mismo que yo estaba también deseoso de hacer* » *(Gálatas 2:9– 10).*

A Pablo se le pidió que *«se acordara de los pobres»*, lo cual era una forma de decir que recordara a los pobres en Jerusalén.[189] Cuando los apóstoles le pidieron a Pablo que se acordara de ellos, los apóstoles en Jerusalén no estaban demandando apoyo de parte de las iglesias gentiles. Los apóstoles deseaban una amistad profunda entre creyentes judíos y creyentes gentiles. Habían escuchado a Jesús dar la enseñanza de Mateo 25, y sabían lo importante que era que los gentiles se mantuvieran conectados al pueblo judío de forma práctica. Estos pequeños pasos prácticos fueron diseñados precisamente para lograr

---

[189] Timothy George, vol. 30, *Galatians, The New American Commentary* (Nashville: Broadman & Holman Publishers, 1994), 165. – *Bibliografía disponible en inglés-*

eso y para que la Iglesia estuviera preparada para la crisis de los últimos tiempos.

En 1 Corintios, Pablo también animó a la iglesia de Corinto para que apoyara financieramente a la iglesia en Jerusalén:

> *« Ahora bien, en cuanto a la ofrenda para los santos, haced vosotros también como instruí a las iglesias de Galacia. Que el primer día de la semana, cada uno de vosotros aparte y guarde según haya prosperado, para que cuando yo vaya no se recojan entonces ofrendas. Y cuando yo llegue, enviaré con cartas a quienes vosotros hayáis designado, para que lleven vuestra contribución a Jerusalén » (16:1–3).*

Pablo habló extensamente acerca de esta recolección de fondos en 2 Corintios 8 y 9, y abordó este asunto en su carta a los Romanos. También enseñó magistralmente en Romanos 9 al 11, advirtiendo fuertemente a la Iglesia gentil para que no fuera arrogante:

> *« Pero si algunas de las ramas fueron desgajadas, y tú, siendo un olivo silvestre, fuiste injertado entre ellas y fuiste hecho participante con ellas de la rica savia de la raíz del olivo, no seas arrogante para con las ramas; pero si eres arrogante, recuerda que tú no eres el que sustenta la raíz, sino que la raíz es la que te sustenta a ti » (Romanos 11:17–18).*

Pablo conocía que el fracaso de Israel en responder al evangelio podía provocar que fácilmente los creyentes gentiles se volvieran arrogantes contra Israel y su incredulidad. Pablo sabía que una Iglesia gentil arrogante podía ser fácilmente engañada por el enemigo y apartada de su propósito de ministrar al pueblo judío. *Trágicamente, la historia de la Iglesia ha validado la preocupación de Pablo.* Por tal motivo, Pablo animó a la iglesia en Roma para que diera de maneras prácticas al pueblo judío:

> *« Pues Macedonia y Acaya han tenido a bien hacer una colecta para los pobres de entre los santos que están en Jerusalén. Sí, tuvieron a bien hacerlo, y a la verdad que están en deuda con ellos. Porque si los gentiles han participado de sus bienes espirituales, también están obligados a servir a los santos en los bienes materiales » (Romanos 15:26–27).*

El hecho de que Pablo haya abordado esto en múltiples cartas muestra la importancia que Pablo le daba a la recolección de ofrendas para los santos en Jerusalén. No demandó la ofrenda de parte de los gentiles porque haya sido algo así como un « impuesto espiritual » para la iglesia madre, él pidió una ofrenda voluntaria de amor y afecto. Pablo tenía una preocupación genuina por las necesidades de la Iglesia en Jerusalén, pero esta ofrenda fue más que una respuesta a una necesidad temporal.

Parte del énfasis de Pablo de servir en maneras prácticas a la iglesia en Jerusalén provino del entendimiento que tenía acerca de la crisis en los últimos tiempos. Él entendía que parte de esta labor era preparar a los gentiles para amar y servir a Israel. Él sabía que en los últimos días, Israel se volvería la prueba de fuego para las naciones y estaba trabajando entre los gentiles para mantener el corazón de ellos tierno y conectado a Israel y para que los gentiles estuvieran preparados para cuando llegara la hora. Pablo priorizó el apoyo para los creyentes en Jerusalén, indicando que la relación más importante entre los gentiles e Israel era la relación entre los creyentes gentiles y los creyentes judíos.

PREPARANDO A LA IGLESIA GENTIL

Pablo tenia una angustia profunda por la salvación de Israel[190] y pidió a los gentiles que compartieran esta carga.[191] En su comentario de Gálatas, Timothy George hace la siguiente observación:

> « J. Munck, entre otros, han interpretado la colección de cartas paulinas en términos de la esperanza escatológica por la conversión de Israel. Se ha sugerido que Pablo podría haber estado esperando que cuando entregara una gran ofrenda recolectada por parte de las iglesias gentiles esto pudiera llevar a una conversión masiva de muchos judíos en Jerusalén, preparando así el camino para el nacimiento de una era mesiánica ».[192]

Al aproximarnos al final del libro de los Hechos, encontramos que la salvación de Israel permaneció profundamente arraigada al corazón de Pablo:

---

[190] Romanos 9:2; 10:1.

[191] Romanos 11.

[192] Timothy George, vol. 30, *Galatians, The New American Commentary* (Nashville: Broadman & Holman Publishers, 1994), 165.

« Por tanto, por esta razón he pedido veros y hablaros, porque por causa de la esperanza de Israel llevo esta cadena » (28:20).

La Iglesia del primer siglo entendió la responsabilidad del gentil de servir al judío y la tomó muy en serio. Su paradigma Israel-céntrico, el cual vio a la Iglesia gentil no sólo como una entidad completamente nueva sino como la inclusión de las naciones en los propósitos de Israel, provocó que el ministerio gentil hacia el judío fuera una prioridad. Su cuidado por las iglesias gentiles nos muestra que la advertencia de Jesús en Mateo 25:31–46 fue tomada literalmente por los apóstoles. Ellos entendieron esta responsabilidad y la comunicaron. Dada la proximidad que los apóstoles tenían con Jesús, resulta muy importante observar sus acciones, dado que nos muestran la manera en que la Iglesia del primer siglo entendió lo escrito en Mateo 24 y 25.

Los apóstoles se enfocaron en dar respuestas prácticas, dado que el juicio de Jesús sobre las naciones será evaluado en respuestas prácticas. De la misma manera, necesitamos no solamente discipular a las naciones con respecto a las creencias correctas, sino también debemos instruirlas en las conductas correctas. Esta es la razón por la que pasajes como Mateo 24 y 25 no son opcionales. Deben formarnos y al mismo tiempo afectar la manera en la que hacemos misiones y discipulamos a las naciones. El final de la era no solamente probará a las personas en cuanto a lo que creen; sino que probará a las personas en cuanto a lo que hacen, pues ese es el indicativo final de lo que creen.

Hemos visto cómo la Biblia predice que Jerusalén, la salvación de Israel y al Rey de Israel se vuelven una controversia mundial que tocará a todas las naciones. *Esto resulta especialmente importante para nosotros, ya que vivimos en la primera generación de la historia en donde la situación de Israel se ha vuelto una controversia global.* Esto nunca antes había sucedido.

Los cristianos tienden a reconocer el importante rol que Israel ha jugado por la manera en la que la Biblia se enfoca en su historia. Sin embargo, en la antigüedad la gran mayoría de las personas en el planeta tierra no tenían interés sobre lo que pasaba en Medio Oriente. Los eventos más dramáticos de la Biblia fueron eventos en regiones que tuvieron poco impacto, más allá de las regiones contiguas. El mundo en el que ahora vivimos es dramáticamente distinto. El asunto de Israel y Jerusalén ahora se ha vuelto una cuestión mundial. Todos los continentes están involucrados. Naciones que están a cientos de miles de millas tienen interés en Jerusalén y tienen opiniones atrevidas acerca de lo que se debería hacer con esa ciudad.

No hay ninguna razón natural que justifique este enfoque. Jerusalén no es ningún centro de reserva de petróleo, no es un centro internacional bancario, ni de comercio global; aunque Dios ha bendecido a esa región de muchas formas, simplemente no hay razón lógica de por qué Jerusalén e Israel deberían ser un tema global. Algunos dicen que es debido a la situación humanitaria con los Palestinos (eso es digno de atención), pero existen crisis humanitarias mucho más grandes en la tierra que son prácticamente ignoradas. Las realidades geopolíticas simplemente no se dan abasto para justificar el enfoque tan intenso de las naciones sobre Jerusalén.

Las Naciones Unidas son solamente un ejemplo. En 2016, la ONU aprobó veinte resoluciones en contra de Israel y solamente seis contra el resto del mundo.[193] En 2015 la ONU aprobó veinte resoluciones contra Israel y solamente tres contra el resto del mundo.[194] Cuando consideramos los eventos geopolíticos del 2015 y el 2016, resulta simplemente increíble que los líderes globales del mundo vieran adecuado pasar un tiempo exponencialmente más grande en la situación de Israel que en otras calamidades que afectaban a millones de personas.

En la actualidad, enfrentamos la crisis humanitaria más grande desde la Segunda Guerra Mundial, con más de veinte millones de personas en riesgo de hambruna.[195] Los dictadores y los cuasi

---

[193] UN Watch. "UNGA Adopts 20 Resolutions Against Israel, 6 on Rest of World Combined." Last modified December 21, 2016. Usado el 24 de marzo de 2017. https://www.unwatch.org/unga-adopts-20-resolutions-israel-4-rest-world-combined/.

[194] UN Watch. "UN adopts 20 Resolutions Against Israel, 3 on Rest of the World." Last modified November 25, 2015. Usado el 24 de marzo de 2017. https://www.unwatch.org/un-to-adopt-20-resolutions-against-israel-3-on-rest-of-the-world/.

[195] *The Two-Way Breaking News from NPR.* "World Faces Largest Humanitarian Crisis Since 1945, U.N. Official Says." Modificado el 11 de marzo de 2017. Accesado el 24 de marzo de 2017. http://www.npr.org/sections/thetwo-way/2017/03/11/519832515/world-faces-largest-humanitarian-crisis-since-1945-u-n-official-says.

dictadores de la tierra están haciendo uso de sus poderes y, en algunos casos, añadiendo territorios de otras naciones. Naciones enteras se han desintegrado. El terrorismo radical islámico ha desatado una matanza terrible. Hay millones de refugiados en el mundo entero. En medio de todas estas crisis que son un problema para decenas de naciones, la ONU destaca a Israel como una situación que necesita ser abordada. Fuera de lo que la Biblia dice, esto simplemente carece de explicación racional.

La Biblia predice que durante los últimos tiempos el Medio Oriente se convertirá en el centro de los eventos mundiales. La historia global va a regresar al lugar en donde todo inició. En nuestra generación, el Medio Oriente está empezando a afectar la tierra de una manera en la que nunca antes lo había hecho. Las economías están siendo afectadas por el Medio Oriente debido al petróleo. El islamismo radical se ha transformado de ser una religión a ser un problema mundial. La crisis de refugiados del Medio Oriente está perturbando naciones y desafiando al mundo. Tenemos que reconocer lo que está sucediendo. Lentamente, las condiciones están siendo preparadas para el drama en Medio Oriente, el drama que capturará la atención del mundo entero tal y como la Biblia lo predice.

Esta creciente tormenta simplemente carece de sentido si no vemos las realidades espirituales. Está ocurriendo algo mucho más grande de lo que podemos observar en titulares de prensa. Los eventos geopolíticos que ahora se están desarrollando son indicadores de una historia aun más grande, la Biblia narra en dónde pasará esa historia y cómo se va a resolver.

Aunque no sabemos cuándo sucederán los eventos que la Biblia predice, debemos ser sobrios y reconocer que por primera vez vivimos en un momento en donde estos eventos son posibles. Esto significa que debemos entender lo que la Biblia dice, trabajar por una Iglesia madura que pueda ser fiel en medio de la crisis de los últimos tiempos y advertir a las naciones para que respondan al evangelio.

El Holocausto tomó desprevenidas a las naciones. Sin embargo, la crisis de los últimos tiempos está cocinándose y a nosotros se nos ha dado tiempo para prepararnos. No es sabio tratar de ponerle fecha a la crisis. Puede ser que tome largo tiempo en estallar, o puede ser que la intensidad de las cosas escalen rápidamente. Sin embargo, es sabio reconocer que vivimos en la primera generación en la historia en donde las profecías acerca de los últimos tiempos son posibles. Eso debe afectar la manera en la que estudiamos la Biblia, cómo pastoreamos a las iglesias y cómo trabajamos en las misiones.

Cómo responder a la profecía

Dios nos ha dado una tremenda cantidad de información acerca de cómo cumplirá sus promesas. Nos dio esta información porque a él le encanta colaborar con su pueblo; Dios trabajará íntimamente con y a través de su pueblo para preparar a la tierra para el regreso de Jesús. Estas profecías nos dan una guía para la misiones mundiales. De la misma manera que comprender el destino nos ayuda a planificar un viaje, al saber hacia dónde se dirige la historia de la redención podemos colaborar mejor con Dios en sus propósitos para la tierra.

Por ejemplo, cuando leemos Mateo 24:14, Mateo 28:19, Apocalipsis 5:9, y Apocalipsis 7:9, descubrimos que Dios quiere que el evangelio sea predicado a toda nación:

« Y este evangelio del reino se predicará en todo el mundo como testimonio a todas las naciones, y entonces vendrá el fin » (Mateo 24:14).

« Id, pues, y haced discípulos de todas las naciones, bautizándolos en el nombre del Padre y del Hijo y del Espíritu Santo . . . » (28:19).

« Y cantaban un cántico nuevo, diciendo: Digno eres de tomar el libro y de abrir sus sellos, porque tú fuiste inmolado, y con tu sangre compraste para Dios a gente de toda tribu, lengua, pueblo y nación » (Apocalipsis 5:9).

« Después de esto miré, y vi una gran multitud, que nadie podía contar, de todas las naciones, tribus, pueblos y lenguas, de pie delante del trono y delante del Cordero, vestidos con vestiduras blancas y con palmas en las manos » (7:9).

Solo Dios puede cumplir la profecía, pero dentro de la profecía encontramos descripciones acerca de la Iglesia de los últimos tiempos y sobre su conocimiento sobre las misiones. Será una Iglesia formada por toda tribu y lengua; estará unificada y será madura. Será una Iglesia que esté de acuerdo con los propósitos de Dios para Israel. Su expresión será la oración y adoración extravagante. Todas estas descripciones de la Iglesia en los últimos tiempos nos han sido dados para colaborar con Dios y ver a la Iglesia llegar a ese nivel de madurez.

Estamos acostumbrados a leer la profecía solo como mera información, pero la profecía realmente es una invitación; nos llama a participar en la misión de Dios. La profecía incluye instrucciones para la Iglesia. Hemos identificado esto en pasajes como Mateo 24:14, Apocalipsis 5:9 y Apocalipsis 7:9, pero es necesario que empecemos a leer toda la profecía bíblica de la misma forma.

ESTAR PREPARADOS EN CADA GENERACIÓN

La Biblia instruye a la iglesia a estar preparada para el regreso de Jesús en cada generación. Los apóstoles nos advirtieron que vendrían muchos anticristos. Al mirar la historia, vemos que el drama de los últimos tiempos se desarrolla repetidamente en una escala mucho menor. Las naciones quedan bajo el dominio de líderes tipo Anticristo, hasta que el Señor derriba a esos líderes; luego el ciclo se repite nuevamente.

En cualquier generación pueden existir sobre la tierra, anticristos que demanden lealtad. Cuando preparamos a la Iglesia para el regreso de Jesús, la preparamos para triunfar en cualquier generación.

Podemos resumir la preparación de la Iglesia en dos puntos principales:

1. Hablamos del regreso de Jesús como la gran esperanza de la Iglesia y hablamos acerca de Jesús de tal forma que los corazones lo anhelen a él y su regreso.

2. Preparamos a la Iglesia para ser fiel a Jesús mientras resiste la maldad y al hombre más perverso en la historia de la humanidad.

La iglesia es fortalecida al vivir estas dos cosas. Cuando ponemos nuestra esperanza en el regreso de Jesús, impedimos que la Iglesia caiga en engaño, ya sea por ser probados el sufrimiento, la comodidad o la tribulación. El futuro Anticristo traerá prosperidad[196] y también dificultad. Ambas serán pruebas para las que debemos estar listos.

Dios usa pequeñas tribulaciones para madurar a su Iglesia antes de la gran tribulación. Al estudiar los último tiempos de la manera en que Dios quiere que lo hagamos, nos preparamos para involucrarnos en la misión de Dios y sobreponernos a los anticristos de cada generación. El vencer a los anticristos de cada generación fortalece y prepara a la iglesia para enfrentar al Anticristo final.

BUSCA EL CONOCIMIENTO DE DIOS

El objetivo principal al estudiar los últimos tiempos es crecer en el conocimiento de Dios, pues él es revelado a través de lo que hace. Esto incluye lo que él ha hecho así como lo que él hará. El estudiar lo que él hará debería hacernos crecer en amor por él. Vemos la fidelidad y compromiso con sus promesas; quedamos asombrados ante su paciencia con Israel y las naciones.

Aprendemos de sus emociones al leer el mensaje de los profetas. La información que la Biblia nos da acerca de la era final es muy importante y debemos querer conocerla. Sin embargo, el objetivo primordial de cualquier estudio de los últimos tiempos es crecer en el conocimiento de Dios. *Cuando estudiamos correctamente los últimos tiempos terminamos amando más a Jesús,* esto debería ser nuestra principal meta y objetivo. Esto es lo que nos permitirá confiar en él aun en medio del sufrimiento.

EL ESTUDIO DE LOS ÚLTIMOS TIEMPOS ES DE CARÁCTER RELACIONAL Y MISIONAL

Los últimos tiempos pueden llegar a ser confusos si son tratados como un período de tiempo desconectado a la historia principal de redención. Sin embargo, cuando entendemos los componentes clave de la historia de redención, podemos ver claramente las cosas que deben de concluir antes de que la era termine.

El entender la historia general de redención a través de los lentes de las promesas de Dios a Israel y las naciones nos provee un marco básico para entender los temas principales de la Biblia. Una vez que tengamos este marco en su lugar, la historia de los últimos tiempos

---

[196] 1 Tesalonicenses 5:3; Apocalipsis 18.

tiene más sentido y podemos entender mejor los detalles que la Biblia nos da. El comprender la historia de redención de esta manera también nos ayuda a entender la obra de Dios en nuestra propia generación, ya que la Biblia es lo único que permite que comprendamos los asuntos geopolíticos de la tierra. Dios está tan involucrado en las naciones ahora como lo ha estado siempre.

El principal punto sobre entender el plan de Dios no es solo crecer en conocimiento, tampoco es la búsqueda académica de información irrelevante. Queremos entender lo que Dios ha dicho acerca de su plan para que podamos involucrarnos en él y entonces colaborar. El estudio de los últimos tiempos es fundamentalmente *relacional* y *misional.*

Es relacional porque hace que crezcamos en amor por Jesús. Cuando estudiamos acerca del drama final, descubrimos un aspecto de Jesús que no podemos ver en ningún otro lado; él se vuelve cada vez más tierno, más majestuoso y más hermoso.

Es misional porque nos da entendimiento para colaborar mejor con Dios en su misión. Podemos asociarnos con Dios en su plan con muy poco entendimiento de lo que la Biblia dice acerca del regreso de Jesús, pero mientras más entendamos, mejor podemos colaborar con él y prepararnos para los días que vienen, días de poder y gloria como nunca antes hemos visto.

RECONOCIMIENTOS

Gracias a mi esposa, cuya labor y sacrificio hacen posible que nos involucremos en la tarea que el Señor nos ha dado.

Gracias a todos los maestros que han invertido en mi vida personalmente o a través de su ministerio. No puedo nombrarlos a todos, pero quiero resaltar a algunos que han hecho posible este libro.

De primero, gracias a mi padre por enseñarme fielmente los fundamentos de la fe y por ser un ejemplo.

Gracias a Janee Hawks por enseñarme fielmente de la Palabra y por abrirme puertas para enseñar.

Estoy eternamente agradecido a Art Katz. El mensaje de Artz me ayudó a empezar a entender los últimos tiempos al alentarme a tomar a los profetas literalmente.

Gracias a Mike Bickle por su ejemplo y la inversión que ha hecho de su vida para enseñar lo que la Biblia dice acerca del regreso de Jesús. Estoy eternamente agradecido.

Gracias a Reggie Kelly. Realmente eres un modelo a seguir en tu compromiso con las Escrituras proféticas. Gracias por las horas de conversación y los emails que me han ayudado a formar lo que está expresado en este libro.

Gracias a Bryan Purtle por su amistad y su aportación a este manuscrito. Su aporte hizo una diferencia importante en el manuscrito final.

Gracias a Jason Chua por su amistad y por darle nombre a este libro. Sin él este libro estaría atascado sin un título.

Gracias a Edie Mourey por su labor en el manuscrito. Sus esfuerzos ayudaron a mejorarlo significativamente.

Notas del traductor:

- *La ortotipografía religiosa ha sufrido cambios desde el año 2010. Aunque en las citas de La Biblia de las Américas se escriben con mayúscula los pronombres divinos, he escogido seguir el protocolo actual de escribir «él» en vez de «Él» cuando hay referencias a Dios.*

- *Con respecto a las referencias al Cuerpo de Cristo en general, «Iglesia» se ha escrito con mayúscula, contrario a cuando se refiere a una iglesia local.*

- *Misiología es una palabra relativamente nueva, la cual ha estado en uso en español solamente durante los últimos diez años.*

www.ingramcontent.com/pod-product-compliance
Lightning Source LLC
Chambersburg PA
CBHW071153130626
46553CB00004B/1647